LOTHAR KRAMM

Die politische Wissenschaft der bürgerlichen Gesellschaft

Beiträge zur Politischen Wissenschaft

Band 24

Die politische Wissenschaft der bürgerlichen Gesellschaft

Eine Studie zur Anthropologie und politischen Theorie der Nationalökonomie

Von

Dr. Lothar Kramm

DUNCKER & HUMBLOT / BERLIN

Gedruckt 1975 bei Buchdruckerei Bruno Luck, Berlin 65
Printed in Germany
ISBN 3 428 03527 5

Dagmar Herwig gewidmet

O bester Simmias, daß uns beide also nur nicht dies gar nicht der rechte Tausch ist, um Tugend zu erhalten, Lust gegen Lust und Unlust gegen Unlust und Furcht gegen Furcht austauschen, Größeres gegen Kleineres, wie Münze; sondern jenes die einzige rechte Münze ist, gegen die man alles dies vertauschen muß, die Vernünftigkeit, und daß nur mit dieser in Wahrheit Tapferkeit besteht und Besonnenheit und Gerechtigkeit und überhaupt wahre Tugend, mit Vernünftigkeit, mag nun Lust und Furcht und alles übrige der Art dabei sein oder nicht dabei sein; werden aber diese abgesondert von der Vernünftigkeit gegeneinander umgetauscht, eine solche Tugend dürfte dann wohl immer nur ein Schattenbild sein und in der Tat knechtisch, nichts Gesundes und Wahres an sich habend, das Wahre aber gerade Reinigung von dergleichen allem sein, und Besonnenheit und Gerechtigkeit und Tapferkeit und die Vernünftigkeit selbst Reinigungen.

Platon, Phaidon

Vorwort

Das Ziel des menschlichen Handelns ist das gute Leben, im Bereich des Politischen mithin die gute Gesellschaft als einer Bedingung der Möglichkeit für die Verwirklichung eines guten Lebens. Dieser Tatbestand ist von niemandem, der sich mit den Problemen politischer Ordnung befaßt hat, je ernsthaft bestritten worden. Die Auseinandersetzung geht immer nur darum, wie das Gute inhaltlich zu bestimmen ist und wie bzw. ob es konkret umgesetzt werden kann. Das gilt für die moderne so gut wie für die klassische politische Philosophie. Und für beide gilt auch, daß die Frage nach dem Inhalt des Guten stets dann neu aufgebrochen ist, wenn das, was bisher als das Gute galt, problematisch wurde, wenn sich die Gesellschaft in einer akuten Krise befand. Es besteht kaum ein Zweifel, daß wir heute wieder in einer Krisensituation stehen. Angesichts der atomaren Bedrohung, der Zerstörung der natürlichen Umweltbedingungen, der Überbevölkerung etc. ist die Antwort auf die Frage nach dem Guten, die sich die Moderne gegeben hat, wieder fraglich geworden. Die Überzeugung wächst, daß die einseitige Ausrichtung auf die Steigerung des materiellen Wohlstandes und auf die technische Verfügbarkeit über die Natur einen Preis verlangt, der auf die Dauer nicht bezahlt werden kann. Damit ist freilich noch nicht geklärt, was an jener Antwort falsch ist und wie ihre Neuformulierung auszusehen hätte. Die vorliegende Arbeit ist ein Versuch, zu diesem Klärungsprozeß ein wenig beizutragen.

Es ist nicht erst seit dem Bericht des *Club of Rome* über „Die Grenzen des Wachstums“[1] bekannt, zu welch fatalen Konsequenzen eine Denkhaltung führen muß, die sich trotz der prinzipiell nicht überwindbaren Beschränkung der Versorgung mit wirtschaftlichen Gütern nicht an Bedarfsdeckung und Selbstbescheidung orientiert, sondern an der Vision eines Schlaraffenlandes, in dem die Folgen der Austreibung aus dem Paradies wieder rückgängig gemacht werden. Aber in unserem wissenschaftsgläubigen Zeitalter hat es wohl erst einer Darstellung in Form von Zahlen, Tabellen und Kurven bedurft, um auch weiteren Kreisen ins Bewußtsein zu rufen, daß, in der Sprache der Kybernetik gesprochen, die moderne Gesellschaft offenbar ein pathologisches System ist, dessen Anpassungsreaktionen zu seinem Untergang führen. Immerhin hat der Bericht keinen Zweifel daran gelassen, daß es mit kleineren

[1] Reinbek bei Hamburg 1973.

Systemkorrekturen nicht getan ist, sondern daß es einer Revision der bisherigen Wertvorstellungen bedarf. Damit ist innerhalb des Spektrums der Sozialwissenschaften vor allem eine Wissenschaft aufgefordert, ihre Grundlagen zu überprüfen: die Nationalökonomie. Dem Ziel verpflichtet, die Knappheit der Güter zu überwinden, ist sie der wissenschaftliche Träger des Wachstumsinteresses. Dieses Interesse ist ihr so selbstverständlich, daß sogar kritische Nationalökonomen wie Erich Preiser glaubten, sie müßten es im Rahmen ihrer Wissenschaft verteidigen, obwohl sie ihm sehr skeptisch gegenüberstehen[2]. Ganz offenbar ruht die Nationalökonomie auf einem Fundament, das es nicht erlaubt, den Sinn einer Ausweitung der Verfügungsgewalt über materielle Güter in Frage zu stellen, ohne die Stabilität des gesamten Lehrgebäudes zu gefährden. Und doch ist es angesichts der Tatsache, daß sich dieser Sinn in Sinnlosigkeit zu verkehren droht, unabdingbar, das Fundament auf seine schwachen Stellen hin zu überprüfen. Dabei reicht es nicht aus, lediglich auf logische und wissenschaftstheoretische Unzulänglichkeiten hinzuweisen. Der Kern liegt tiefer. Die Nationalökonomie ist als Wissenschaft das Ergebnis einer besonderen Selbstinterpretation des Menschen. Es gehört zu den Eigentümlichkeiten der menschlichen Existenz, daß sie ihre Natur nicht automatisch verwirklicht, sondern verschiedenen Auslegungen offensteht, die zu je verschiedenem Handeln führen. Daraus darf freilich nicht geschlossen werden, die Auslegung sei beliebig. Es gibt bestimmte Konstanten und Bedingungen der menschlichen Natur, die nicht ohne negative Folgen für die Möglichkeit der Verwirklichung von Humanität außer acht gelassen werden können. Dieses Faktum kann ebenso in Vergessenheit geraten wie die prinzipielle Offenheit für unterschiedliche Selbstinterpretationen. Das jeweilige Interpretationsmuster kann so selbstverständlich, so frag-los werden, daß es gar nicht mehr als eine spezielle Interpretation wahrgenommen wird. Für die Nationalökonomie trifft dieser Sachverhalt weitgehend zu. Eine Analyse ihrer anthropologischen Grundlagen und der daraus abgeleiteten Ordnungsvorstellungen kann daher sinnvoll nur im Rahmen der Theorie der Politik durchgeführt werden, weil nur sie sowohl die Kriterien einer philosophischen Anthropologie kennt als auch mit ihnen bei der Kritik relevanter Ordnungsentwürfe arbeitet.

Diese Studie stellt nicht die Berechtigung der Nationalökonomie in Frage. Schließlich ist diese durchaus erfolgreich, ja man darf wohl zu Recht behaupten, daß sie die erfolgreichste Sozialwissenschaft überhaupt ist. Die Intention der Arbeit liegt vielmehr darin, die Aufmerksamkeit auf ihre brüchige Basis zu lenken, die sie zwar mit allen anderen Sozialwissenschaften teilt, denn die Trennung in verschiedene aka-

---

[2] Vgl. Wirtschaftliches Wachstum als Fetisch und Notwendigkeit. In: ders., Wirtschaftspolitik heute. München [4]1971, S. 149 ff.

demische Disziplinen ist jünger als ihre gemeinsame Grundlegung, doch wird die Nationalökonomie als die Wissenschaft der bürgerlichen Gesellschaft par excellence davon besonders betroffen, wie sie umgekehrt deshalb die gesellschaftliche Entwicklung in bedrohliche Bahnen lenkt. Die Nationalökonomie entwickelt ihre Lehrsätze aus einer spätestens seit Hobbes explizit formulierten Anthropologie, die den Menschen ausschließlich von seiner Triebnatur bestimmt sieht. Die Vernunft hat höchstens instrumentellen Charakter, aber sie ist nicht länger die Quelle der Ordnung der menschlichen Existenz. Damit geht der Versuch einher, das Handeln durch Herstellen zu ersetzen, d. h. den Zwang zu Entscheidungen durch Sozialtechnik überflüssig zu machen. Der Glaube, daß man sich damit des ethischen Problems entledigt habe, ist zwar naiv, aber gefährlich; denn wo ethische Gesichtspunkte nicht mehr ins Spiel gebracht werden können, ist nur noch die Frage nach der Macht von Relevanz, nicht aber die nach der Rationalität. Eine Theorie von Mensch und Gesellschaft, die das spezifisch menschliche Problem des tugendhaften Handelns negiert, kann nicht nur keine Rationalität für sich beanspruchen, ihre Umsetzung in Praxis hat sehr wahrscheinlich auch inhumane Konsequenzen. Diese Studie kann daher auch als ein Versuch betrachtet werden, Ursachen und Folgen dieser Negierung herauszuarbeiten, in der Hoffnung, daß sie ein Beitrag dazu sein wird, durch die Einbeziehung aller für den Bereich der Ökonomie relevanten Aspekte menschlicher Praxis der Nationalökonomie den Charakter einer Handlungswissenschaft zu geben; denn nur unter dieser Bedingung wird sie in der Diskussion um die Neuformulierung der Antwort auf die Frage nach dem guten Leben nicht nur ein retardierendes Element sein, sondern wichtige Impulse geben können.

Es gehört zu den Eigentümlichkeiten des gegenwärtigen deutschen Wissenschaftsmilieus, daß man ausdrücklich anmerken muß, warum in einer Arbeit, in der es um gesellschaftliche Probleme geht, der Name von Marx so gut wie nicht vorkommt. Zumal in einer Arbeit über die Nationalökonomie einen ihrer schärfsten Kritiker nicht heranzuziehen, mag für viele gar Anlaß sein, gleich im Anschluß an dieses Vorwort das Prädikat „unwissenschaftlich und an der Sache vorbei“ auszustellen. Nun ist aber Marx in Bezug auf unsere Fragestellung (und nicht nur auf sie) lediglich ein Epigone, der von den gleichen anthropologischen Prämissen ausgeht wie die Nationalökonomie und sie nur zusätzlich spekulativ angereichert hat — die Ergebnisse lassen sich allenthalben bewundern. Der Marxismus und der Kapitalismus sind, unter anthropologischen Kriterien, Brüder im Geist, deren Streit nicht um eine grundsätzliche existentielle Entscheidung geht, sondern darum, wie das von beiden angestrebte Ziel am besten zu erreichen ist. Eine Kritik der Grundlagen der Nationalökonomie ist daher zugleich immer auch eine

Kritik des Marxismus, nicht aber umgekehrt der Marxismus ein geeignetes Instrument zu einer grundsätzlichen Kritik der Nationalökonomie.

Das Buch hat in dieser Fassung im Sommersemester 1974 der Sozialwissenschaftlichen Abteilung der Ruhr-Universität Bochum als Dissertation vorgelegen.

Es ist mehr als ein Gebot der intellektuellen Redlichkeit, an dieser Stelle denjenigen Dank zu sagen, ohne die diese Arbeit nicht hätte entstehen können. Der Dank gebührt in erster Linie Dagmar Herwig. Mit unendlicher Geduld und großem Einfühlungsvermögen ist es ihr gelungen, den beengten Horizont eines im ideologischen Klima des Positivismus erzogenen Nationalökonomen so zu erweitern, daß er bereit war, die Materialien zu studieren, die man zur Analyse und zum Verständnis der Nationalökonomie braucht, die jedoch von dieser Wissenschaft selbst, aus welchen Gründen auch immer, einfach ignoriert oder als irrelevant abgetan werden. Ihr ist die vorliegende Studie gewidmet. Wesentliche Teile der Arbeit sind dem Werk Eric Voegelins verpflichtet. Seine geistige Spannweite und seine gedankliche Schärfe haben in erheblichem Maße dazu beigetragen, daß es möglich war, etwas mehr als nur ein dumpfes Unbehagen an der Wissenschaft, die ich studiert habe, zu artikulieren. Für viele anregende Gespräche, wertvolle Hinweise und nicht zuletzt für die Unterstützung im Kampf gegen bürokratische Wirrnisse danke ich an dieser Stelle meinen Freunden sehr herzlich, namentlich Hedda Herwig, Claus Bärsch, Jürgen Gebhardt und Michael Hereth. Sie alle haben am Zustandekommen dieser Arbeit Anteil. Selbstverständlich gehen alle Mängel allein zu meinen Lasten.

Lothar Kramm

Inhaltsverzeichnis

1. Der Imperialismus der Ökonomie 15

2. Die Destruktion der Wirklichkeit 30

3. Erfahrung, Bewußtsein und Realität 44

4. Pleonexie als gesellschaftliches Prinzip: Adam Smith 62

5. Die ideologische Basis nationalökonomischer Lehrinhalte 97

6. Naturzustand und Gesellschaft 125

Anhang: Zum „Orientierungsrahmen '85" 139

Literaturverzeichnis 143

1. Der Imperialismus der Ökonomie

Der alarmierende Bericht des *Club of Rome* scheint die Verantwortlichen dieser Welt aufgerüttelt zu haben. Jedenfalls hört man heute von ihnen Worte, die noch vor zehn Jahren im Munde eines Politikers kaum denkbar gewesen wären. „Die Industriegesellschaft kann ihre Energien nicht mehr den ungebändigten Wucherungen materialistischer Instinkte überlassen, die sich konservativ drapieren, doch in Wahrheit nur vorgestrig sind. Sie sind es, die den unkontrollierten Fortschritt menschenfeindlich gemacht haben. Sie appellieren noch immer an den krassen Egoismus, an dem jede Gesellschaft zugrunde geht. Sie stellen sich nach wie vor blind gegen die Gefahren einer Technisierung unserer Welt, an der die Zivilisation zu ersticken droht: die Welt, die wir zu bewahren versuchen; in der die Erde nicht bloß Objekt der Bodenspekulation ist, sondern Natur bleiben kann; der Wohnungsbau nicht nur Teilbereich der Industrialisierung des Alltags ist, sondern Heime schafft, in denen Menschen zuhaus sein können; in der die Arbeit nicht nur vom Leistungsdiktat bestimmt wird, sondern sich auch mit der Freude verträgt, vor und nach Feierabend ... Unsere Städte sind in Gefahr, sich in gigantische, aber seelenlose Produktions- und Konsummaschinen zu verwandeln, aus denen alles weichen muß, was der Maximierung der Produktion und des Konsums im Wege steht. Man starrt zu gebannt auf die Krise, die nicht mit etwas mehr Technik, etwas besserer Planung oder etwas anderen Verwaltungspraktiken aus der Welt zu schaffen ist. Ihr ist nicht im Rahmen der herkömmlichen Rezepte beizukommen. Sie ist nur noch gesellschaftspolitisch zu meistern. Das einseitig ökonomische Prinzip muß in seine Schranken verwiesen werden, es darf nicht herrschen, es muß dienen“[1]. Willy Brandt macht hier sehr deutlich, daß wir an einem Punkt der Entwicklung unserer Zivilisation angelangt sind, an dem mehr von uns verlangt wird, als kleinere Reformen ins Werk zu setzen. Es geht darum, uns vor unseren eigenen Instinkten zu retten, die von einem Denken freigesetzt worden sind, dem wir gleichzeitig große zivilisatorische Errungenschaften verdanken: das Denken in den Kategorien der Ökonomie.

Der Hinweis ist nicht neu, daß die moderne Gesellschaft durch die ökonomische Zielsetzung — maximales (nicht optimales) Sozialprodukt

[1] *W. Brandt*, Rede auf dem Außerordentlichen Parteitag der Sozialdemokratischen Partei Deutschlands am 12. Oktober 1972 in Dortmund.

— bestimmt wird[2]. Das kann jedoch nicht allein dadurch begründet werden, daß profitgierige Kapitalisten die politischen Entscheidungszentren monopolisierten oder von sich abhängig machten. Auch nicht dadurch, wie Galbraith meint, daß ein Dämon, das Industriesystem, die Ziele der Gesellschaft an seine eigenen Erfordernisse anpaßte[3]. Die verdinglichende Sprache verstellt den Blick darauf, daß wir es hier mit konkreten Menschen zu tun haben, die handeln und Entscheidungen treffen. Die ökonomische Zielsetzung kann erst dann zum zentralen Ziel eines politischen Gemeinwesens[4] werden, wenn der in diesem Gemeinwesen vorherrschende Menschentypus deren Inhalt zu seinem *summum bonum* erhebt. Das heißt, wir haben es mit der Frage nach der Selbstinterpretation des Menschen zu tun, vor allem mit den Kriterien, die die Ordnung seiner Existenz bestimmen[5]. Willy Brandt hat das klar gesehen: „Jeder sollte wissen: es geht um neue Wertvorstellungen“[6].

Dieser Ruf nach neuen Wertvorstellungen steht in einem merkwürdigen Kontrast zu dem Inhalt des vorerst letzten politischen Ordnungsentwurfes der Partei, deren Vorsitzender Willy Brandt ist, der SPD. Man hätte erwartet, daß sich darin einige der Einsichten widerspiegeln, die Brandt in einer Rede mit Grundsatzcharakter formulierte. Aber die Erwartung trügt, wie ein Blick auf den *Entwurf eines ökonomisch-politischen Orientierungsrahmens für die Jahre 1973—1985*[7] zeigt. Dieser Entwurf ist das Arbeitsergebnis einer Kommission, die aufgrund einer Entschließung des SPD-Parteitages in Saarbrücken 1970 eingesetzt wurde mit dem Ziel, auf der Grundlage des sozialdemokratischen Grundsatzprogramms *(Godesberger Programm)* eine langfristige gesell-

---

[2] Das bedeutet freilich noch nicht, daß Übereinstimmung über die Folgerungen, die aus diesem Tatbestand zu ziehen sind, besteht.

[3] Vgl. *J. K. Galbraith,* Die moderne Industriegesellschaft. München/Zürich 1968, S. 382.

[4] Die Frage, ob wir unter diesen Umständen überhaupt noch von *politisch* sprechen können, sei vorerst dahingestellt. Vgl. allg. *H. Arendt,* Vita activa. Stuttgart 1960, bes. Kap. 2.

[5] Vgl. auch *M. Hereth,* Jenseits der politischen Ökonomie. In: Politische Vierteljahresschrift 13 (1972) 4, S. 526.

[6] Rede.

[7] Hrsg. v. Parteivorstand der SPD, Bonn, Juni 1972; im folgenden in Anlehnung an die Bezeichnung in der öffentlichen Debatte als „Langzeitprogramm“ zitiert.

Inzwischen liegt ein „Zweiter Entwurf eines ökonomisch-politischen Orientierungsrahmens für die Jahre 1975—1985“, hrsg. v. Vorstand der SPD, Bonn 1975, (Orientierungsrahmen ’85), vor. Auch wenn dieser Entwurf gemessen an seinem Vorgänger unverkennbar verbessert wurde, so hat sich doch am Primat der Ökonomie, an der Eroberung des politischen Bereiches durch wirtschaftliche Kategorien nichts geändert. Es war daher nicht notwendig, dieses Kapitel neu zu fassen; seine Aussagen sind nach wie vor gültig. Zum Beleg wird im Anhang eine kurze Analyse des Orientierungsrahmens ’85 vorgelegt.

schaftspolitische Konzeption, die „konkretisiert und quantifiziert" sein sollte, zu erstellen. Wir haben das „Langzeitprogramm" deshalb zum Gegenstand einer Analyse gewählt, weil aus ihm deutlich wird, in welch starkem Maße die ökonomische Zielsetzung und das Denken in ökonomischen Kategorien den politischen Bereich erobert haben, und wie sehr man von Seiten der Politiker den Bestrebungen von Nationalökonomen entgegenkommt, auch bei der Lösung politischer Probleme die führende Rolle zu spielen — Bestrebungen, die wir als „ökonomischen Imperialismus" bezeichnen wollen, weil sie sich auf Gebiete ausdehnen, die sich ursprünglich nicht unter ihrem legitimen Herrschaftsbereich befanden.

Im „Langzeitprogramm" wird davon gesprochen, daß Freiheit, Gerechtigkeit und Solidarität als die Grundwerte des *Godesberger Programms* die bestimmenden Richtlinien für den Entwurf gewesen seien, und zwar „im Sinne von vorgegebenen Parametern"[8]. Erfolg oder Mißerfolg des Vorhabens hängen somit davon ab, ob es zu einer Konkretisierung dieser Grundwerte beigetragen hat. Die Intention jedenfalls ist eindeutig formuliert: „Es geht einerseits um die Konkretisierung und Differenzierung des demokratischen Sozialismus und andererseits darum, einen auf diesen Grundwerten beruhenden, an ihnen zu messenden Orientierungsrahmen ökonomisch durchgerechnet zu entwickeln ... Es geht darum, die politischen Grundüberzeugungen mit der politischen Ökonomie zu verbinden"[9]. Der letzte Satz dieses Zitats ist die für uns entscheidende Stelle. Er besagt, daß der Versuch unternommen werden soll, Grundwerte menschlicher Existenz in die Kategorien ökonomischer Kalkulation zu übersetzen. Damit stellt sich aber die Frage, ob das Vorhaben nicht schon wegen seines Ansatzes scheitern muß.

Zuerst wollen wir zu klären versuchen, was der Begriff der „politischen Ökonomie" zu bedeuten hat; denn ökonomisches Handeln wird ja noch nicht dadurch politisch, daß wir es so bezeichnen. Hannah Arendt weist darauf hin, daß dem klassischen politischen Denken ein Begriff wie „politische Ökonomie" als in sich selbst widerspruchsvoll erschienen wäre: „... was immer ökonomisch war, nämlich zugehörig zum schieren Leben des Einzelnen und zum Überleben der Gattung, war dadurch bereits als nicht-politisch identifiziert und definiert"[10]. Das Ökonomische gehörte eindeutig zum Bereich der Notwendigkeit und war damit klar geschieden vom Politischen, das seinen Sitz im Bereich der Freiheit hatte. Die Notwendigkeit als präpolitisches Phänomen[11]

[8] Ebd., S. VII.

[9] Ebd., S. V.

[10] *H. Arendt*, S. 32.

[11] Ebd., S. 33.

bildete das konstitutive Merkmal des *Oikos*, des privaten Haushalts und der Familie, während die *Polis* als öffentlicher Raum der Ort der politischen Betätigung, durch Handeln eine gute und gerechte Ordnung zu verwirklichen, war. Diese Unterscheidung zwischen privat und öffentlich, nicht-politisch und politisch ist seit dem Untergang des Römischen Reiches und mit dem Aufkommen des Christentums nahezu verlorengegangen[12]. Wir verstehen „seit dem Beginn der Neuzeit jeden Volkskörper und jedes politische Gemeinwesen im Bild der Familie, dessen Angelegenheiten und täglichen Geschäfte wie ein ins gigantisch gewachsener Haushaltsapparat verwaltet und erledigt werden. Das wissenschaftliche Denken, das dieser Entwicklung entspricht, heißt nicht mehr politische Wissenschaft, sondern „National-Oekonomie" oder Volkswirtschaft oder „social economy", und alle diese Ausdrücke weisen darauf hin, daß wir es in der Tat mit einer Art „kollektiven Haushaltens" zu tun haben. Was wir heute Gesellschaft nennen, ist ein Familienkollektiv, das sich ökonomisch als eine gigantische Über-Familie versteht . . ."[13] Nun kann es natürlich nicht darum gehen, das Ökonomische wieder in den privaten Bereich zurückzuverweisen. In der modernen Gesellschaft, in der wirtschaftliche Aufgaben nicht mehr ausschließlich im privaten Rahmen zu bewältigen sind, müssen diese auch zum Gegenstand der öffentlichen Debatte werden. Darüber gibt es keinen Zweifel. Nur wird deswegen allein das Ökonomische selbst noch nicht politisch. Es bleibt nach wie vor dem Bereich der Notwendigkeit zugeordnet, während „politics are the public actions of free men"[14]. Nach genuinem Verständnis von Politik ist daher der Begriff der „politischen Ökonomie" in der Tat ein Widerspruch in sich selbst, da Tätigkeiten, die der Notwendigkeit unterliegen, nicht den höheren Status des freien Handelns für sich beanspruchen können. Wenn der Begriff trotzdem gebraucht wird, so deutet er auf etwas anderes hin: auf die Abdankung der Politik bzw. deren Unterordnung unter die Ökonomie. Und in diesem Sinn wurde der Begriff auch von den Klassikern der Nationlökonomie verstanden. Für sie war Politik eine Funktion der Ökonomie[15]. Das bedeutet, daß die ökonomische Zielsetzung zu *der* Zielsetzung der Gesellschaft wird und die Politik die Aufgabe erhält, die Rahmenbedingungen für deren Durchsetzung zu schaffen. Dahinter wird nicht nur die Gegnerschaft gegen die Politik deutlich, sondern auch die Vorstellung des Ökonomen von der Gesellschaft: „. . . die Vorstellung nämlich, daß die gemeinsame Teilhabe am arbeitsteilig erstellten Produkt die konstituierende Ge-

---

[12] Vgl. allg. *C. N. Cochrane*, Christianity and Classical Culture. Oxford University Press, London, Oxford, New York ²1968.

[13] *H. Arendt*, S. 31 f.; vgl. auch S. 322, Anm. 12.

[14] *B. Crick*, In Defence of Politics. Pelican Books ²1964, S. 18.

[15] Vgl. auch *H. Arendt*, S. 34 f., und *J. L. Talmon*, Politischer Messianismus. Köln und Opladen 1963, S. 35 f.

meinsamkeit der Gesellschaft sei"[16]. Das *bonum commune* wird reduziert auf das Sozialprodukt. Nicht die gerechte Gesellschaft als die Bedingung der Möglichkeit zur Verwirklichung von Humanität, sondern maximaler Konsum wird zum Ziel erhoben. Damit ist die Gesellschaft im substantiellen Sinn, die ihr *xynon*, ihr Gemeinsames, im *logos* findet (Heraklit) und somit ihre Maßstäbe aus einem *summum bonum* gewinnt, das den Bereich der Güterwelt transzendiert, zerstört. Sie institutionalisiert im Gegenteil ein Gegeneinander ihrer Mitglieder im Kampf um einen möglichst großen Anteil am Sozialprodukt, im modernen Jargon gewöhnlich als „Verteilungskampf durch Einsatz von Marktmacht" bezeichnet. Und tatsächlich kann die Auseinandersetzung, da übergeordnete Normen fehlen, nur auf der Machtebene ausgetragen werden. Daß dies für eine liberale Demokratie und die sie tragende Idee, die Sicherung der Freiheit ihrer Bürger, verhängnisvoll werden kann, bedarf keiner weiteren Erläuterung.

Wir sehen, daß der Versuch, die politischen Grundwerte des demokratischen Sozialismus mit einer „politischen Ökonomie" zu verbinden, in sich widersprüchlich ist, da die zu verbindenden Größen inkommensurabel sind. Freiheit läßt sich nur jenseits der Ökonomie verwirklichen, Gerechtigkeit aus ihr nicht ableiten. Für die Solidarität schließlich fehlt im institutionalisierten Gegeneinander die Basis. Das „Langzeitprogramm" unterliegt dem gleichen fundamentalen Irrtum, den Hans Albert in seiner Dissertation[17] der Nationalökonomie vorgehalten hat. Die Intention dieser Arbeit hat Albert später so charakterisiert: „Zwischen technisch-rationaler Analyse und ethisch-existentieller Entscheidung, so glaubte ich zeigen zu können, gibt es keine Brücke. Von daher erfolgte auch meine Kritik der Ökonomik, die als scheinbar wertneutrale politische Arithmetik wegen ihrer de facto kaum zu leugnenden normativ-explikativen Doppelfunktion angegriffen und durch den Übergang zu einer — nicht wie die angeblich autonome Ökonomik bereichsbeschränkten — politischen Anthropologie überwunden werden sollte. Hinter dieser Kritik stand der Gedanke, daß die im ökonomischen Denken verwurzelte Vorstellung, man könne *die existentielle Entscheidung durch eine rationale Kalkulation ersetzen*, einem anthropologischen Irrtum entspringt, einem Irrtum, der meiner Auffassung nach der zentralen ökonomischen Fragestellung zugrundelag"[18]. Die Autoren des

---

[16] *M. Hereth*, S. 544; zum Gesellschaftsbegriff der Nationalökonomie vgl. vor allem unten Kapitel 4.

[17] *H. Albert*, Rationalität und Existenz. Politische Arithmetik und politische Anthropologie. Diss. Köln 1952.

[18] *H. Albert*, Ökonomische Ideologie und politische Theorie. Göttingen ²1972, S. 3; es muß darauf hingewiesen werden, daß Albert die Aussagen seiner Dissertation in wesentlichen Punkten nicht mehr aufrechterhält; vgl. dazu das Vorwort zur 2. Auflage der hier zitierten Arbeit.

„Langzeitprogramms“ sind dem gleichen Irrtum unterlegen. Der existentiellen Entscheidung kann man nicht ausweichen. Sie stellt für unseren Zusammenhang eine eindeutige Alternative. Entweder die politischen Grundwerte dominieren, und das bedeutet konkret eine Revision bisheriger Wertvorstellungen und eine Umkehrung der Prioritäten, oder aber sie unterwerfen sich der ökonomischen Zielsetzung, womit sie freilich ihrer Substanz beraubt werden und zu Worthülsen absinken. Wir werden sehen, daß man im „Langzeitprogramm“ den zweiten Weg gegangen ist und daß man die Grundwerte „im Sinne von vorgegebenen Parametern“ unterwegs verloren hat.

Den Programmplanern war die Aufgabe gestellt worden, die von der Partei geäußerten politischen Zielvorstellungen zu ordnen, sie auf ihre Übereinstimmung hin zu prüfen und daraus Prioritäten zu entwickeln. Sie haben das offenbar als Auftrag verstanden, eine Art Kosten-Nutzen-Analyse anzufertigen: „Wir haben ... die katalogisierten Aussagen auf ihre Kostenrelevanz (volkswirtschaftlich und einzelwirtschaftlich) je einzeln geprüft und haben diesen Kostenüberlegungen Nutzen- bzw. Ertragsüberlegungen gegenübergestellt“[19]. Diese Mühe hätten sie sich sparen können, weil dabei, wie auch einsichtige Nationalökonomen wissen, nichts Greifbares herauskommen kann, da der „Nutzen“ eine inoperationale Größe ist[20]. „Der *Nutzen* ist ein metaphysischer Begriff von unüberwindbarer Zirkularität; *Nutzen* ist diejenige Eigenschaft der Güter, die den Individuen ihren Erwerb wünschenswert erscheinen läßt, und die Tatsache, daß die Individuen Güter zu kaufen wünschen, zeigt wiederum, daß sie *Nutzen* haben“[21]. Davon abgesehen wird deutlich, daß hier politische Ziele mit ökonomischen Maßstäben gemessen werden sollen. Das ist nicht verwunderlich, denn nach Ansicht der Planer liegen die politischen Mittel „im wesentlichen im Bereich der Ökonomie, d. h. der Wirtschafts-, Steuer- und Fiskalpolitik, und im Bereich der unmittelbaren Setzung von Normen durch das Recht“[22]. Das klingt plausibel, beruht aber auf einem Mißverständnis. „Politics arises from accepting the fact of the simultaneous existence of different groups, hence different interests and different traditions, within a territorial unit under a common rule. It does not matter much how that unit came to be — by custom, conquest or geographical circumstance. What does matter is that its social structure, unlike some primitive society, is sufficiently complex and divided to make politics a plausible response

[19] Langzeitprogramm, S. VIII.

[20] Wir kommen auf dieses Problem in Kapitel 5 noch ausführlich zu sprechen.

[21] *J. Robinson*, Doktrinen der Wirtschaftswissenschaft. München [2]1968. S. 60.

[22] Langzeitprogramm, S. XI.

to the problem of governing it, the problem of maintainung order at all"[23]. Politik ist also der spezifische Versuch, in einer komplex strukturierten Gesellschaft eine Ordnung, und zwar, wie wir gleich hinzufügen wollen, eine gerechte Ordnung, zu etablieren bzw. aufrechtzuerhalten. Die Bedingung, daß die politische Ordnung gerecht sein soll, und der würde Crick wohl zustimmen, ist entscheidend. Sie setzt nämlich voraus, daß das politische Gemeinwesen einen Konsensus über ein *summum bonum* erzielt, das ein Kriterium abgeben kann für die Entscheidung darüber, ob einzelne Maßnahmen als gerecht oder als ungerecht angesehen werden müssen. Gibt es diesen Konsensus, dann sind die ökonomischen und gesetzestechnischen Mittel, nachdem in öffentlicher Debatte über einzelne Maßnahmen Einigung erzielt worden ist, sozialtechnische Instrumente, aber keine politischen. Gibt es einen solchen Konsensus nicht, dann bedeutet die Anwendung dieser Instrumente Zwang, den der Stärkere (das kann die Mehrheit sein, muß es aber nicht) über den Schwächeren ausübt. Gewiß ist es richtig, daß der gegenwärtige Zustand unserer Gesellschaft Politik im echten Sinne fast kaum mehr zuläßt. Daraus folgt aber noch nicht, daß man diesen defizienten Zustand zur Norm erheben muß. Vielmehr bedeutet gerade dann politisches Handeln Ringen um eine Neuorientierung, um eine gesellschaftlich anerkannte inhaltliche Auffüllung der genannten obersten Grundwerte.

Von einer solchen Intention ist im „Langzeitprogramm" nichts zu bemerken. Produktivitätssteigerung, wirtschaftliches Wachstum und materielle Wohlfahrt werden weiterhin als beherrschende Ziele genannt. Dem korrespondiert als Menschenbild der Wohlstandsbürger, dessen Existenz in seinem materiellen Wohlergehen aufgeht. „Hinsichtlich der Reihenfolge haben wir in diesem Entwurf mit der wichtigsten Vorbedingung für die Reformbereitschaft begonnen — mit der Sicherheit: Sicherung der Gesundheit, Sicherung der sozialen Existenz, Schutz des Bürgers vor Unrecht und Verbrechen ... Erst wenn der Bürger weiß, daß seine Existenz gesichert ist, wird er mit uns bereit sein, sich gelassen um neu auftretende Probleme wie z. B. dasjenige des Schutzes unserer Umwelt und damit die Zukunft unserer gemeinsamen Existenz zu kümmern"[24]. Man gewinnt den Eindruck, als gelte es, den drohenden Rückfall unter das absolute Existenzminimum abzuwenden. Menschliche Existenz wird hier nur unter dem Gesichtspunkt ihrer leiblichen Fundierung gesehen, Sicherung der Existenz folglich als Schutz des Lebens und des Arbeitsplatzes und Gewährleistung der materiellen Versorgung verstanden. Das pure Leben gilt als das höchste Gut, und das „gute" Leben ist ein Leben in Wohlstand. Die angestrebten Veränderungen in

---

[23] *B. Crick*, S. 18.

[24] Langzeitprogramm, S. XII.

den Existenzbedingungen der Menschen sollen „die Chance bieten, den gesellschaftlichen Wohlstand und das dazu erforderliche wirtschaftliche Wachstum zu sichern und auszuweiten“[25]. Die Widersprüchlichkeiten einer solchen Existenzinterpretation liegen offen zutage. Einmal stellt sie sich in Widerspruch zur Wertordnung unserer Demokratie, die, wenigstens den öffentlichen Verlautbarungen der meisten verantwortlichen Politiker zufolge, die Freiheit höher schätzt als die bloße Erhaltung des Lebens; denn aus welch anderem Grunde wurde schließlich eine Armee aufgebaut, die eingesetzt werden soll, wenn unsere Freiheit von außen bedroht wird? Das kann doch nur bedeuten, daß von den Bürgern dieses Landes erwartet wird, daß sie im Konfliktfall ihr Leben aufs Spiel setzen, um die Freiheit zu bewahren. Zweitens kann eine Existenz, die sich nur auf den Besitz materieller Güter gründet, nicht gesichert werden. Eine solche Existenz wird sich im Gegenteil um so bedrohter fühlen, je mehr sie besitzt, denn desto mehr hat sie zu verlieren. Vor dem Verlust materieller Güter aber gibt es keinen sicheren Schutz. Die „Geborgenheit“ im Eigenheim ist eine Illusion.

Erwägungen dieser Art blieben den Programmplanern fremd. Nach ihrer Ansicht gibt es in unserer Gesellschaft nur politische Aufgaben, die man durch ein wachsendes Sozialprodukt lösen kann. „Der Entwurf versucht im besonderen, die Aufgaben der Gesellschaft und ihre Lösungsmöglichkeiten in der Zukunft darzustellen und zu diesem Zweck die Anteile des Sozialprodukts zu quantifizieren, die dafür verwandt werden müssen. Die wichtigste Voraussetzung für die spätere Verwirklichung ist eine relativ hohe Wachstumsrate des Sozialprodukts, die vor allem durch Produktivitätsfortschritte erreicht werden muß“[26]. Daraus ergibt sich konsequent die Forderung: „Politische Planung wird also jede einzelne Maßnahme auch daraufhin zu prüfen haben, ob sie die Produktivität erhöht oder senkt“[27]. Und damit den Konsumbürger keine Angst um die „Sicherheit seiner Existenz“ befällt, wird ihm versichert: „Bei befriedigendem Wachstum insgesamt lassen sich die notwendigen Änderungen durch verschiedene Zuwachsraten der einzelnen wirtschaftlichen Größen erreichen. Niemandem wird dadurch etwas genommen“[28]. Die Kapitulation der Politik vor der Ökonomie ist perfekt, die ökonomische Zielsetzung dominiert die politische. „Die politischen Bedürfnisse der Gesellschaft werden zu industriellen Bedürfnissen und Wünschen, ihre Befriedigung fördert das Geschäft und das Gemeinwohl, und das Ganze erscheint als die reine Verkörperung der Vernunft“[29].

---

[25] Ebd., S. 6.

[26] Ebd., S. XIX.

[27] Ebd., S. 10.

[28] Ebd.

[29] *H. Marcuse*, Der eindimensionale Mensch. Neuwied und Berlin 1967, S. 11.

So erschien es wohl auch den Mitgliedern der „Langzeitkommission“, denn sie sahen es als eine ihrer Aufgaben an, in der Politik mehr Rationalität durchzusetzen[30]. Um welches Verständnis von „Rationalität“ es sich hier handelt, wird klar, wenn man liest, daß zur Bestätigung der Richtigkeit der vorgetragenen Auffassung von politischem Handeln Karl Popper als Kronzeuge angerufen wird[31]. Folgerichtig werden die Experten in Sachen dieser Rationalität, die Ökonomen, aufgefordert, den Politikern zur Seite zu stehen. Es müssen „vor allem auch die ökonomischen Wissenschaften als unerläßliche Berater planungspolitischer Entscheidungen in Anspruch und in Verantwortung genommen werden“[32]. Nun hat Planung nichts mit Politik zu tun. „To say that all governing involves politics is either rhetoric or muddle“[33]. Im „Langzeitprogramm“ heißt es: „Planung bedeutet unter langfristigem Aspekt vor allem: Problemanalysen, Überlegungen über die volkswirtschaftlichen Möglichkeiten (Ressourcen), alternative Lösungen“[34]. Wenn also von „planungspolitischer Entscheidung“ gesprochen wird, so heißt das im Klartext, daß Politik zur Verwaltung absinkt. Damit wird aber auch der Bürger zum Verwaltungsobjekt und die Herrschaft von Personen zur Herrschaft der Bürokratie, der wohl, weil Herrschaft des verantwortungslosen Niemand, inhumansten Herrschaftsform. Für die Verwaltung ist die Kenntnis des sozialtechnischen Instrumentariums unerläßlich, mithin auch die Beschäftigung von Nationalökonomen. Wird sie jedoch zum Politikersatz, so werden auch die Ökonomen zu den eigentlich berufenen politischen Wissenschaftlern. Wir werden sehen, daß sich das mit ihrem Selbstverständnis deckt.

Dabei braucht man nicht nur an Nationalökonomen wie Schumpeter[35], Downs[36] oder Herder-Dorneich[37] zu denken, die ausdrücklich eine ökonomische Theorie der Politik zu konzipieren versucht haben[38]. Auch diejenigen unter ihnen, die als Gegenstand der Nationalökonomie gerne nur jenen „Ausschnitt“ menschlichen Handelns nennen, der sich mit der

---

30 Vgl. Langzeitprogramm, S. XI.

31 Ebd., S. XII; dabei muß man daran erinnern, daß im *Godesberger Programm* der demokratische Sozialismus die klassische Philosophie, das Christentum und den Humanismus als seine geistigen Wurzeln nennt. Zur Auseinandersetzung mit dem „kritischen Rationalismus“ vgl. unten Kapitel 2.

32 Ebd., S. XI.

33 *B. Crick*, S. 20.

34 Langzeitprogramm, S. 5.

35 *J. A. Schumpeter*, Kapitalismus, Sozialismus und Demokratie. Bern ²1950.

36 *A. Downs*, An Economic Theory of Democracy. New York 1957.

37 *Ph. Herder-Dornreich*, Politisches Modell zur Wirtschaftstheorie. Freiburg 1959.

38 Vgl. dazu auch *H. Hentschel*, Zur ökonomischen Theorie der Politik. Diplomarbeit Bochum 1972.

Überwindung der Knappheit von Gütern beschäftigt, sind offenbar der Meinung, die Kenntnis dieses Ausschnitts befähige sie zu Aussagen über die Gesellschaft insgesamt[39]. „Sowohl Ziele als auch Wirkungen schließen einen weiten Bereich ein, der eher ein politischer als ein wirtschaftlicher ist. Hier kann der Wirtschaftswissenschaftler, wenn er möchte, sich auf sein Spezialgebiet beschränken und nur Ziele und Auswirkungen im ökonomischen Bereich behandeln. Wenn er das aber tut, sollte er seinen Leser warnen, daß er nur einen Teil eines Bildes darbietet. Irgend jemand muß irgendwann die Mühe auf sich nehmen und das Bild als ganzes darbieten, und für diese Rolle ist vielleicht niemand besser geeignet als der Nationalökonom"[40]. Recktenwald reklamiert für die Finanzwissenschaft ähnliches: „Soweit ich sehe, ist die Finanzwissenschaft in ganz besonderem Maße zur Mithilfe aufgerufen, eine Brücke zu schlagen zwischen den individuellen und kollektiven Entscheidungen, damit das Spannungsfeld zwischen Markt- und Staatswirtschaft ohne Gefährdung der persönlichen Initiative und der persönlichen Freiheit aufgelockert wird ... Ihre Legitimation erhält sie aus ihrem Hauptanliegen: nämlich sowohl *den Budget- wie auch den Marktmechanismus als theoretische und praktische Ordnungsinstrumente der modernen Industriegesellschaft** des Westens zu beherrschen und vernünftig anzuwenden, zwei Organisationsformen, die die Eingliederung und den Gebrauch der Hilfsquellen einer Nation bestimmen und die Verteilung der Güter regeln, damit ein ökonomisches *und gesellschaftliches** Gleichgewicht innerhalb tolerabler Schwankungen bei stetigem Wirtschaftswachstum gesichert werden kann"[41]. Die Kenntnis des Instrumentariums der Ökonomie berechtigt zu verbindlichen Aussagen über die Bedingungen der gesellschaftlichen Stabilität. Recktenwald sagt auch warum: „In jüngster Zeit rückt das Ziel der *gesellschaftlichen Stabilität einer Nation,* vor dem Hintergrund sozialer Gerechtigkeit, immer mehr in den Mittelpunkt politischer Programme, nachdem selbst weniger ideenreiche Regierungen gelernt haben, für hohe Beschäftigung und damit für *soziale Sicherheit* zu sorgen. Die nachhaltige Zunahme des materiellen Wohlstandes breiter Schichten, als Folge eines anhaltenden Wirtschafts-

---

[39] Es wird in den Kapiteln 4 und 5 gezeigt, daß sich diese Meinung zwingend aus der der Nationalökonomie zugrundeliegenden Anthropologie ergibt.

[40] *H. M. Groves,* Towards a Social Theory of Progressive Taxation. In: National Tax Journal, Bd. IX (1956). Zitiert nach dem Wiederabdruck in: H. C. Recktenwald (Hrsg.), Finanztheorie. NWB Bd. 33, Köln, Berlin 1969, S. 342.

* Hervorhebungen in den Zitaten, die nicht vom Verfasser stammen, werden im folgenden durch ein Sternchen (*) nach der Hervorhebung gekennzeichnet.

[41] *H. C. Recktenwald,* Finanzwissenschaft in der Gegenwart. In: ders. (Hrsg.), Finanztheorie, S. 29.

wachstums, hat das uralte Verlangen der Menschheit nach sozialer Gerechtigkeit keineswegs zurückgedrängt. Im Gegenteil, politische Stabilität in einer Gesellschaft, die eben erst in ganzer Breite und Tiefe die *Aufklärung* nachzuholen scheint, ist heute ganz entscheidend von einer tolerablen Einkommens- und Vermögensverteilung abhängig"[42]. Die gesellschaftliche Stabilität hängt also von der Vollbeschäftigung ab und die Gerechtigkeit kulminiert in einer tolerablen Einkommens- und Vermögensverteilung. Politik wird so zur Wirtschaftspolitik. Nun kann nicht bestritten werden, daß sich das mit den Zielen der modernen Industriegesellschaft und deren Selbstinterpretation weitgehend deckt. Die ökonomistische Deutung der Gesellschaft bezieht ihre Evidenz aus der Realität des sozialen Milieus, in dem sie entsteht[43]. Es ist allerdings eine andere Frage, ob man berechtigt ist, aus diesem Sachverhalt auf die Rationalität des Milieus zu schließen.

Recktenwald klärt auch darüber auf, daß die Aufgabe der wirtschaftlichen Tätigkeit, „unbeschränkten Bedarf mit knappen Hilfsmitteln zu decken"[44], ebenfalls für „außerwirtschaftliches Handeln" gilt, daß dieses Prinzip „überall" besteht[45]. Daher kann man Rationalität mit ökonomischer Rationalität gleichsetzen und die Forderung nach mehr Rationalität in der Politik als Aufforderung an die Nationalökonomen verstehen, die Ergebnisse ihrer Disziplin als Grundlage der Politik überhaupt einzubringen. „Das Streben nach größerer Rationalität und Transparenz kennzeichnet die praktische Politik in der Gegenwart. In sie ist, natürlich, die Wirtschafts- und Finanzpolitik einbezogen. Als ökonomische Disziplin liefert sie sogar weitgehend die Grundlagen und Verfahren für diesen Prozeß"[46].

Wir haben bereits gelegentlich der Analyse des „Langzeitprogramms" auf das Verhältnis von Politik hingewiesen, das der ökonomistischen Interpretation von Gesellschaft zugrunde liegt. Ökonomie und Politik werden hinsichtlich Aufgabenstellung und Zielsetzung als im wesentlichen deckungsgleich angesehen. Daraus ergibt sich nicht nur, daß der Nationalökonom zum unerläßlichen Berater in politischen Angelegenheiten wird, sondern auch, daß die theoretische Nationalokonomie die politische Theorie okkupiert mit der Begründung, sie sei auch auf diesem Gebiet leistungsfähiger. „Für orthodoxe Politikwissenschaftler

---

[42] *Ders.,* Integrierte Wirtschafts- und Finanzpolitik. In: ders. (Hrsg.), Finanzpolitik. NWB Bd. 36, Köln, Berlin 1969, S. 27.

[43] Vgl. *J. Gebhardt,* Vernunft zwischen Common Sense und Theorie. Anmerkungen zum Problem von Rationalität und Gesellschaft. Unveröffentlichter Vortrag an der Evangelischen Akademie in Tutzing, 1972, S. 1.

[44] Das ist eine *contradictio in adiecto,* d. h. die gestellte Aufgabe ist prinzipiell unlösbar.

[45] Vgl. *H. C. Recktenwald,* Integrierte, S. 15.

[46] Ebd., S. 13.

mag es als der Gipfel anmaßender Arroganz erscheinen, wenn behauptet wird, daß die Wirtschaftswissenschaft eine „Theorie“ zur Erklärung und Vorhersage politischer Entscheidungen zur Verfügung stellen kann. Dennoch wird es in zunehmendem Maße offenkundig, daß die wichtigen theoretischen Fortschritte bei der Erklärung von politischen Phänomenen in erster Linie von denen gemacht wurden, die den Gegenstand als Ökonomen angehen“[47]. Buchanans Behauptung erscheint nicht nur arrogant, sie ist auch falsch, weil die Prämissen, unter denen Ökonomen politische Phänomene zu betrachten gewohnt sind, nur aus Teilaspekten menschlicher Existenz gewonnen sind, so daß das, was von ihnen für „politische Theorie“ gehalten wird, in Wirklichkeit ideologische Spekulation ist. Ganz anders steht es mit dem Einfluß ökonomischer Theoretiker auf die Politik, denn dieser ist tatsächlich beträchtlich. So weist z. B. Giersch richtig darauf hin, daß die westdeutsche Wirtschaftspolitik (und damit wichtige Bereiche der Politik insgesamt) ganz entscheidend von der neoliberalen Schule Walter Euckens beeinflußt worden ist[48]. Als politischer Theoretiker war Eucken allerdings weniger erfolgreich, wie die zwei folgenden Beispiele belegen. Er berichtet, daß die Arbeiter in England und Deutschland zu Anfang und in der Mitte des 19. Jahrhunderts, die nachfragemonopolistischen Arbeitgebern gegenüberstanden, nicht im Besitz ihrer persönlichen Freiheit gewesen seien. Aber auch „die Garantierung gewisser Grundrechte in den Verfassungen konnte ihnen nicht helfen, sondern nur die Änderung der Marktformen. Die sozialistische Kritik hatte mit der Behauptung durchaus recht, daß viele Arbeiter nicht nur formell frei, faktisch aber unfrei seien. Aber nicht die mythische Figur des „Kapitalismus“ verhinderte die Realisierung von Grundrechten, sondern die Existenz bestimmter Marktformen“[49]. Humanität wird als eine Funktion der Marktformen gesehen. Dieser „wichtige theoretische Fortschritt bei der Erklärung politischer Phänomene“ leistet auch gute Dienste bei der Erforschung des Totalitarismus: „Eine gut funktionierende Wettbewerbsordnung vermag den Menschen nicht bloß vor wirtschaftlicher Not zu bewahren. Sie *allein** schützt ihn vor der Gefahr des Totalitarismus“[50]. Der Nationalsozialismus als Ergebnis einer monopolistischen Wettbewerbsordnung: hier treffen sich linke und rechte „Theoretiker“.

[47] *J. M. Buchanan,* Economics and its Scientific Neighbours. In: S. R. Krupp (ed.), The Structure of Economic Science. Essay on Methodology. Englewood Cliffs, N. Y. 1966. Zitiert nach dem Wiederabdruck in: R. Jochimsen u. H. Knobel (Hrsg.), Gegenstand und Methoden der Nationalökonomie. NWB Bd. 45. Köln 1971. S. 97.

[48] Vgl. *H. Giersch,* Kontroverse Fragen der Wirtschaftspolitik. München 1971, S. 86 f.

[49] *W. Eucken,* Grundsätze der Wirtschaftspolitik. (E. Eucken u. K. P. Hensel ed.), Tübingen, Zürich ²1955, S. 50.

[50] Ebd., S. 318.

Man muß Richter leider zustimmen, wenn auch in anderem Sinne als von ihm vermutlich gemeint, daß „Glück oder Unglück der Menschheit in nicht unerheblichem Maße ... von den zum Teil so luftig anmutenden Theorien der Nationalökonomen" abhängen[51]. Einer Gesellschaft, deren politische Substanz nicht über das hinausreicht, was ihnen von Nationalökonomen wie Eucken an politischen Einsichten geboten wird, ist vermutlich kein glücklicher Zustand von Dauer beschert.

Nun spekulieren die Nationalökonomen nicht einfach wild darauf los. Ihre politische Theorie folgt vielmehr sachlogisch aus ihrem wissenschaftstheoretischen und anthropologischen Ansatz. Weil die Politische Wissenschaft diesen Ansatz nicht teilt, ist sie für Buchanan als Wissenschaft überhaupt disqualifiziert. „Traditionellerweise hat der Politologe keine Theorie des menschlichen Verhaltens in seine Struktur des politischen Prozesses einbezogen. Für ihn hat „Theorie" niemals Vorhersage impliziert. Statt dessen hat die politische Theorie normative philosophische Abhandlungen über die Ziele und Zwecke politischer Ordnung angeregt. In dieser Tradition läßt sich wenig oder überhaupt keine positive Wissenschaft entdecken"[52]. Aufgrund seines positivistischen Wissenschaftsverständnisses kann Buchanan eine philosophische Theorie der Politik nicht akzeptieren. Zwar weiß er genau, wo sich der Schnittpunkt von Nationalökonomie und Philosophie befindet, nämlich in der Anthropologie[53]. Aber sein Wissenschaftsverständnis läßt es nicht zu, alle Ebenen der Realität, an denen der Mensch partizipiert und die seine Existenz bedingen, reflexiv zu erfassen und in seine Ordnungskonzeption als konstituierende Elemente einzubeziehen. Staat dessen kann er den Menschen nur als ein sich verhaltendes, nicht als ein handelndes Wesen verstehen. Damit ist aber ein spezifisch menschlicher Aspekt, namentlich der politische, aus dem Auge verloren und die Selbstverwirklichung als Ziel des Menschen aufgegeben. Denn die „Frage nach der Verwirklichung des Menschen reicht über Wissenschaft im Sinne eines herrschenden naturwissenschaftlichen Modells und Sozialtechnologie hinaus, sie berührt den Gesamtkomplex der öffentlichen Symbol- und Bewußtseinsmuster bis zu jenem Punkt, in dem der Mensch prozessual seine Wirklichkeit als Mensch derart gewinnt, daß er eine Hierarchie seiner Bedürfnisse entwickeln, sein summum bonum als Zielpunkt rationalen Handelns formulieren kann. Solange der Mensch im

---

[51] *R. Richter*, Methodologie aus der Sicht des Wirtschaftstheoretikers. In: Weltwirtschaftliches Archiv, Bd. 95 (1965). Zitiert nach dem Wiederabdruck in: R. Jochimsen u. H. Knobel (Hrsg.), S. 201.

[52] *J. M. Buchanan*, S. 97.

[53] Vgl. dazu auch *H. Schack*, Das Menschenbild in der Geschichte der Volkswirtschaftslehre. In: Festgabe für Friedrich Bülow zum 70. Geburtstag. Berlin 1960. Wiederabdruck in: A. Montaner (Hrsg.), Geschichte der Volkswirtschaftslehre. NWB Bd. 19, Köln, Berlin 1967, S. 341—355.

Sinne des herrschenden Realitätsverständnisses sich ausschließlich an quantitativen Maßstäben orientieren muß, ist Selbstverwirklichung und Qualität des Lebens unmöglich ...“[54]. Nur die Lebendigkeit der Vernunft im substantiellen Sinn als Richtungsfaktor im Bewußtsein kann den Menschen davor bewahren, daß eine instrumentell perfektionierte Außenleitung ihn seiner Humanität beraubt[55]. Diese Einsicht ist dem Ökonomen durch die Anerkennung des positivistischen Dogmas verwehrt.

Buchanan denunziert die philosophische Interpretation der menschlichen Existenz als „Träumerei“ und stellte sie in Gegensatz zum „nüchternen Realismus“ der Nationalökonomie. „Der Ökonom nimmt beinahe als einziger den Menschen so, wie er wirklich ist, und er vergeudet seine Energie nicht damit, von der Vollkommenheit des Menschen zu träumen ... Im wesentlichen stellt der Ökonom einen allgegenwärtigen Hobbesschen Realismus dar, der dem unschuldigen Romantizismus aller Rousseaus entgegentritt“[56]. Abgesehen davon, daß Rousseaus „Romantizismus“ so unschuldig nicht war[57], stellt sich die Frage, was es mit dem „Hobbesschen Realismus“ auf sich hat. Wir werden darauf noch zu sprechen kommen. Hier ist nur festzuhalten, daß der Anspruch der Nationalökonomie, zugleich politische Ordnungswissenschaft zu sein, gegründet ist auf ihre Interpretation des Menschen als eines leidenschaftsbestimmten Triebwesens und daß er seine Legitimation daher vor allem aus der Anthropologie von Thomas Hobbes[58] bezieht. Indem die „niederen Motive der Menschen“ zu *der* Realität erklärt werden[59], läßt sich das Pareto-Optimum zum Ziel und die Nationalökonomie zur Politischen Wissenschaft erheben. Das bedeutet nicht, daß die Menschen nun alle Träume begraben müssen: „Wenn man schließlich anerkennt, daß der Mensch weder der edle Wilde ist, noch der von seinen Ursünden Besessene, dann kann die elementare Rationalität, die zentral für das Modell des Ökonomen ist, ebenfalls zum Gegenstand der Träume erhoben werden[60].“ Dieser Traum von der elementaren Rationalität der Nationalökonomie, die besagt, daß mehr besser ist als weniger[61], hat sich für viele längst als Alptraum herausgestellt. Doch das ficht den Ökonomen nicht an. Er wird eher vermuten, daß es sich um einen Rückfall in

---

54 *J. Gebhardt,* Vernunft, S. 10 f.

55 Vgl. ebd., S. 11.

56 *J. M. Buchanan,* S. 96.

57 Vgl. z. B. *T. Schabert,* Natur und Revolution. München 1969. *J. L. Talmon,* Die Ursprünge der totalitären Demokratie. Köln und Opladen 1961.

58 Einen guten Überblick gibt *P. J. Opitz,* Thomas Hobbes. In: E. Voegelin (Hrsg.), Zwischen Revolution und Restauration. München 1968.

59 Vgl. *J. M. Buchanan,* S. 96.

60 Ebd.

61 Vgl. z. B. ebd., S. 90.

die Primitivität handeln muß, wenn Menschen sich weigern, von der Rationalität der Ökonomie zu träumen, denn „Menschen können es vorziehen, primitiv zu leben, und es ablehnen, die zentralen Lehrsätze, die der Ökonom ständig wiederholt, anzuerkennen“[62].

Die Frage nach Anerkennung oder Ablehnung kann erst beantwortet werden, wenn wir wissen, welches Bild der Wirklichkeit und damit welche anthropologische Basis die Nationalökonomie besitzt. Davon hängt auch ab, ob sie als Ordnungswissenschaft geeignet ist, Maßstäbe zu entwickeln, die eine Formulierung der Möglichkeit vernünftigen Handelns und der Bedingungen für Humanität erlauben.

[62] Ebd., S. 104.

2. Die Destruktion der Wirklichkeit

Der Wert einer Wissenschaft hängt davon ab, ob sie in der Lage ist, wahrheitsgemäße Aussagen über die Struktur desjenigen Bereichs der Wirklichkeit zu machen, den man im allgemeinen als ihren „Erkenntnisgegenstand"[1] bezeichnet. Daraus folgt, daß die von ihr verwendeten Methoden die Beschäftigung mit allem, was zu diesem Bereich gehört, gestatten müssen; denn eine Aussage heißt nur dann wissenschaftlich und damit rational, wenn sie alles, was zur Sache gehört, entsprechend seiner Relevanz in Betracht gezogen hat. Wie jede andere Wissenschaft legitimiert auch die Nationalökonomie ihre Ordnungskonzeption mit der Rationalität der von ihr vorgetragenen Vorstellungen. Nun bewegt sich die theoretische Reflexion der modernen Nationalökonomie weitgehend innerhalb der Schranken des Positivismus Popperscher Prägung, des „kritischen Rationalismus". Es wird zu prüfen sein, ob nicht die methodische Beschränkung, die sie sich damit auferlegt, prinzipiell eine der Frage nach der Begründung richtiger Ordnung adäquate Untersuchung und damit den Aufweis der Bedingungen der Möglichkeiten vernünftigen Handelns verhindert.

Willy Brandts Forderungen nach neuen Wertvorstellungen machen deutlich, daß für wichtige Teile unserer Gesellschaft die alten Werte frag-würdig geworden sind, daß die Maßstäbe des Handelns ins Wanken geraten und nicht mehr frag-los als vernünftig gelten können. Mit dem Verlust der Fraglosigkeit verlieren die Werte gleichzeitig ihre „Bewußtlosigkeit", sie drängen ins Bewußtsein und verlangen nach rationaler Überprüfung und Begründung. Insofern als Werte immer nur vom Bewußtsein als solche erkannt und explizit gemacht werden können, ist ein Wandel der Wertvorstellungen immer nur auf der Bewußtseinsebene möglich. Eine wissenschaftliche Behandlung dieses Problems, das sich mit der Fragestellung unserer Arbeit weitgehend deckt, verlangt dementsprechend, daß die Analyse nicht in der Beschreibung des empirischen Sachverhalts steckenbleiben darf, sondern über die Kritik des der ökonomischen Spekulation zugrundeliegenden Bewußtseins hinaus zu einer Möglichkeiten und Bedingungen für die Restitution einer hu-

[1] Für den Bereich der Sozialwissenschaften ist „Erkenntnisgegenstand" allerdings ein unpräziser Begriff, denn die „Wirklichkeit", mit der es der Sozialwissenschaftler zu tun hat, läßt sich nicht in eine Gegenstandsrolle drängen, sie kann nicht von „außen" betrachtet werden. Das nächste Kapitel wird sich ausführlicher mit diesem Problem beschäftigen.

manen Welt aufzeigenden Theorie des Bewußtseins und der es bestimmenden Erfahrungen vordringen muß. Dagmar Herwig hat das so formuliert: „Um menschliches Sozialverhalten zu verstehen, es auf seine Eignung zur Konstituierung oder Erhaltung einer bestmöglichen sozialen Ordnung unter den gegebenen Bedingungen menschlicher Existenz hin zu beurteilen und gegebenenfalls Verhaltenstherapien für die politische Praxis zu entwickeln, reicht es nicht aus, diverse existente Verhaltensweisen und die Institutionen, in denen sie sich verfestigen, zu beschreiben und phänomenologisch zu klassifizieren. Sie müssen auf ihre jeweiligen Erfahrungshintergründe, das ihnen zugrundeliegende Realitätsverständnis bzw. sie motivierende Bewußtsein und ihre Intention hin untersucht werden"[2]. Für unsere Untersuchung bedeutet das, daß sie mit den Kriterien einer philosophischen Anthropologie arbeiten muß. Damit ist gleichzeitig beschrieben, daß das positivistische Wissenschaftsmodell für uns unbrauchbar ist, da es wesentliche Bereiche menschlicher Existenz als für wissenschaftlich nicht befragbar erklärt und daher auch nicht zu einer rationalen Existenzinterpretation vordringen kann. Um dieses Versagen brauchten wir uns eigentlich nicht zu kümmern, denn niemand zwingt uns, zu Positivisten zu werden. Da wir hier jedoch ganz allgemein die Ordnungskonzeption einer Wissenschaft abhandeln, ist es unerläßlich, sich auch mit ihrer Methodik zu beschäftigen und die Gründe anzuführen, warum ihre wissenschaftstheoretische Position zumindest dort, wo es um Probleme menschlicher Existenz geht, unhaltbar ist. Es muß dem zu erwartenden Einwand begegenet werden, unsere theoretische Position verlasse den Boden der Wissenschaft und begebe sich in das Reich metaphysischer Spekulation, von wo aus es nicht schwer sei, eine Wissenschaft zu kritisieren, die sich dem harten Joch echter Wissenschaftlichkeit beuge. Wir wollen versuchen zu zeigen, daß die Beschränkung auf das positivistische Wissenschaftsmodell nicht in der Natur der Sache liegt, sondern vielmehr selbst das Ergebnis einer fehlerhaften Existenzinterpretation ist. Das kann freilich nicht alles in diesem Kapitel geleistet werden. Der volle Zusammenhang wird erst nach Abschluß der Analyse der anthropologischen Prämissen der Nationalökonomie deutlich werden.

Wir haben davon gesprochen, daß eine kritische Analyse menschlicher Ordnungsentwürfe, und um einen solchen handelt es sich bei der ökonomischen Spekulation, diese auf ihre Erfahrungshintergründe bzw. das sie motivierende Bewußtsein hin untersuchen muß. Das wirft die Frage nach den Interpretationskriterien auf. Dazu bieten sich im deutschen wissenschaftstheoretischen Milieu verschiedene Konzeptionen an, die je für sich beanspruchen, höheren Realitätsgehalt zu vermitteln und die autoritativ zum Nachvollzug auffordern. Für welche sollen wir uns ent-

[2] Der Mensch in der Entfremdung. München 1972, S. 7.

scheiden? Jürgen Gebhardt bemerkt dazu richtig, daß wir auf der Ebene der Wertordnungen keine Antwort bekommen: „Auskunft bekommen wir nur, wenn wir bewußt die Erfahrungsprozesse studieren, in denen der Mensch Humanität sucht und zu verwirklichen bestrebt ist. Dies scheint mir die entscheidende methodische Voraussetzung einer jeden wissenschaftlichen Reflexion über „Vernunft“ und „Humanität“ zu sein. Ohne diese Voraussetzung bleibt die Analyse des Problems in der mehr oder weniger zufälligen Reproduktion gegebener Symbolordnungen oder „Sprachspiele“ stecken. Auf Grund dieser Voraussetzungen ergeben sich dann die Kriterien für die Beurteilung bestimmter Symbolisierungen und Plausibilitätsstrukturen unter dem Horizont der Erfahrung. Ob und wieweit in ihnen Wirklichkeit präsent wird, ob und wieweit sie mir die Möglichkeit geben, Realität zu apperzipieren und ob und wieweit alle möglichen Erfahrungen, die Menschen bisher über ihre Humanität gemacht haben, in den jeweiligen Entwürfen verarbeitet werden. Dies scheinen mir Kriterien zu sein, um festzustellen, von was wir uns leiten lassen sollen, wenn wir jenem, vorsichtig ausgedrückt, inneren Druck nachgeben, der uns sagt, daß wir unsere Humanität überhaupt suchen und verwirklichen sollen“[3].

Es geht also um den reflexiven Nachvollzug der menschlichen Erfahrung von Humanität und um die Frage, ob und inwieweit diese Erfahrungen in dem von uns zu erörternden Ordnungsentwurf ihren Niederschlag gefunden haben[4]. Methoden, die uns dieses Vorgehen gestatten, werden wir als brauchbar ansehen, solche, die das nicht tun, als unbrauchbar. Wie schon erwähnt, soll nur der „kritische Rationalismus“ als die in der Nationalökonomie dominante methodische Konzeption dieser Prüfung unterzogen werden. Es ist hier nicht der Ort, die gesamte wissenschaftstheoretische Debatte zum Problem des Positivismus aufzurollen. Der Nachweis seiner prinzipiellen Untauglichkeit für unsere Fragestellung muß genügen.

Der Begründer des „kritischen Rationalismus“ und Nachfolger Max Webers auf dem Stuhl des sozialwissenschaftlichen Methodenpapstes ist Karl Popper[5]. Nur seine Arbeiten werden Gegenstand der Analyse sein, da sie nach unserer Ansicht Grundlage und Intention dieses Wissenschaftsmodells am besten verdeutlichen. Poppers Position ist bekannt.

---

[3] Zwischen kritischem Rationalismus und kritischer Theorie: Von den Möglichkeiten des vernünftigen Menschen in der Welt. Unveröffentlichter Vortrag an der Evangelischen Akademie in Tutzing, 1971, S. 8 f.

[4] Erfahrung ist hier nicht als sinnliche Erfahrung, sondern als existentielle Erfahrung zu verstehen.

[5] Daß sich *Popper* als Neubegründer der Philosophie verstanden hat, geht aus dem letzten Absatz seines Vorwortes zur deutschen Erstausgabe seiner Logik der Forschung von 1934 hervor, hier zitiert nach der 4. Auflage, Tübingen 1971.

Es reicht daher aus, sie kurz in ihren wesentlichen Grundzügen darzulegen.

Popper geht von der Einheit der Methode für Natur- und Sozialwissenschaften aus. Die Sozialwissenschaften haben nur insoweit Wissenschaftscharakter, als sie die Methoden der Naturwissenschaften als des Vorbildes für Wissenschaft überhaupt verwenden. Die Grenzen vernünftigen Theoretisierens über die Welt sind identisch mit den Grenzen möglicher Sinneserfahrungen. Erfahrungen, die diese Grenzen transzendieren, gehören in den Bereich der Metaphysik und sind daher vernünftig nicht zu begründen. Daraus abgeleitete Normen fallen unter das Verdikt „Werturteil" und sind damit als unwissenschaftlich erwiesen. Vernunft wird instrumentell begriffen und bedeutet einen zweckrationalen Richtungsfaktor zur Regelung der menschlichen Bedürfnisse, die in der Triebstruktur fundiert sind[6]. Der „kritische Rationalist vertraut nur der Erfahrung von der logisch strukturierten raum-zeitlichen Dimension der Wirklichkeit als der Welt der Erscheinungen und als Welt des Triebapparates"[7]. Er mißtraut jedem Anspruch auf Wahrheit, insbesondere dort, wo es um die Wahrheit der menschlichen Existenz geht. Wahrheiten kann es als Besitz nicht geben. Zwar existiert eine absolute Wahrheit, und wir können ihr näher kommen, aber sicheres Wissen ist uns versagt. Wir müssen immer damit rechnen, daß unsere Ansichten falsch sind und die anderer richtig. Wahrheit hat daher immer nur vorläufigen Charakter, d. h. wir wissen nie, ob etwas wahr *ist,* sondern es *gilt* uns nur so lange als wahr, als es nicht als Irrtum erwiesen ist. Infolgedessen ist das Experiment, das *trial and error*-Verfahren die geeignete Methode, um der Wahrheit etwas näher zu kommen. „Es gibt nur einen Weg, den Weg durch unsere Irrtümer. Nur aus unseren Irrtümern können wir lernen; und nur der wird lernen, der bereit ist, die Irrtümer anderer als Schritte zur Wahrheit zu schätzen; und der nach seinen eigenen Irrtümern *sucht,* um sich von ihnen zu befreien[8]." Das Ziel ist die geistige Selbstbefreiung durch das Wissen[9], der Weg die

[6] J. Gebhardt, Zwischen kritischem Rationalismus, S. 10.

[7] Ebd., S. 9.

[8] *K. R. Popper,* Selbstbefreiung durch das Wissen. In: Der Sinn der Geschichte. Hrsg. v. L. Reinisch, München [4]1970, S. 115.

[9] Ebd.; das gnostische Vokabular indiziert, daß die Probleme des Selbstverständnisses der modernen Sozialwissenschaften tiefer liegen, als deren Vertreter, zumindest soweit sie Popper folgen, aufgrund ihrer methodologischen Beschränkung erkennen können. Vgl. hierzu auch *Max Planck*: „Der Mensch will nicht nur Erkenntnis und Macht, er will auch eine Richtschnur für sein Handeln, einen Maßstab für das Wertvolle und Wertlose, er will eine Weltanschauung, die ihm das höchste Gut auf Erden, den inneren Seelenfrieden, verbürgt. Und wenn ihn die Religion nicht befriedigt, so sucht er einen Ersatz für sie bei der exakten Wissenschaft." Sinn und Grenzen der exakten Wissenschaft. Mit einem Nachwort hrsg. v. F. Krafft, München 1971, S. 5.

Kritik sowohl an den eigenen Ideen als auch an denen anderer. Folgerichtig wird das Wettbewerbsmodell der Ökonomie auf die Wissenschaft übertragen und zur notwendigen Bedingung für den wissenschaftlichen Fortschritt gemacht: „Die Wissenschaft, und insbesondere der wissenschaftliche Fortschritt, ist nicht das Ergebnis isolierter Leistungen, sondern der *freien Konkurrenz der Gedanken*. Denn die Wissenschaft braucht immer mehr Konkurrenz zwischen Hypothesen und immer rigorosere Prüfungen[10]."

Da die Erkenntnis stets vorläufigen Charakter hat und, wenn sie den Wachstumspfad aufsteigender Wahrheit emporklimmen will, der freien Konkurrenz der Meinungen, der offenen Diskussion bedarf, ist die Forderung nach der pluralistischen Gesellschaft als der Rahmenbedingung für die Selbstbefreiung durch das Wissen direkte Konsequenz. Diese Forderung führt so weit, daß schon der Ruf nach einer allen Mitgliedern einer Gesellschaft gemeinsamen Zielsetzung als Angriff auf Vernunft interpretiert wird: „Wenn die Vernunft weiterwachsen und die menschliche Rationalität am Leben bleiben soll, dann darf die Verschiedenartigkeit der Individuen und ihrer Meinungen, Ziele und Zwecke nie angetastet werden (außer in extremen Fällen, wo die politische Freiheit in Gefahr ist). Sogar der emotionell befriedigende Aufruf zum Handeln für ein *gemeinsames* Ziel, wie vortrefflich dies auch sein möge, ist eine Aufforderung, alle rivalisierenden moralischen Meinungen aufzugeben, und damit auch die gegenseitige Kritik und die Diskussion, zu denen diese Meinungen führen. Es ist ein Aufruf zum Verzicht auf rationales Denken[11]." In der pluralistischen, der „offenen" Gesellschaft liegt der Sinn der Geschichte. Dieser Sinn ist allerdings nicht zu verstehen als eine objektive, naturgesetzlich ablaufende, von menschlicher Zielsetzung unbeeinflußte Entwicklung. Er resultiert vielmehr aus der bewußten Entscheidung der Menschen, ihre Existenz unter dem Gesichtspunkt menschenwürdiger Ideen „kritisch-rational" zu ordnen.

Für das Handeln in der Gesellschaft bedeutet das Fehlen jeder sicheren Erkenntnis, daß wir bei all unseren Unternehmungen stets die Möglichkeit im Auge behalten müssen, daß wir unsere Ziele verfehlen bzw. daß unbeabsichtigte Nebenwirkungen auftreten können. Daher verbieten sich „holistische Experimente", d. h. Planungen im großen Stil, die die Umwandlung der Gesellschaft insgesamt verfolgen. Gefordert ist vielmehr pragmatisches Handeln in kleinen Schritten, „Stückwerk-Sozialtechnik" (*peacemeal social engeneering*). Diese Sozialtechnik betrachtet die menschlichen „Endziele" als außerhalb ihres Bereiches liegend und weist dem „Sozialingenieur" die Aufgabe zu, dafür zu sor-

---

[10] *K. R. Popper*, Das Elend des Historizismus. Tübingen ³1971, S. 121.

[11] Ebd., S. 124.

gen, daß die sozialen Institutionen entsprechend den angestrebten Zielen funktionieren, sie also auch „funktional", als „Maschinen", zu sehen. Entsprechend wird der typische Sozialingenieur wie folgt „funktionieren": „Er mag zwar einige Vorstellungen von der idealen Gesellschaft als ‚Ganzem' haben — sein Ideal wird vielleicht die allgemeine Wohlfahrt sein —, aber er ist nicht dafür, daß die Gesellschaft als Ganzes neu geplant wird. Was immer seine Ziele sein mögen, er sucht sie schrittweise durch kleine Eingriffe zu erreichen, die sich dauernd verbessern lassen. Seine Ziele können sehr verschiedener Art sein, etwa die Ansammlung von Reichtum oder Macht in den Händen bestimmter Individuen oder Gruppen, die Verteilung des Reichtums und der Macht, der Schutz bestimmter ‚Rechte' von Individuen oder Gruppen usw. ... Wie Sokrates weiß der Stückwerk-Ingenieur, wie wenig er weiß. Er weiß, daß wir nur aus unseren Fehlern lernen können. Daher wird er nur Schritt für Schritt vorgehen und die erwarteten Resultate stets sorgfältig mit den erreichten vergleichen, immer auf der Hut vor den bei jeder Reform auftretenden unerwünschten Nebenwirkungen. Er wird sich auch davor hüten, Reformen von solcher Komplexität und Tragweite zu unternehmen, daß es ihm unmöglich wird, Ursachen und Wirkungen zu entwirren und zu wissen, was er eigentlich tut[12]." Poppers Ziel ist die technologische Sozialwissenschaft[13], die dem „Stückwerk-Ingenieur" die Instrumente für sein Herumbasteln liefert.

Soweit in kurzen Zügen eine Darstellung der betreffenden Grundgedanken Poppers. Wir werden nun zu zeigen versuchen, daß dieses Konzept des „kritischen Rationalismus" für uns unbrauchbar ist und im Endergebnis sogar den Sinn von Wissenschaft verkehrt. Zuvor muß aber noch ein Wort zu den politischen Intentionen Poppers gesagt werden. Sein Werk wird getragen von dem Kampf gegen die dogmatischen Wahrheitsbesitzer unserer Zeit, gegen Totalitarismus und ideologisches Spekulantentum, das, um ein Wort Pascals zu gebrauchen, in seinem Bestreben, aus Menschen Engel zu machen, nicht davor zurückschreckt, sie zu Tieren zu erniedrigen. Diesen Impetus sollte man nicht geringschätzen. Aber er reicht in seiner rein negativen Zielrichtung nicht aus, um humane Ordnung zu begründen. Hier muß Popper ein anderes Wort Pascals gegen sich geltend machen lassen: „Der Mensch ist offenbar zum Denken geschaffen, das ist seine ganze Würde und sein ganzes Verdienst; und es ist seine Pflicht, *richtig** zu denken[14]."

Wissenschaft ist die Suche nach der Wahrheit. „In der Wahrheit zu sein, bedeutet für den Geist, daß er den Dingen diejenige Bedeutung

---

[12] *K. R. Popper,* Das Elend, S. 53 f.

[13] Vgl. ebd., S. 37.

[14] *Pascal,* Pensées. In der deutschen Übertragung von E. Wasmuth, Heidelberg [6]1963, Fragment Nr. 146.

beimißt, die sie in Wirklichkeit haben[15].“ „Die Wahrheit ist ein Erfassen durch die innere Vernunft ihrer Übereinstimmung mit dem Sein und die Transparenz des Seins im Geiste[16].“ Die Wissenschaft hat also die Aufgabe, die Struktur der Realität zu erhellen und uns deren verschiedene Bereiche transparent zu machen. Da unsere Untersuchung ohne die philosophische Anthropologie nicht auskommen kann, heißt das, daß wir alle Seinsbereiche, an denen der Mensch teilhat, also auch den die Sinneserfahrung transzendierenden, als Realität in unsere Analyse einbeziehen müssen. Für diese wird also als relevant und zur Sache gehörig zu betrachten sein, was zur Klarheit des „Gegenstandes“ beiträgt. Ein solcher Ansatz, das ist unser Argument, wird durch den Positivismus[17] verhindert. Dies ist nach Voegelin auf zwei Grundannahmen des positivistischen Denkens zurückzuführen:

„1. Die glänzende Entfaltung der Naturwissenschaft war, neben anderen Faktoren, mitverantwortlich für die Annahme, daß die Methoden der mathematisierenden Wissenschaften von der Außenwelt durch besondere Leistungsfähigkeit ausgezeichnet seien, und daß die anderen Wissenschaften ähnliche Erfolge erzielen würden, wenn sie dem Beispiel folgten. Dieser Glaube für sich allein wäre eine harmlose Idiosynkrasie gewesen; er hätte sein natürliches Ende gefunden, sobald die enthusiastischen Bewunderer der Mustermethode versucht hätten, sie auf ihre eigene Wissenschaft anzuwenden, und wenn die erwarteten Erfolge ausgeblieben wären.

2. Der Glaube wurde jedoch gefährlich, weil er sich mit der Annahme verband, daß die naturwissenschaftlichen Methoden ein Kriterium für theoretische Relevanz lieferten. Erst aus der Verbindung der beiden Annahmen ergab sich die bekannte Reihe der Behauptungen: daß eine Erforschung der Wirklichkeit nur dann wissenschaftlichen Charakter habe, wenn sie die Methoden der Naturwissenschaft anwendet; daß die Probleme, die in anderen als naturwissenschaftlichen Termini ausgedrückt werden müssen, Scheinprobleme seien; daß im besonderen metaphysische Fagen, auf die eine Antwort mit den Mitteln der Wissenschaften von Phänomenen der Außenwelt nicht möglich ist, nicht gestellt werden dürften; daß Seinsbereiche, die der Erforschung mit naturwissenschaftlichen Methoden unzugänglich sind, irrelevant seien;

---

[15] *J. Daniélou,* Das Ärgernis der Wahrheit. Aschaffenburg 1965, S. 17.

[16] Ebd., S. 31.

[17] Es sei uns der Einfachheit halber gestattet, im folgenden statt von „kritischem Rationalismus“ von „Positivisums“ zu reden. Man kann Popper trotz seines Angriffs auf den logischen Positivismus wohl durchaus selbst als Positivisten bezeichnen, ohne ihm großes Unrecht zu tun. Vgl. dazu im übrigen *A. Wellmer,* Methodologie als Erkenntnistheorie. Zur Wissenschaftslehre Karl R. Poppers. Frankfurt 1967.

und, in äußerster Konsequenz, daß Seinsbereiche dieser Art nicht existierten.

Die zweite Annahme ist die eigentliche Gefahrenquelle, insofern als sie die Theorie der Methode unterordnet und damit den Sinn der Wissenschaft verkehrt. Sie ist der Schlüssel zum Verständnis der positivistischen Destruktion ...[18]" Voegelin hat das Problem präzise formuliert: Wenn die naturwissenschaftliche Methode zum Kriterium für Wissenschaft erhoben wird, so fallen erstens alle Realitätsbereiche, die mit den Mitteln der Mustermethode nicht erfaßt werden können, aus dem Gegenstandsbereich der Wissenschaft heraus; zweitens können Normen wissenschaftlich nicht mehr begründet werden, d. h. eine Wissenschaft von menschlicher und gesellschaftlicher Ordnung gibt es nicht; insofern eine solchermaßen verstandene Wissenschaft existentielle Probleme nicht als Gegenstand wissenschaftlicher Analyse ansieht bzw. sie als Realität eigener (nicht-sinnlicher) Ordnung leugnet, reduziert sie drittens den Menschen auf einen Bestandteil der Natur und löst die Geschichte in Naturgeschichte auf[19]. Da man als ideologisch im allgemeinen ein Bewußtsein bezeichnet, das einen Ausschnitt der Realität für *die* Realität hält und aus dem Ausschnitt die Interpretationskriterien für das Ganze zu gewinnen sucht, würde sich als Ideologie entpuppen, was sich selbst als Ideologiekritik versteht. Aber bevor wir dieses herbe Verdikt fällen, wollen wir noch etwas genauer hinsehen.

„Der einzige Weg, der den Sozialwissenschaften offensteht, besteht darin, alles verbale Feuerwerk zu vergessen und die praktischen Probleme unserer Zeit mit Hilfe jener theoretischen Methoden zu behandeln, die im Grunde *allen* Wissenschaften gemeinsam sind: mit Hilfe der Methode von Versuch und Irrtum, der Methode der Erfindung von Hypothesen, die sich praktisch überprüfen lassen, und mit Hilfe ihrer praktischen Überprüfung[20]." Erfolg oder Mißerfolg der Sozialwissenschaften hängen also davon ab, ob sie sich der naturwissenschaftlichen Methode bedienen oder nicht[21]. Die Überprüfung soll durch die Erfahrung erfolgen. „Unter ‚Erfahrung' verstehe ich dabei eine Erfahrung ‚öffentlichen' Charakters, wie Beobachtungen, Experimente, und nicht Erfahrungen im Sinne mehr ‚privater', ästhetischer oder religiöser Erfahrung ...[22]" Nur wenn diese allein wissenschaftliche Methode angewendet wird und die Ergebnisse durch die „öffentliche Erfahrung" be-

---

[18] *E. Voegelin,* Die neue Wissenschaft der Politik. München 1959, S. 20 f.

[19] Folgerichtig hält Popper den modernen Darwinismus „für die erfolgreichste Erklärung der relevanten Tatsachen". Vgl. Das Elend, S. 84, Anm. 62.

[20] *K. R. Popper,* Die offene Gesellschaft und ihre Feinde. Bd. II: Falsche Propheten. Bern [2]1970, S. 272 f.

[21] Vgl. auch *K. R. Popper,* Das Elend, S. 1 f.

[22] *K. R. Popper,* Die offene Gesellschaft, Bd. II, S. 267 f.

stätigt werden, können wir von Wissenschaft sprechen. „... betrachten wir die Idee etwas näher, daß es ratsam ist, die Wissenschaft durch ihre Methoden und nicht durch ihre Ergebnisse zu kennzeichnen. Nehmen wir zunächst an, daß ein Hellseher entweder im Traum oder durch automatisches Schreiben ein Buch produziert. Nehmen wir weiterhin an, daß ein großer Wissenschaftler (der dieses Buch nie gesehen hat) Jahre später und als Resultat neuer revolutionärer wissenschaftlicher Entdeckungen genau dasselbe noch einmal schreibt. Oder, anders gesagt: Wir nehmen an, daß der Hellseher ein wissenschaftliches Buch „sah", das zu seiner Zeit nicht von einem Wissenschaftler hätte produziert werden können einfach deshalb, weil viele relevante Entdeckungen noch immer unbekannt waren. Wir fragen nun: Ist es ratsam, daß der Hellseher ein wissenschaftliches Buch zustande brachte? Wir können annehmen, daß die kompetenten Wissenschaftler jener Zeit sein Werk auf Befragen teils unverständlich, teils phantastisch nennen; wir werden also sagen müssen, daß das Buch des Hellsehers bei seiner Abfassung kein wissenschaftliches Werk war, da es nicht das Ergebnis wissenschaftlicher Methode war[23]." Die Methode ist das Kriterium der Wissenschaft, d. h. der Wahrheit[24]. Dazu nochmal Voegelin: „Wenn nicht die Adäquanz einer Methode an ihrer Brauchbarkeit für den Zweck der Wissenschaft gemessen wird, sondern umgekehrt die Verwendung einer bestimmten Methode zum Kriterium des Wissenschaftscharakters einer Untersuchung gemacht wird, dann ist der Sinn der Wissenschaft als wahrheitsgemäßer Aussage über die Strukturen der Wirklichkeit, als der theoretischen Orientierung des Menschen in seiner Welt, und als des großen Werkzeugs, mit dessen Hilfe der Mensch zum Verständnis seiner eigenen Stellung im All gelangt, verloren[25]."

Da die „wissenschaftliche" Methode sinnvoll nur Probleme behandeln kann, die im Bereich der Phönomene der Außenwelt auftreten, können „Werturteile", die sich auf in der Gesellschaft umlaufende Meinungen beziehen oder die einer Situation gegenüber einer anderen den Vorzug geben, wissenschaftlich nicht begründet werden. Sie werden in den Bereich des privaten „Meinens" abgeschoben. Fragestellungen, die auf ein „Werturteil" hinauslaufen, sind verfehlt und unwissenschaftlich. „Ich halte alle diese (Geschichts-, L. K.) Theorien für völlig verfehlt, um nicht zu sagen, für unsinnig. Was verfehlt ist, vor allem die Fragestellung. Die Worte ‚Fortschritt', Rückschritt' ‚Untergang' und so weiter

---

[23] Ebd., S. 268 f.

[24] „Der Augenblick, wo nicht mehr der Inhalt, sondern die Form, nicht mehr die Sache, sondern die Methode zum Hauptproblem erhoben wird, bezeichnet immer und überall den Anfang der Décadence." *E. Friedell,* Kulturgeschichte der Neuzeit. Bd. II. München 1947 (Erstauflage München 1927), S. 167.

[25] *E. Voegelin,* Die neue Wissenschaft, S. 22 f.

enthalten Werturteile; und die Theorien eines geschichtlichen Fortschritts oder Rückschritts oder eines Zyklus, der aus Fortschritt und Rückschritt besteht, beziehen sich notwendigerweise auf eine Wertskala. Eine solche Wertskala kann nun eine moralische sein, oder eine wirtschaftliche, oder eine ästhetisch-künstlerische; und innerhalb des Ästhetisch-Künstlerischen kann sie sich auf die Musik beziehen oder auf die Malerei oder Architektur oder Literatur. Und sie kann sich natürlich auch auf die Wissenschaft beziehen, oder auf die Technologie. Die Wertskala kann auch auf der Statistik der Lebensdauer oder auf einer Krankheitsstatistik basiert sein[26]." Diese Theorien sind „pseudo-wissenschaftlich"[27]. Nach Popper sind also alle Normen prinzipiell gleichwertig. Das ist konsequent gedacht, da sie sich ja nicht aus der Welt der Erscheinungen ergeben, sondern im „metaphysischen" Bereich angesiedelt sind. Metaphysische Aussagen haben die Eigenart, nicht falsifizierbar zu sein[28]. Theorien jedoch, die sich nicht falsifizieren lassen, d. h. durch Experimente im naturwissenschaftlichen Sinne nicht widerlegt werden können, sind als unwissenschaftlich erkannt. Wenn aber den Normen insgesamt keine Wahrheit zukommt, weil wir sie nicht wissenschaftlich begründen können, wonach sollen dann die Menschen ihr Handeln ausrichten, wie sollen sie sich entscheiden? Habermas nennt die Konsequenz dieses Wissenschaftsverständnisses: „... das Fortschreiten einer auf technische Verfügung erfahrungswissenschaftlich beschränkten Rationalisierung (wird) erkauft mit dem proportionalen Anwachsen einer Masse von Irrationalität im Bereich der Praxis selber. Denn Orientierung verlangt Handeln nach wie vor. Aber nun wird sie zerteilt in eine rationale Vermittlung von Techniken und in eine irrationale Wahl sogenannter Wertsysteme. Der Preis für die Ökonomie der Mittelwahl ist ein freigesetzter Dezisionismus in der Wahl der obersten Ziele[29]."

Der Dezisionismus entspringt der dogmatischen Verschließung gegen Realitätsbereiche, die der naturwissenschaftlichen Methode nicht zugänglich sind. Poppers Erkenntnistheorie kann den Übergang zur Ontologie nicht vollziehen[30]. Ethik hat mit Wissenschaft nichts zu tun, da ihr die „rationale" wissenschaftliche Basis fehlt[31]. Nun arbeitet ja beispielsweise Platon, für Popper ein Paradebeispiel des Irrationalisten, nicht mit „Werturteilen", wenn er sich mit Ethik beschäftigt. Er verfügt viel-

---

[26] *K. R. Popper,* Selbstbefreiung, S. 104 f.

[27] Ebd., S. 106.

[28] *K. R. Popper,* Logik, S. 72.

[29] *J. Habermas,* Theorie und Praxis. Neuwied/Berlin ³1969, S. 242. Wir werden noch sehen, daß es mit der „Rationalität" der Mittel auch nicht weit her ist. Vgl. unten Kapitel 5.

[30] Vgl. *R. Denker,* Individualismus und mündige Gesellschaft. Stuttgart 1967, S. 32.

[31] Vgl. *K. R. Popper,* Die offene Gesellschaft, Bd. II, S. 293.

mehr über eine wissenschaftliche Theorie, d. h. eine Theorie, die auf allgemeinen Regeln und sicherem Wissen[32] beruht. Diese Theorie erlaubt eine wissenschaftliche Behandlung der philosophischen Anthropologie als Teil einer allgemeinen Ontologie[33] und somit die wissenschaftliche Analyse ethischer Probleme. Natürlich unterscheidet sich der platonische vom naturwissenschaftlichen Wissensbegriff. Das kann auch gar nicht anders sein; existentielle Probleme lassen sich nicht auf zweckrationaler Ebene mit den Mitteln der formalen Logik abhandeln[34]. Man denke z. B. an Parmenides, der logisch schlüssig folgerte, daß, wenn das Sein Seinsstatus habe, das Nicht-sein nicht sein könne[35]. Trotzdem gibt es das Nicht-sein als Erfahrungsrealität, d. h. als etwas, das in der Erfahrung (und nur qua Erfahrung) präsent ist, dem aber kein im naturwissenschaftlichen Sinne empirisch nachweisbares Objekt entspricht. Aber wir wissen von ihm und werden von ihm motiviert[36]. Die Angst vor dem Tode ist nicht zuletzt auf die Präsenz dieser Erfahrung zurückzuführen[37]. Indem Popper auch für eine Wissenschaft vom Menschen und von menschlicher Ordnung einseitig nur den naturwissenschaftlichen Wissensbegriff gelten läßt und sein Ordnungsverständnis somit aus einer im Hinblick auf den Menschen um wesentliche Bereiche der Realität beraubten Wissenschaft gewinnt, damit eine rationale Existenzinterpretation nicht gestattet, befindet er sich selber in der Position, die er Platon zuschreibt: in der des irrationalen Ideologen.

Aber damit sind wir noch nicht am Ende. Poppers Methode selbst bedarf einer kritischen Analyse. Verstanden als Methode aller empirischen Wissenschaften[38] bedient sie sich des Experiments, d. h. sie geht mit Hilfe von Versuch und Irrtum vor mit dem Ziel, experimentelles Wissen zu erwerben[39]. „Man wird sich also daran gewöhnen müssen, die Wissenschaft nicht als ein ‚System unseres Wissens‘, sondern als

---

[32] Zu Platons Wissensbegriff vgl. *W. Jaeger*, Paideia. Die Formung des griechischen Menschen. Bd. II. Berlin ³1959, S. 228—243.

[33] Vgl. *E. Voegelin*, Die neue Wissenschaft, S. 30.

[34] *C.-F. v. Weizsäcker* hat darauf hingewiesen, daß die Logik, deren Struktur ja nicht selbstevident ist, zu ihrer Begründung der Ontologie bedarf. Vgl. Die Aktualität der Tradition: Platons Logik. In: Philosophisches Jahrbuch 80 (1973) 2, bes. S. 232 f.

[35] Dem liegt freilich zugrunde, daß die Griechen keine *creatio ex nihilo* kannten. Das logische Argument behält aber auch in einer christlich geprägten Kultur seine Stringenz.

[36] Vgl. dazu vor allem *R. D. Laing*, Phänomenologie der Erfahrung. Frankfurt ³1970, bes. S. 31 ff.

[37] Gerade ein Naturwissenschaftler müßte zugestehen, das etwas, das eine Wirkung ausübt, auch existieren muß. Also *ist* das Nicht-sein.

[38] Es gilt im Auge zu behalten, daß der Rückgriff auf die existentielle Erfahrung für Popper *nicht* empirisch ist.

[39] Vgl. *K. R. Popper*, Das Elend, S. 68 f.

ein System von Hypothesen aufzufassen, d. h. von grundsätzlich unbegründbaren Antizipationen, mit denen wir arbeiten, solange sie sich bewähren, ohne daß wir sie als ‚wahr‘ oder auch nur als ‚mehr oder weniger sicher‘ oder ‚wahrscheinlich‘ ansprechen dürfen[40].“ Das heißt, der Stückwerk-Ingenieur, der nach dieser Methode frohgemut an der Gesellschaft herumbastelt, weiß weder genau, was er tut, außer daß er experimentiert, noch wie sein Experiment ausgeht. Das mag zwar für die Gesellschaft üble Folgen haben, aber es trägt wenigstens zur Verbesserung der Methode bei: „Diese Methode nimmt einen immer wissenschaftlicheren Charakter an, je bereitwilliger und bewußter wir Versuche wagen und je kritischer wir nach den Fehlern Ausschau halten, die wir stets begehen[41].“ Die Experimente werden unternommen, um herauszufinden, wo wir uns irren[42]. Aber der Irrtum ist für Popper nichts Bedauerliches, im Gegenteil: Nur der Weg über die Irrtümer führt zur Wahrheit[43]. Natürlich bemerkt Popper, daß der Irrtum die Wahrheit voraussetzt[44]. Wie aber können wir wissen, ob wir uns geirrt haben, wenn wir die Wahrheit nicht kennen? Da alle Erkenntnis vorläufigen Charakter hat, gibt es auch keinen Prüfstein, der nicht selbst wiederum erst geprüft werden müßte. Das Ergebnis ist ein infiniter Regreß, die Wissenschaft versinkt in die Bodenlosigkeit. Was Popper „wissenschaftliche Methode“ nennt, der Weg über den Irrtum zur Wahrheit, entpuppt sich bei genauerem Hinsehen als ein magisches Experiment.

Im Bereich des politischen Handelns ist solch magisches Experimentieren freilich nicht harmlos. Der Stückwerk-Ingenieur wird sich dezisionistisch ein Ziel setzen. Da er jedem „Holismus“ abgeneigt ist, werden es nur kleinere Reformziele sein[45]. Trotzdem wird er nicht wissen, ob er sein Ziel erreicht oder nicht, da seine Hypothese, auf der sein Handeln fußt, ja nichts anderes ist als eine „unbegründete Antizipation“. Geht das Experiment schief, so wird man dem Stückwerk-Ingenieur die Verantwortung nicht aufbürden können, denn er konnte die Konsequenzen seines Handelns nicht voraussehen[46]. Er wird vielmehr mit den

---

[40] *K. R. Popper,* Die offene Gesellschaft, Bd. II, S. 361, Anm. 34.

[41] *K. R. Popper,* Das Elend, S. 69.

[42] Ebd.

[43] *K. R. Popper,* Selbstbefreiung, S. 115.

[44] Ebd., S. 116.

[45] Dies ist zwar ein Schutz vor revolutionärer Umgestaltung, doch weist Maurer zu Recht darauf hin, daß Popper mit seiner Stückwerk-Technologie einen Prozeß in Gang setzt, „der den Menschen, obwohl von ihnen gemacht, wie eine naturwüchsige Macht entgegensteht“. *R. Maurer,* Platons „Staat“ und die Demokratie. Berlin 1970, S. 134, Anm. 76.

[46] Es ist dies die beliebte Art intellektueller Geister, sich mit allem zu beschäftigen, aber für nichts Verantwortung zu übernehmen. Vgl. dazu auch *L. Kolakowski,* Die Philosophie des Positivismus. München 1971, S. 247.

Achseln zucken und sagen, jetzt wisse man wenigstens, daß das angewendete Mittel untauglich sei, und damit habe man doch einen Schritt vorwärts in Richtung auf die Wahrheit getan. Nun hat jedes Handeln innerhalb eines Sozialfeldes Folgen, die nicht rückgängig gemacht werden können. So kann zwar der Ingenieur auf der Stufenleiter zur Wahrheit eine Sprosse emporgeklommen sein, aber vielleicht um den Preis, das dasjenige, womit er experimentiert hat, ruiniert ist. Beispielsweise wäre es der Universität sicher besser bekommen, wenn in den Parlamenten und zuständigen Ministerien die Verantwortlichen nicht frei nach Popper „Stückwerk-Sozialtechnik" betrieben hätten in der Hoffnung, sich damit ihre Ruhe erkaufen zu können, sondern ihre Vernunft zu Rate gezogen hätten in der Frage, ob eine Universität z. B. durch Paritätsänderungen in ihren Gremien befriedet werden kann[47], wenn in ihr totalitäre Ideologen ihr Unwesen treiben. Und sehr viele der Herren Stückwerk-Sozialingenieure, die 1933 meinten, man könne es ja einmal mit Hitler probieren, vielleicht sei das ein Ausweg aus der mißlichen Situation, haben den Irrtum ihres Experiments nicht überlebt, und nicht nur sie.

Wir haben gesehen, daß Popper die Realität in die Welt der Erscheinungen und den metaphysischen Bereich aufteilt. Die Wissenschaft hat nur die Welt der Erscheinungen zum Gegenstand. Normen können aus ihr nicht abgeleitet werden, diese unterliegen dezisionistischer Entscheidung. Wie steht es dann aber um den autoritativen Anspruch auf Nachvollzug, den Popper offensichtlich erhebt, wenn er nur dem „kritischen Rationalismus" Vernunft zubilligt, seinen Gegnern hingegen Opportunismus[48], Rassismus[49], apokalyptisch-revolutionäre Träumerei[50] und Inhumanität[51] (Platon), irrationale Mystik[52] (Marx) und intelligenzzerstörende Wirkung[53] (Aristoteles und Hegel), kurz Irrationalismus, attestiert? Ist er überhaupt zu begründen, wenn es keine wissenschaftlich gesicherte Norm gibt, deren er aber bedürfte, da sich seine Autorität doch nur auf die Wahrheit gründen kann? Habermas verneint das: „Wenn doch deren (der Ideologiekritik, L. K.) Ziel nur darin besteht, die wissenschaftlich rationalisierte Wirklichkeitsgestaltung prinzipiell ab-

---

[47] Dies kann nicht als Plädoyer für irgendeine Parität (miß-)verstanden werden. Die Frage kann man nicht abstrakt entscheiden, sie hängt von den konkreten Umständen ab, insbesondere jedoch von der geistigen Verfassung der Beteiligten.

[48] Vgl. *K. R. Popper,* Die offene Gesellschaft, Bd. I: Der Zauber Platons. Bern ²1970, S. 266.

[49] Ebd., S. 209.

[50] Ebd., S. 223.

[51] Ebd., S. 267.

[52] Ebd., Bd. II, S. 246 f.

[53] Ebd., S. 272.

zuheben von den ‚werthaft-weltanschaulichen Formen der Welt- und Selbstinterpretation des Menschen' — wobei diese Versuche der ‚Bewußtseinserhellung' Anspruch auf verbindliche Rationalität nicht machen können —, dann entzieht sich die Ideologiekritik die Möglichkeit, ihr eigenes Unternehmen theoretisch zu rechtfertigen[54]." Auch Popper ist sich dessen bewußt. Wir können, so schreibt er, unsere Mitmenschen „an Vernünftigkeit ... niemals so sehr übertreffen, daß ein Anspruch auf Autorität gerechtfertigt wäre"[55]. Der Anspruch auf Vernunft reduziert sich auf einen Appell an die Gesinnungsethik und wird zur Glaubensfrage. „Denn da sich ein ‚unkritischer' Rationalismus selbst widerspricht, so kann das Problem nicht in der Wahl zwischen Wissen und Glauben, sondern nur in der Wahl zwischen Glaubensarten bestehen. Das neue Problem lautet: welcher Glaube ist der richtige und welcher ist der falsche?[56]" Der Schiedsrichter ist nicht die Vernunft, sondern der Webersche Dämon. Was Popper vorlegt, ist keine Erkenntnistheorie, sondern eine Absage an die Vernunft.

---

[54] *J. Habermas,* Theorie, S. 243 f.

[55] *K. R. Popper,* Die offene Gesellschaft, Bd. II, S. 278.

[56] Ebd., S. 304.

3. Erfahrung, Bewußtsein und Realität

Wenn wir entscheiden wollen, ob das Bild der Wirklichkeit und die anthropologische Basis, die der Nationalökonomie zugrunde liegen, realitätsadäquat sind, und damit, ob sie eine Ordnungskonzeption besitzt, die die Selbstverwirklichung des Menschen[1] prinzipiell gestattet, müssen wir über einen „richtigen" Maßstab verfügen, an dem diese Konzeption gemessen werden kann. Der richtige Maßstab ist die Wirklichkeit. Aber das hilft uns nicht viel weiter, denn die Wirklichkeit ist kein Ding der Außenwelt, sondern konstituiert sich in unserem Bewußtsein. Wir werden also das Spannungsverhältnis[2], in dem sich Bewußtsein und Realität zueinander befinden, zu untersuchen haben, wenn wir die Interpretationskriterien durchsichtig machen wollen, die die Wirklichkeit als der unsere Untersuchung leitende Maßstab verlangt. Leider können wir dafür nicht auf axiomatisierte Grundsätze der Politischen Wissenschaft zurückgreifen, um dann darauf aufbauend an die sich uns stellenden Probleme heranzugehen. Die Gründe dafür liegen, wie wir noch sehen werden, in der besonderen Situation, in der sich die Politische Wissenschaft befindet. Vorderhand sei nur soviel gesagt, daß das für die Naturwissenschaften gültige Modell von Wissenschaft und Gegenstand, das solche Grundsätze erlaubt, auf die Politische Wissenschaft nicht angewendet werden kann, weil der „Gegenstand", auf den sich das Wissen richtet, durch eben dieses Wissen strukturiert ist[3].

Damit erhebt sich die Frage, was denn die Politische Wissenschaft, die wir als zuständig für die Analyse der Nationalökonomie reklamiert haben, eigentlich ist. Sie hängt eng zusammen mit unserer Suche nach den gültigen Interpretationskriterien, und ihre Beantwortung bestimmt weitgehend Verlauf und Ergebnis der vorliegenden Arbeit. Nach dem oben Gesagten ist klar, daß es für die Politische Wissenschaft keine Nominaldefinition geben kann. Natürlich hat sie es mit dem „Politischen" zu tun. Damit ist das Problem jedoch nur verschoben, denn „it is impossible to define the political, i. e., that which is related in a relevant way to the *polis,* the 'country' or the 'state', without answering the

---

[1] Dieses Ziel wird hier fraglos hingenommen.

[2] Warum wir hier von einem Spannungsverhältnis sprechen, wird im weiteren Verlauf noch klar werden.

[3] Vgl. *E. Voegelin,* Was ist politische Realität? In: ders., Anamnesis. Zur Theorie und Geschichte der Politik. München 1966, S. 284.

question of what constitutes this kind of society. Now, a society cannot be defined without reference to its purpose[4]." Immerhin ist festzuhalten, daß wesentlich das *Ziel* einer politischen Gemeinschaft im Blickpunkt steht. Wir hatten ferner Wissenschaft als die Suche nach wahrheitsgemäßer Aussage über die Struktur der Wirklichkeit bestimmt. Das bedeutet für die Politische Wissenschaft als einer kritischen Ordnungswissenschaft, daß sie ein Strukturwissen von den Problemen der menschlichen Existenz in Gesellschaft *ist*[5]. In Annäherung ließe sich also von der Politischen Wissenschaft sagen, daß sie ein Strukturwissen ist von den Zielen und den Ordnungskriterien menschlicher Existenz in Gesellschaft. Damit wird impliziert, daß sie, als auf das Ganze der menschlichen Existenz gerichtet, in ihrem Kernstück eine Philosophie der Politik formuliert, wobei „'philosophy' indicates the manner of treatment: a treatment which both goes to the roots and is comprehensive"[6]. Die Politische Wissenschaft darf daher nicht, wie das vor allem in Deutschland unter dem Druck der deutschen Staatslehre und neuerdings unter dem Einfluß der Kybernetik der Fall ist, auf eine *policy science* reduziert werden, die nur mehr nach der Art und dem Funktionieren von Institutionen nationaler Gesellschaften und supranationaler Gemeinschaften und Organisationen fragt. Es wird nicht bestritten, daß die Wissenschaft hier eine wichtige Funktion zu erfüllen hat. Man muß aber erkennen, daß diese Institutionen ein Selbstverständnis von Ordnung ausdrücken, das man im besten Fall als vorwissenschaftlich bezeichnen kann, mithin also von der Wissenschaft kritisch hinterfragt werden muß.

Die Philosophie der Politik ist ein Teil der Philosophie. Philosophie ist *Suche* nach der Wahrheit. Sie kann niemals im *Besitz der* Wahrheit sein, denn für sie gilt das gleiche, was wir oben über das Verhältnis von Wissenschaft und Gegenstand in der Politischen Wissenschaft gesagt haben[7]. Die Philosophie der Politik hat es also mit der Suche nach der Wahrheit betreffend die Natur der politischen Dinge zu tun. Sie ist historisch entstanden in der Krisensituation der griechischen Polisgesellschaft in der Wende vom 5. zum 4. Jahrhundert v. Chr. in kritischer Auseinandersetzung mit dem Mythos und der Sophistik. Ihre Bedeutung

---

[4] *L. Strauß,* What is Political Philosophy? And other Studies. New York 1955, S. 22.

[5] „Was Wissenschaft ist, wird nicht durch das Mysterium einer praeexistenten Definition bestimmt, vielmehr entdeckt Wissenschaft sich selbst als das Strukturwissen von Realität, wenn die Selbsterhellung des Bewußtseins und seiner Ratio sich historisch ereignet." *E. Voegelin,* Was ist politische Realität? S. 318.

[6] *L. Strauß,* What is Political Philosophy? S. 10.

[7] Dies ist übrigens einer der Gründe dafür, warum in der Vergangenheit die gleichen philosophischen Fragestellungen immer wieder aufgetreten sind und auch in Zukunft immer wieder auftreten werden.

und ihre Bedeutsamkeit ist seit diesen Tagen klar: „All political action aims at either preservation or change. When desiring to preserve, we wish to prevent a change to the worse, when desiring to change, we wish to bring about something better. All political action is then guided by some thought of better or worse. But thought of better or worse implies thought of the good. The awareness of the good which guides all our actions has the character of opinion: it is no longer questioned but, on reflection, it proves to be questionable. The very fact that we can question it directs us towards such a thought which is no longer opinion but knowledge. All political action has then in itself a directedness towards knowledge of the good: of the good life, or of the good society. For the good society is the complete political good. If this directedness becomes explicit, if men make it their explicit goal to acquire knowledge of the good life and of the good society, political philosophy emerges[8]." Es ist wichtig, im Auge zu behalten, daß das politische Handeln normalerweise von *Meinungen* über das Gute geleitet wird. Schließlich hat es, auch bevor die Politische Wissenschaft durch Platon und Aristoteles begründet wurde, Meinungen über die politischen Dinge gegeben. Die Philosophie der Politik ist gerade in Auseinandersetzung mit solchen Meinungen entstanden, denen gegenüber sie ihr kritisches Ordnungswissen behauptet. „Political philosophy will then be the attempt to replace opinion about the nature of political things by the knowledge of the nature of political things. Political things are by their nature subject to approval and disapproval, to choice and rejection, to praise and blame. It is of their essence not to be neutral but to raise a claim to men's obedience, allegiance, decision or judgment. One does not understand them as what they are, as political things, if one does not take seriously their explicit or implicit claim, to be judged in terms of goodness or badness, of justice or injustice, i. e., if one does not measure them by some standard of goodness or justice. To judge soundly one must know the true standards. If political philosophy wishes to do justice to its subject matter it must strive for genuine knowledge of these standards. Political philosophy is the attempt truly to know both the nature of political things and the right, or the good, political order[9]." Die Philosophie der Politik versucht, über die Meinungen hinaus, zur Kenntnis der Bedingungen einer guten und gerechten Ordnung vorzudringen.

Der berühmteste, und im wesentlichen geglückte, Versuch dieser Art ist Platons *Politeia*. Aus der Auseinandersetzung der modernen Philosophie und Sozialwissenschaft mit ihr wird deutlich, warum die Philosophie der Politik weitgehend zugunsten der *policy science* aufgegeben

---

[8] *L. Strauß,* What is Political Philosophy? S. 10.

[9] Ebd., S. 11 f.

worden ist. Der bekannteste Einwand lautet, daß die *Politeia* eine Utopie sei und damit auch theoretisch nicht realisierbar. Dieser Einwand ist sachlich unrichtig. Unter Utopie versteht man eine Ordnungsspekulation, die dadurch gekennzeichnet ist, daß sie *nur* die spezifische Natur des Menschen (im aristotelischen Sinn) zugrunde legt, während wesentliche Faktoren seines Leibfundaments ignoriert werden[10]. Die *Politeia* hingegen ist ein auf Grund empirischer Analyse erarbeitetes Paradigma. Natürlich ist der Maßstab, der durch das Paradigma gesetzt wird, sehr hoch und die Aktualisierung nicht sehr wahrscheinlich. Das kann aber nicht bedeuten, daß er deshalb seinen Wert verliert, daß politisches Handeln nicht mehr auf ihn bezogen werden kann. Genau diesen Schluß jedoch hat die Moderne seit Machiavelli gezogen. Strauß formuliert das moderne Argument so: „You want justice? I am going to show you how you can get it. You will not get it by preaching, by hortatory speeches. You will get it only by making injustice utterly unprofitable. What you need is not so much formation of character and moral appeal, as the right kinds of institutions, institutions with teeth in them[11].“ Da die Verwirklichung des Paradigmas außerordentlich schwierig ist, muß der Maßstab zugunsten der Machbarkeit gesenkt werden, treten die Institutionen an die Stelle der Ausrichtung auf das Gute, der Erziehung zur Tugend. Die moderne Sozialwissenschaft hat schließlich den eingetretenen Wandel in der Betrachtungsweise zu seinem ihm immanenten Höhepunkt geführt. Da die *Meinungen* darüber, was denn die „gute“ Gesellschaft eigentlich ist, natürlich weit auseinander gehen, der Maßstab aber, an dem die Meinungen gemessen werden könnten, aufgegeben wurde, glaubt man, auch über die Bedingungen der guten Gesellschaft keine gültigen Aussagen mehr machen zu können. Die Frage nach der Natur einer Sache fällt unter das szientistische Dogma, sie gilt als unwissenschaftlich[12]. Somit bleibt für die Politische Wissenschaft nur noch das Problem zu klären, wie die Institutionen funktionieren bzw. funktionieren müssen, um ein vorgegebenes Ziel, das selbst wissenschaftlich nicht hinterfragbar ist, verwirklichen zu können. Die Situation wäre fatal, wenn man sich dem Dogma beugen müßte. Dazu besteht aber kein Anlaß. Abgesehen von den inhärenten Widersprüchen, in die sich der Szientismus verwickelt und auf die im 2. Kapitel zum Teil hingewiesen wurde, berechtigt die Tatsache, daß das Strukturwissen betreffend die menschlichen Angelegenheiten ein

---

[10] Vgl. auch *F. M. Schmölz,* Diskussionsbeitrag bei dem ersten Forschungsgespräch des Internationalen Forschungszentrums für Grundfragen der Wissenschaften in Salzburg. Abgedruckt in: ders. (Hrsg.), Das Naturrecht in der Politischen Theorie. Sonderausgabe der Österreichischen Zeitschrift für öffentliches Recht, Bd. XIII, Heft 1—2, Wien 1963, S. 135.

[11] *L. Strauß,* What is Political Philosophy? S. 43.

[12] Vgl. *K. R. Popper,* Das Elend, S. 21 ff.

anderes ist als das der Naturwissenschaften, nicht zu der Annahme, nur letzteres könne zu wissenschaftlicher Aussage führen.

Wir halten also aufrecht, daß die Politische Wissenschaft, will sie ihrer Funktion als kritische Ordnungswissenschaft genügen, über wahre Maßstäbe verfügen muß, an denen sie historisch auftretende Ordnungskonzeptionen messen kann. Damit wird freilich an den Tabus der modernen Wissenschaft gerüttelt, denn dieser Ansatz impliziert, daß die Anthropologie und die Ethik in die Untersuchung mit einbezogen werden müssen. Der Zusammenhang liegt auf der Hand: „Insofar as political philosophy is a search (*zetema*) for the truth of things political, it is of necessity concerned with man as human and as citizen (*politos*) and with the axiological factors giving order and cohesion to the lives of individuals and communities. The science of man is *anthropology;* and the science of the good which orders human existence is *ethics*[13].“ Verlangt wird also ein Wissen über die Ordnungskriterien, von denen sich die Menschen bei ihrer Suche nach der guten Gesellschaft leiten lassen müssen. Dieses Wissen wird von der Anthropologie und der Ethik als philosophischer Wissenschaften vermittelt, die freilich nicht voneinander getrennt werden können. Im 2. Buch der *Politeia* betont Platon deren substantielle Einheit, wenn er davon spricht, daß die Gesellschaft der großgeschriebene Mensch ist (368 d—e). Das hat Aristoteles ebenfalls gewußt[14], auch wenn er darüber zwei verschiedene Abhandlungen, die *Ethik* und die *Politik*, verfaßt hat. Voegelin bezeichnet die Formel von der Gesellschaft als dem großgeschriebenen Menschen als das „anthropologische Prinzip“[15]. Es verlangt, „that the idea of the perfect polis expresses (or) that the standard developed by a political science are based on the nature of man. We must have a systematic understanding of the nature of man if we want to have a systematic political science[16].“ Es wird jetzt klar, warum wir eingangs dieses Kapitels gesagt hatten, daß die Suche nach gültigen Interpretationskriterien eng mit der Frage nach dem Wesen der Politischen Wissenschaft zusammenhängt. Indem die Politische Wissenschaft ein systematisches Verständnis von der Natur des Menschen zur Grundlage hat, ist sie in der Lage, die von uns geforderten Interpretationskriterien zu liefern, denn das Verständnis von der Natur des Menschen schließt das Verständnis des Spannungsverhältnisses zwischen Bewußtsein und Realität ein, von dessen Kenntnis wir die Erhellung der gültigen Interpretationskriterien abhängig gemacht hatten. Damit sind wir gleichzeitig an dem kritischen

[13] *E. Sandoz,* Philosophical Anthropology and Dostoevsky's „Legend of the Grand Inquisitor“. In: The Review of Politics, 26 (1964) 3, S. 353.

[14] Vgl. Nik. Eth. 1094 b.

[15] Vgl. Die neue Wissenschaft, S. 93.

[16] *E. Voegelin,* Order and History. Vol. III: Plato and Aristotle. Louisiana State University Press, Baton Rouge 1957, S. 296.

Punkt unserer Untersuchung angelangt, denn ihr Wert wird entscheidend davon abhängen, ob es uns gelingt, eine befriedigende Antwort auf die Frage nach der Natur des Menschen zu geben.

Wir sprachen davon, daß das Ziel des politischen Handelns die gerechte Ordnung der Gesellschaft sei. Wenn Gerechtigkeit darin besteht, daß jedem das Seine zuteil wird, und was sollte man sich anderes unter Gerechtigkeit vorstellen, so muß man wissen, was dieses „Seine" ist, muß man den Menschen kennen. Die gerechte Ordnung der Gesellschaft setzt also ein Wissen über den Menschen voraus, damit er in der Gesellschaft das Seine bekommen kann. Wir erhalten das gleiche Ergebnis, wenn wir von der Forderung nach einer humanen Gesellschaft ausgehen. Humanität ist aktualisierte Selbstverwirklichung des Menschen. Um die Bedingungen zu schaffen, unter denen die Menschen ihr „Selbst" verwirklichen können, muß es gekannt werden, muß die Frage nach dem Wesen des Menschen beantwortet sein. Die philosophische Anthropologie versucht die Antwort zu geben, denn sie ist das Bemühen des Menschen, sich selbst zu erkennen, sich selbst zu bestimmen. Damit ist nicht eine akademische Disziplin gemeint, wie sie sich seit Max Scheler etabliert hat. Vielmehr liegt jeder Philosophie eine anthropologische „Konstruktion" zugrunde, ob bewußt oder unbewußt, denn „die Weltbilder sind von den Menschenbildern und diese von den Bestandteilen der Menschennatur abhängig"[17]. Wenn Dempf hier von „Menschenbildern" spricht, so erweckt das den Eindruck, als bestünde vollkommene Freiheit im Entwerfen solcher Bilder[18]. Ein Blick auf die Geschichte der Philosophie[19] scheint diesen Eindruck zu bestätigen. Aristoteles bestimmt den Menschen als *zoon logon echon* und *zoon politikon*. Thomas faßt ihn in der lateinischen Übersetzung als *animal rationale* und *animal sociale*, nimmt aber damit eine Umdeutung vor[20]. Nach Descartes besteht die menschliche Natur ausschließlich im Denken, während Hobbes sie als von den Leidenschaften bestimmt ansieht. Dem Menschenbild der jüdisch-christlichen Tradition, in der der Mensch *imago dei* ver-

---

[17] *A. Dempf*, Theoretische Anthropologie. München 1950, S. 58.

[18] Nur unter dieser (falschen) Prämisse kann man übrigens, wie Dempf es tut (ebd.), vom „unvermeidlichen Anthropomorphismus des gesamten menschlichen Denkens" sprechen.

[19] Im Rahmen dieser Arbeit können natürlich die Geschichte der Anthropologie und ihre verschiedenen Züge nicht nachgezeichnet werden. Wir begnügen uns damit, für einen Überblick auf einige wenige Werke und die dort angeführte Bibliographie zu verweisen: *W. E. Mühlmann*, Geschichte der Anthropologie. Frankfurt ²1968; *M. Landmann*, Philosophische Anthropologie. Berlin ³1969; *W. Lepenies*, Soziologische Anthropologie. München 1971; *C. Lévi-Strauß*, Strukturale Anthropologie. Frankfurt 1967; *R. Rocek / O. Schatz* (Hrsg.), Philosophische Anthropologie heute. München 1972; *W. E. Mühlmann / E. W. Müller* (Hrsg.), Kulturanthropologie. NWB Bd. 9, Köln, Berlin 1966; Eranos-Jahrbücher 1947—1962.

[20] Vgl. dazu *H. Arendt*, 2. Kapitel, insbes. Abschnitt 4.

standen wird, widerspricht Darwin, der zwischen Mensch und Tier keinen wesentlichen Unterschied sieht. Nach Scheler ist der Mensch Geistwesen, was jedoch von Gehlen bestritten wird, da sein *homo faber* den Geist nur instrumentell benutzt, um die natürlichen Mängel auszugleichen, mit denen der Mensch behaftet ist. Für Plessner bleibt sich der Mensch selbst verborgen: *homo absconditus,* und die Existentialisten schließlich stellen sich auf den radikalen Standpunkt, daß das Wesen des Menschen überhaupt nicht feststehe, daß der Mensch es vielmehr selbst setze. Angesichts dieser einander widersprechenden Positionen scheint unser Versuch hoffnungslos, zu gültigen Aussagen über die Natur des Menschen zu kommen. Nicht nur, daß sich der Mensch noch nie in der Geschichte so problematisch gewesen ist wie in der Gegenwart (Scheler[21]), es tauchen auch Zweifel auf, ob die Fragestellung sinnvoll ist, ob nicht Popper doch recht hat. Warten wir es ab. Sicher ist vorerst nur, daß wir auf der phänomenologischen Ebene nicht weiter kommen[22], denn wir würden damit lediglich den vielen Bildern ein neues hinzufügen.

Der Zweifel an dem Sinn der Fragestellung läßt sich nur durch eine befriedigende Antwort ausräumen. Wir werden eine Antwort als befriedigend ansehen, die es uns erlaubt, Maßstäbe zu entwickeln, an Hand deren historische Ordnungskonzeptionen daran gemessen werden können, ob die ihnen zugrunde liegende Anthropologie der Struktur der Wirklichkeit entspricht und ob sie daher die Verwirklichung von Humanität gestatten. Das klingt vorerst noch tautologisch, weil wir über die Struktur der Wirklichkeit bisher nichts ausgesagt haben. Dieses Problem steht im Mittelpunkt unserer weiteren Überlegungen. Methodisch erfordert seine Lösung drei Schritte[23]:

1. Da heute der Begriff „Natur" ganz verschiedene Dinge mit ganz verschiedenen Inhalten bezeichnen kann, müssen wir, bevor wir Aussagen über die Natur des Menschen machen können, herausfinden, was im Zusammenhang mit dem Menschen unter „Natur" zu verstehen ist.

2. Wir hatten ein Wissen von den Ordnungskriterien verlangt, von denen sich die Menschen bei der Suche nach der guten Gesellschaft leiten lassen müssen. Ordnungskriterien sind keine Daten der äußeren Welt, die mit den Mitteln der Naturwissenschaften erkannt werden

---

[21] Vgl. Die Stellung des Menschen im Kosmos. Bern ^{7}1966, S. 10.

[22] Ein solches Vorgehen hat schon *Platon* im Politikos (266 e) ironisiert, wenn er als Ergebnis einer phänomenologischen Untersuchung herausfindet, daß der Mensch ein Lebewesen auf zwei Beinen ohne Federn ist.

[23] Um Mißverständnissen vorzubeugen sei darauf hingewiesen, daß die methodische Aufgliederung des Problems keine Entsprechung im Sachlichen findet; vielmehr sind die drei Bereiche so eng miteinander verknüpft, daß sich thematische Überschneidungen nicht vermeiden lassen. Das muß jedoch im Interesse einer verständlicheren Darlegung in Kauf genommen werden.

könnten; vielmehr sind sie das Resultat der Ordnung des Bewußtseins. Wir werden also zu klären haben, in welchem Verhältnis Realität und Bewußtsein bzw. deren Strukturen zueinander stehen und wodurch sie geordnet werden. Von diesem Klärungsprozeß wird abhängen, was wir an Aussagen über die Natur des Menschen machen können.

3. Die Erhellung des Bewußtseins ist das Ergebnis meditativer Exegese, in derem Verlauf sich der Logos des Bewußtseins selbst auslegt. Das bedeutet, daß der Exeget vorerst nur Aussagen über sein eigenes Bewußtsein machen kann. Da die Wissenschaft jedoch zu allgemeingültigen Aussagen kommen muß, ist abschließend die Frage nach der Verbindlichkeit der im zweiten Schritt erzielten Ergebnisse zu beantworten.

Der Begriff Natur, wenn er im Zusammenhang mit dem Menschen gebraucht wird, ist ein Symbol, das die Erfahrung des Menschen von seiner Wesentlichkeit ausdrückt. Wir können uns daher bei der Analyse des Symbols weder auf den „naiven" Naturbegriff[24] der Naturwissenschaften noch auf den entsprechenden, von seiner Erfahrungsgrundlage abgelösten Topos der modernen Naturrechtslehre[25] stützen. Wir müssen vielmehr versuchen, den Erfahrungskontext herzustellen, der dem Symbol Natur zugrunde liegt. Damit sind wir auf die griechische Philosophie verwiesen, denn dort wurde das Symbol erstmals begrifflich entwickelt, und sein Gehalt ist für die europäische geistige Tradition zumindest in Bezug auf den Menschen unverändert gültig geblieben.

Wir suchen nach der Wahrheit betreffend das Wesen des Menschen. „Die Wahrheit aber", sagt Aristoteles, „wissen wir nicht ohne Erkenntnis des Grundes *(aitia)*. Unter den wesensgleichen Dingen ferner hat dasjenige am meisten die Wesenheit[26], welches für die andere Ursache ist, daß ihnen diese Wesenheit zukommt; z. B. Feuer ist das wärmste, weil es auch für das Übrige Ursache der Wärme ist. Den höchsten Grad von Wahrheit hat also dasjenige, welches für das Spätere Ursache der Wahrheit ist. Darum müssen die Prinzipien des ewig Seienden immer die höchste Wahrheit haben; denn sie sind nicht bald wahr, bald falsch, noch haben sie den Grund der Wahrheit in einem anderen, sondern alles andere in ihnen, sofern ja jedes an der Wahrheit in gleicher Weise teilhat wie am Sein"[27]. Es ist also die Frage nach dem Grund, dem Ur-

---

[24] Vgl. *E. Husserl,* Philosophie als strenge Wissenschaft. Frankfurt 1965, S. 18 f.

[25] Vgl. *E. Voegelin,* Das Rechte von Natur. In: ders., Anamnesis, S. 117.

[26] Unter Wesenheit (*ousia*) versteht Aristoteles in diesem Zusammenhang „das letzte Substrat, das nicht mehr weiter von einem anderen ausgesagt wird" (Met. 1017 b 25), das „eigentliche Sein" (De An. 412 b 11).

[27] Met. 993 b 23—30. Zitiert wird nach Rowohlts Klassiker-Ausgabe in der Übersetzung von H. Bonitz (ed. Wellmann), o. O. 1966.

sprung des Seins und nach der Seinsverfassung gestellt, denn Aristoteles hat zweifellos recht, daß ohne Erkenntnis der Ursache, ohne Antwort auf die Frage nach dem Warum wahrheitsgemäße Aussagen nicht möglich sind, allenfalls phänomenologische Klassifizierungen, die jedoch Beliebigkeitscharakter haben. Nun ist freilich die Frage nach dem Grund des menschlichen Seins leichter gestellt als beantwortet. Eine einfache dogmatische Antwort, hervorgeholt aus dem Traditionsfundus der europäischen Geistesgeschichte, verbietet sich, weil sie, obgleich nicht unbedingt falsch, den Blick auf die dahinterliegenden Erfahrungen verstellt, deren Interpretation doch erst zu dieser Antwort geführt hat. Es kommt aber gerade darauf an, die Erfahrung explizit zu machen, weil erstens jeder Erklärung eine Erfahrung vorausgeht, die der Erklärung bedürftig ist, und weil zweitens nur aufgrund der prinzipiellen Nachvollziehbarkeit von Erfahrungen die darauf basierenden Erklärungen für jedermann sinnvoll und verständlich werden. Es bleibt daher nichts anderes übrig, als die Differenzierung menschlichen Seins und seines Grundes, die für unseren Kulturbereich von den Griechen geleistet wurde, kurz nachzuzeichnen[28], da nur so daß Symbol Natur für uns transparent werden kann.

Die Frage nach dem Ursprung der Dinge und nach der Stellung des Menschen im Kosmos ist älter als die Philosophie; sie gehört bereits der „vor-philosophischen Primärerfahrung des Kosmos" an und wird mythisch in Form einer kosmogonischen Spekulation beantwortet[29], im Falle des griechischen Denkens vor allem durch das homerische Epos und Hesiods Theogonie. Hier treten Gott und Welt noch nicht auseinander, sondern das weltliche Geschehen ist unmittelbarer Ausfluß göttlichen Wirkens. So ist bei Homer der Mensch nicht selbst Urheber seines Handelns, sondern es vollzieht sich nach dem Plan der Götter und erlangt gerade daraus seinen Sinn[30]. Auch bei Hesiod ist alles Geschehen auf das Einwirken einer Gottheit zurückzuführen, wenn auch nicht mehr in der gleichen Unmittelbarkeit wie bei Homer. Hesiods Götter nehmen zum Teil bereits eine Zwischenstellung ein zwischen voller mythischer Gestalt und begrifflicher Fassung eines Existierenden, für das im Mythos jeweils eine Gottheit verantwortlich ist. Auch wenn ihm die theoretischen Begriffe fehlen, ist doch seine Genealogie, indem sie die Herkunft der einzelnen Götter klärt, ein Versuch, durch die Be-

---

[28] Wir können hier keinen vollständigen Überblick geben, sondern müssen uns auf das für uns Wesentliche beschränken. Für eine umfassende Darstellung vgl. *B. Snell*, Die Entdeckung des Geistes. Hamburg [3]1955; *W. Jaeger*, Paideia. Bd. I. Berlin [4]1959, bes. S. 206—248; *E. Voegelin*, Was ist Natur?; *Aristoteles*, Metaphysik A; *H. Diels*, Die Fragmente der Vorsokratiker. Hrsg. v. W. Kranz, Zürich, Berlin [11]1964.

[29] Vgl. *E. Voegelin*, Was ist Natur? S. 149.

[30] Vgl. *B. Snell*, S. 50 f.

stimmung der Seinsursache der Götter das Wesen dessen zu erfassen, für das im Mythos die Gottheit steht[31]. Noch immer sind jedoch göttliches und weltliches Sein nicht voneinander getrennt. Der Mensch erfährt sich nach wie vor als in seinem Handeln sehr direkt vom Willen der Götter gelenkt, und diese Erfahrung des Gelenkt-werdens wird als das ihn Bestimmende, als sein Wesen erfahren.

Die Differenzierung dieser sehr kompakten Seinsordnung ist von den Naturphilosophen geleistet worden. Durch die Beschäftigung mit den Dingen der äußeren Natur entwickelten sie ein theoretisches Vokabular, das erfolgreich auch auf andere Bereiche angewandt werden konnte, so vor allem auf den Entstehungsmythos. Insbesondere Anaximander und Anaximenes haben dadurch, daß sie über die Grenzen der sinnlichen Erscheinungen hinausgingen, den Prozeß der Dissoziierung des Kosmos in einen welt-transzendenten Gott und eine dadurch als immanent erkannte Welt[32] eingeleitet, den dann Xenophanes und Parmenides weiterführen. Diese Dissoziierung rückt zwar Gott und Mensch auseinander, aber sie löst nicht das Band, das zwischen beiden besteht. Die Erfahrung eines jetzt transzendenten Gottes ändert prinzipiell nichts am Charakter der ursprünglichen Erfahrung: der Abhängigkeit von einem das Sein strukturierenden Grund, der nicht in der Verfügbarkeit des Menschen liegt, der ihn jedoch durch seine Seele als des Ortes der Zusammenstimmung von Göttlichem und Menschlichem formt.

Es war Heraklit, der diese Erfahrung in einer Form verarbeitet hat, die jenseits des Mythos in philosophischer Sprache auf unsere Frage

---

[31] Vgl. ebd., S. 72 f.

[32] Es ist unbedingt im Auge zu behalten, daß „göttliches und weltliches Sein nicht Dinge sind, die jenseits oder diesseits einer räumlichen Grenze liegen, sondern das Transzendenz und Immanenz nicht mehr als Indizes sind, die das Sein empfängt, wenn der Kosmos durch die Transzendenzerfahrung endgültig dissoziiert wird. Da nun das Sein nichts ist als ein Netzwerk von Ordnungsrelationen unter den der Primärerfahrung vom Kosmos (*nicht* der Welt) gegebenen Dingen, an deren richtiger Erkenntnis wir interessiert sind, unterschieben sich leicht beim Denken über das Sein, das selbst kein Ding ist, die vor-philosophischen, kosmischen Dinge als Modelle des Seins. Wenn Gott zum Modell des Seins wird wie bei Parmenides, dann sinkt gegenüber dem seinsgründigen Sein in Wahrheit das Sein der Welt zur *doxa* herab; wenn die nicht-göttlichen Dinge das Modell des Seins liefern, dann können die dem Weltsein entnommenen Prädikate, und wohl auch das Prädikat Sein selbst, von Gott nur analogisch gelten. Die Aporien dieser Klasse sind auf der Ebene objektivierenden Seinsdenkens unlösbar; um sie zu lösen, muß der Philosoph anerkennen, daß die Figuren der kosmischen Primärerfahrung in das Seinsdenken hineinragen, und muß die Wahrheit der Primärerfahrung von einem göttlich-weltlich kompakten Kosmos in sein Philosophieren aufnehmen. Denn der Kosmos kann zwar durch die Seinserfahrung in göttliches und weltliches Sein dissoziiert werden, aber das differenzierende Wissen löst nicht das Seinsband zwischen Gott und Welt, das wir Kosmos nennen." *E. Voegelin,* Was ist Natur?, S. 142.

nach der Natur des Menschen eine Antwort zu geben vermag. Nachdem ihm das Bild des Kosmos[33] und die Erfassung des Göttlichen als etwas mit dem Menschlichen nicht Vergleichbarem durch seine Vorgänger bereits gegeben waren, steht für ihn das Wesen des Menschen und seine Stellung im Kosmos ganz im Mittelpunkt. Er gibt daher der menschlichen Erkenntnis ein eindeutiges Ziel: Die „Vielwisserei" wird abgelehnt (fr. 40); vielmehr ist nur eines weise, nämlich „die Einsicht zu erkennen, die alles durch alles lenkt" (fr. 41). Hier wird erstmals in aller Schärfe der Primat der Philosophie angemeldet. Heraklit weist auch auf den Weg hin, den der Philosophierende gehen muß, wenn er zu richtiger Erkenntnis gelangen will: der Mensch muß sich selbst erforschen[34]. Nicht die Kenntnis der äußeren Natur, sondern die Kenntnis der Seele führt zu wahrem Wissen. Daher sagt Heraklit: „Schlechte Zeugen sind den Menschen Augen und Ohren, wenn sie Barbarenseelen haben." (fr. 107) D. h. nicht die Sinneswahrnehmungen sind die Instrumente unserer Erkenntnis, sondern diese bedürfen der richtigen Auslegung durch die Seele[35], die allein über wahr und falsch entscheiden kann. Das ist freilich nicht einfach, denn „die Natur liebt es, sich zu verbergen" (fr. 112). Erst der Philosoph, der in seiner Seele den göttlichen Logos entdeckt und sich diesem öffnet, vermag die Rätsel der Welt zu entschleiern[36]. Zwar ist allen Menschen der Logos gemeinsam (fr. 2), und alle Menschen können sich daher selbst erkennen und vernünftig denken (fr. 116), doch die Menge glaubt, daß sie ein eigenes, unabhängiges Denkvermögen be-

---

[33] Vgl. *W. Jaeger*, Bd. I, S. 242.

[34] Daß fr. 101 („Ich habe mich selbst erforscht") paradigmatischen Charakter hat, steht außer Zweifel.

[35] Vgl. *B. Snell*, S. 193 f.

[36] Die theoretische Physik hat inzwischen wieder erkannt, daß es unmöglich ist, rein immanente Erklärungen zu geben: „.. wenn wir etwas näher zusehen und den Aufbau der exakten Wissenschaft einer genaueren Prüfung unterziehen, dann werden wir sehr bald gewahr, daß das Gebäude eine gefährlich schwache Stelle besitzt, und diese Stelle ist das Fundament. Dem Bau fehlt eine von vornherein nach allen Richtungen gesicherte, von äußeren Stürmen nicht zu erschütternde Grundlage, oder mit anderen Worten: es gibt für die exakte Wissenschaft kein Prinzip von so allgemeiner Gültigkeit und zugleich von so bedeutsamem Inhalt, daß es ihr als ausreichende Unterlage dienen kann. Wohl rechnet sie allenthalben mit Maß und Zahl und trägt daher mit vollem Recht ihren stolzen Namen; denn die Gesetze der Logik und der Mathematik müssen wir ohne Zweifel als zuverlässig betrachten. Aber auch die schärfste Logik und die genaueste mathematische Rechnung können kein einziges fruchtbares Ergebnis zeitigen, wenn es an einer sicher zutreffenden Voraussetzung fehlt. Aus nichts läßt sich nichts folgern." Die wissenschaftliche Forschung bedarf „des steten Hinblicks auf das objektive Reale, nach dem sie sucht, und insofern kann die exakte Wissenschaft das Reale im metaphysischen Sinn niemals entbehren." *M. Planck*, S. 6 und 21. Vgl. auch *C.-F. v. Weizsäcker*, Die Einheit der Natur. München ²1971; *F. Wagner*, Weg und Abweg der Naturwissenschaft. München 1970; für die Soziologie vgl. z. B. *P. L. Berger*, A Rumor of Angels. Garden City, N. Y., 1970.

sitzt (fr. 2). Heraklit nennt sie die Schlafenden, die an dem gemeinsamen Kosmos der Wachenden keinen Anteil haben (fr. 89). Sie sind daher auch nicht in der Lage, das göttliche Gesetz, das alles beherrscht (fr. 114) und nur durch den Logos erfaßt wird, zu erkennen (fr. 1) und erweisen sich damit als die eigentliche Störungsquelle für eine gerechte Ordnung der Polis. „Heraklit ist der erste Philosoph, der den Begriff der *phronesis* einführt und mit der *sophia* gleichsetzt[37], d. h. die Erkenntnis des Seins hängt für ihn zusammen mit der Einsicht in die menschliche Wertordnung und Lebensführung, sie schließt sie bewußt in sich[38].“ Der Philosoph wird zum Vermittler des kritischen Ordnungswissens und damit auch zum kompetenten Richter über konkrete Unordnungsphänomene in der Polis, weil er den die Gemeinsamkeit konstituierenden Logos repräsentiert. Darum sagt Heraklit ausdrücklich, daß man nicht auf ihn hören solle, sondern auf den Logos (fr. 50), denn nur durch den Logos hat der Mensch an der göttlichen Vernunft teil (A 16) und kann sich selbst als vernünftig erkennen. Da alles Geschehen im Kosmos gegensätzlich ist, steht es zueinander in einem Spannungsverhältnis[39], das gleichzeitig Ausdruck der darin waltenden Harmonie ist (fr. 8). Auch der Mensch, der sich als nicht aus sich selbst heraus existierend erfährt, steht in einem Spannungsverhältnis zum göttlichen Seinsgrund. Der Ort des harmonischen Zusammenstimmens mit dem Göttlichen ist seine Seele, die eins ist mit dem Logos. Der Logos ist allen Menschen gemeinsam und nur er vermag unter den Menschen auch Gemeinsamkeit zu stiften. Durch die Teilhabe am göttlichen Logos, dem man sich freilich auch verschließen kann, erkennt der Mensch sich selbst als vernünftig. Vernunft ist also nicht anderes als die Offenheit der menschlichen Seele für den Logos, der die Existenz des Menschen ordnet. Diese Offenheit seines Seins für den göttlichen Seinsgrund ist der Kern der Natur des Menschen[40]. Und indem der Mensch seine Natur entfaltet, besitzt er die Einsicht, die *phronesis,* die es ihm ermöglicht, seine eigene Ordnung und die der Gesellschaft durch richtiges Handeln in Übereinstimmung mit der Ordnung des Kosmos zu bringen.

Das Ergebnis unserer Untersuchung über die (spezifische) Natur des Menschen ist scheinbar wenig ergiebig. Gleichwohl liefert es die Einsicht in den Zusammenhang von Anthropologie, Ethik und Politik, den wir jetzt deutlicher machen können. Der Versuch des Menschen, seine Natur zu ergründen, ist der Versuch, zur Erkenntnis der Wahrheit seiner Existenz zu kommen. Dadurch, daß er sich als nicht aus sich

---

[37] Vgl. fr. 112.

[38] W. *Jaeger,* Bd. I, S. 243.

[39] Der Begriff „Spannung“ in diesem Kontext stammt von *W. Jaeger,* ebd., S. 246.

[40] Vgl. auch *E. Voegelin,* Was ist Natur? S. 150 ff.

selbst heraus existierend erfährt[41], ist ihm ein Wissen um einen Seinsgrund gegeben, der sein Sein aus sich selbst hat[42]. Dieses Wissen ist Partizipationswissen, d. h. der Mensch hat am Göttlichen teil und erkennt diese Teilhabe als seine Wesentlichkeit. Er steht damit in einer Spannung zwischen dem unveränderlichen Göttlichen, dem Wahren, und dem veränderlichen Weltlichen, dem „Schein", da er ja an *beiden* partizipiert und beide Seinsbereiche *zusammen* seine ganze Natur ausmachen. Das Veränderliche findet seinen konkreten Ausdruck im politischen Handeln. Wir hatten bereits gesehen, daß politisches Handeln immer auf das Gute[43] bezogen ist, das gute Leben, die gute Gesellschaft, wie umgekehrt die Frage nach dem Guten immer erst auftritt, wenn der Wert des Handelns fragwürdig wird[44]. Daß dies überhaupt geschehen kann, weist darauf hin, daß der Mensch im Unterschied zu allen anderen Lebewesen seine Natur nicht automatisch verwirklicht, sondern daß es dazu einer spezifischen Form des Handelns bedarf, die wir ethisch nennen[45]. Damit wird anscheinend impliziert, da wir ethisches Verhalten als wünschenswert betrachten, daß der Mensch seine Natur auch verwirklichen soll, eine Implikation, die vom Rechtspositivismus verworfen wird, da nach seiner Ansicht aus dem Sein logisch kein Sollen abgeleitet werden kann[46]. Diese Meinung beruht jedoch auf einem Mißverständnis, denn es wird in diesem Fall nicht das Sollen aus dem Sein abgeleitet, sondern umgekehrt das Sein erkannt, indem der Mensch zur Erkenntnis der Bedingungen des guten Handelns gelangt[47]. Das heißt auch, daß der Mensch nicht durch das Bewußtsein von seiner Natur, sondern nur jeweils im konkreten Handeln zur Wahrheit seiner Existenz findet. Es besteht also erneut ein Spannungsverhältnis zwischen dem Göttlichen als dem unveränderlichen Maß des Guten und dessen konkreter Ausprägung im Veränderlichen, im Handeln. Um diese Spannung zu lösen, bedarf es einer existenziellen Tugend, die zwischen den beiden Polen

---

[41] Die Frage nach dem Grund der Existenz ist immanent prinzipiell nicht beantwortbar, auch nicht im platt biologischen Sinn, denn die Aporie, die im infinitiven Regreß liegt, ist nicht aufzulösen. (Vgl. dazu übrigens die interessante Stelle bei *Marx* in: Nationalökonomie und Philosophie. In: ders., Die Frühschriften. Hrsg. v. S. Landshut, Stuttgart 1964, S. 247, wo er das Problem durch ein Frageverbot „löst".)

[42] Vgl. *E. Voegelin,* Was ist Natur? S. 151; dieser Seinsgrund wird mit dem Symbol des „Göttlichen" bezeichnet.

[43] Zum Maß des Guten in der konkreten Realität siehe *Aristoteles,* Nik. Eth. 1113 a 31—32; *Platon,* Politeia, 367 d—e.

[44] Vgl. *B. Snell,* S. 255.

[45] Vgl. dazu auch *Aristoteles,* Nik. Eth. 1103 a 19 seq.; *J. Ritter,* Metaphysik und Politik. Studien zu Aristoteles und Hegel. Frankfurt 1969, S. 127.

[46] Vgl. z. B. *H. Kelsen,* Die Grundlagen der Naturrechtslehre. In: F. M. Schmölz (Hrsg.), S. 3.

[47] *A. Maslow* gelangt über die Psychologie zu dem gleichen Ergebnis. Vgl. Psychologie des Seins. München 1973, S. 95 f.

der Spannung vermittelt. Aristoteles nennt sie *phronesis*. Sie ist die Tugend eines Menschen, der Solons unsichtbares Maß des Göttlichen im Handeln zu seiner Wirklichkeit bringt. Die *phronesis*, die Aristoteles als Tugend mit der Politischen Wissenschaft identifiziert (*Nik. Eth.* 1141 b 24), ist Wissen[48], das ihr Inhaber durch die Offenheit für das Göttliche erfährt. Und indem er seine Seele dem Göttlichen öffnet, ist er durchlässig für die Seinsbewegung, die wir als Ethik bezeichnen. Die Ethik ist also nicht ein unveränderlicher Bestand von Sätzen, sondern sie bringt im Handeln die Wahrheit der Existenz des Menschen zur Wirklichkeit[49].

Fassen wir den Sachverhalt zusammen: Die Natur des Menschen ist in ihrem Kern die Offenheit seines Seins für den göttlichen Seinsgrund, an dem er erkennend partizipiert. Da er aber auch am Veränderlichen teil hat, befindet er sich in einer existentiellen Spannung, die sich erst im konkreten Handeln löst, wenn er die *phronesis* besitzt und sich damit der Seinsbewegung, die wir Ethik nennen, öffnet, um so seine Wahrheit zu verwirklichen. Dieses Handeln findet immer in Gesellschaft statt, die ihr Ziel, wie wir sahen, im guten Leben ihrer Mitglieder hat. Das Ziel der Gesellschaft und das Ziel des menschlichen Handelns fallen im paradigmatischen Fall zusammen, so daß die Selbstverwirklichung des Menschen gleichzeitig immer Mitwirkung an der Errichtung einer guten Ordnung der Gesellschaft bedeutet. Anthropologie, d. h. die Erkenntnis der unveränderlichen Struktur der menschlichen Natur, Ethik, d. i. die Offenheit des Menschen für die Seinsbewegung zwischen den Polen der existentiellen Spannung, und Politik, die der Veränderung unterworfene Aktualisierung der menschlichen Natur, gehören also zusammen und fallen unter das Partizipationswissen, die *phronesis* oder Politische Wissenschaft.

Die Einsicht in die Wesentlichkeit des Menschen, zu der die Analyse der dem Symbol Natur zugrunde liegenden Erfahrungen geführt hat, ist für sich noch nicht ausreichend, die aus der Realität als unserem Maßstab sich ergebenden Ordnungskriterien zu entwickeln; denn die spezifische Natur des Menschen ist zwar ein Teil der Realität, aber nicht *die* Realität. Nun ist diese aber kein Ding, das in eine Gegenstandsrolle gedrängt und von außen erkannt werden kann, da es einen Standpunkt außerhalb der Realität nicht gibt. Sie ist vielmehr ein Datum des Bewußtseins, das die Erfahrungen, die ein Ergebnis des Partizipierens an der Realität sind, sich selbst explizit macht, interpretiert und ordnet, damit freilich auf die Realität, von der es ein Teil ist, verändernd zu-

---

48 In diesem Zusammenhang soll darauf hingewiesen werden, daß die attische Bedeutung von *episteme* (Wissen) sowohl das theoretische als auch das praktische Wissen umfaßt. Vgl. *B. Snell*, S. 252.

49 Vgl. dazu vor allem *E. Voegelin*, Das Rechte von Natur, S. 124 ff.

rückwirkt. Dieses Verhältnis von Bewußtsein und Realität muß daher jetzt etwas genauer untersucht werden.

„Our datum is the actual world, including ourselves, and this actual world spreads itself for observation in the guise of the topic of our immediate experience. The elucidation of immediate experience is the sole justification for any thought; and the starting point for thought is the analytic observation of components of this experience[50]." Die Erhellung der Erfahrungen ist Voraussetzung für das Verständnis der Wirklichkeit, wie ja auch jede Theorie das Produkt der Interpretation von Erfahrungen ist[51]. Eine Theorie vom Menschen, die nicht hier ihren Ausgang hat, wie z. B. die Marx'sche Spekulation, die gegen die Erfahrung den Grund der Existenz des Menschen im Menschen selbst sieht[52], ist inhuman, und eine „inhumane Theorie wird unvermeidlich zu inhumanen Konsequenzen führen ...[53]." Wir können nur von etwas wissen, wovon wir Erfahrung haben. Damit die Erfahrungen zu einem „richtigen" Wissen führen, bedarf es aber offenbar der richtigen Auslegung dieser Erfahrungen, denn sie können auch falsch interpretiert werden, wie das Beispiel der Ideologien zeigt. Dabei bietet die Erfahrung selbst eine Interpretationshilfe, denn ihr eignet, wie Gadamer richtig bemerkt, die Struktur der Frage: „Man macht keine Erfahrung ohne die Aktivität des Fragens. Die Erkenntnis, daß die Sache anders ist und nicht so, wie man zuerst glaubte, setzt offenbar den Durchgang durch die Frage voraus, ob es so oder so ist. Die Offenheit, die im Wesen der Erfahrung liegt, ist logisch gesehen eben diese Offenheit des So oder So. Sie hat die Struktur der Frage." Und: „Mit der Frage wird das Befragte in eine bestimmte Hinsicht gerückt. Das Aufkommen einer Frage bricht gleichsam das Sein des Befragten auf. Der Logos, der dieses aufgebrochene Sein entfaltet, ist insofern immer schon Antwort[54]." Die Interpretation der Erfahrung muß sich von dem Logos leiten lassen, der der vorgängigen Frage die Richtung weist und sie sachhaltig macht. Das heißt wiederum, daß das Bewußtsein als das Erfahrungszentrum diesen seinen eigenen Logos auslegen, sich selbst explizit machen muß, denn der Logos ist nichts anderes als die Sachstruktur des Bewußtseins. Dieses Unternehmen des Bewußtseins heißt in philosophischer Sprache „noetische Exegese" und die Interpretation von Erfahrungen aufgrund

---

[50] *A. N. Whitehead,* Process and Reality. New York 1960, S. 6.

[51] Vgl. z. B. auch *Aristoteles,* Met. 981 a 3; *R. D. Laing,* S. 11; *E. Husserl,* Cartesianische Meditationen. Husserliana Bd. I, Haag ²1963, § 28, S. 97.

[52] Vgl. *K. Marx,* S. 246—248.

[53] *R. D. Laing,* S. 46.

[54] *H. G. Gadamer,* Wahrheit und Methode. Tübingen ²1965, S. 344 und 345. Es sei dahingestellt, ob man ohne die Aktivität des Fragens keine Erfahrungen macht. Zumindest jedoch rücken ohne sie die Erfahrungen nicht ins Bewußtsein.

noetischer Exegese „noetische Interpretation“[55]. Die Noese differenziert also im Bewußtsein den Logos als seine Sachstruktur, d. h. die Ratio, denn wir hatten die Offenheit des Menschen für den Logos als seine Vernunft erkannt.

Uns interessiert hier nur eine bestimmte Klasse von Erfahrungen, nämlich die Erfahrungen von Ordnung, deren richtige oder falsche Interpretation ihren konkreten Ausdruck in menschlichen Ordnungsentwürfen findet. Ordnung wird immer begründet durch Einsicht in den Grund der Ordnung[56]. Menschliche Ordnung wird also begründet durch den Seinsgrund, an dem der Mensch erkennend partizipiert und zu dem er in einer Spannung steht. Dieses erkennende Partizipieren am Seinsgrund ist das Bewußtsein[57], denn wenn das Sein *die* Realität ist, dann bedeutet Bewußt-Sein für den Menschen die Erfahrung des Partizipierens an der Realität. Es muß noch einmal davor gewarnt werden, wenn wir von Realität, Sein, Bewußtsein, Seinsgrund, Immanenz, Transzendenz, Spannung etc. reden, darunter „Dinge“ zu verstehen. Dies sind ausschließlich Symbole, die im Verlauf der noetischen Exegese auftreten, wenn im Bewußtsein, das selbst kein Ding ist, die Erfahrung von Realität differenziert wird. Auch wenn das Bewußtsein gegenstandsförmlichen Charakter hat und sein sprachlicher Ausdruck zu Bildern drängt, müssen wir uns immer wieder klar machen, daß wir es hier mit nicht-gegenständlichen Erfahrungen zu tun haben. Wird das vergessen, so kommt es zu den verschiedensten Formen der Entgleisung wie z. B. der Konstruktion geschlossener Systeme. Die Realität gibt es aber nicht als Wahrheitsbesitz, sondern nur als Partizipationserfahrung. Im Falle der noetischen Erfahrung, die sich auf ihren Grund hin auslegt, wird die Partizipationserfahrung zum Ordnungswissen[58], durch das der Mensch seine Stellung in der Realität und die Ratio als das kritische Instrument erkennt, mit deren Hilfe es ihm möglich wird, die Ordnung seiner Existenz in Übereinstimmung mit der Realität zu bringen. Hinter die Ergebnisse der differenzierenden Leistung der Noese kann man nicht zurückgehen. Daher können nicht-noetische Interpretationen von Erfahrungen von der Noese durch die Autorität ihrer Ratio als zumindest weniger realitätshaltig erkannt werden. Es besteht dann ein Wahrheitsgefälle des Bewußtseins, das Ausdruck der Konstanz der Realität ist. Gleichzeitig aber ist das Bewußtsein „die Realität menschlichen Partizipierens, und diese Realität ist charakterisiert durch eine Präsenz der Erfahrung, die Phasen geringeren Wahrheitsgrades als Vergangenheit hinter sich läßt. Realität ist also nicht konstant. So wie

[55] Vgl. z. B. *E. Voegelin,* Was ist politische Realität? S. 288.
[56] Vgl. ebd.
[57] Vgl. ebd., S. 315.
[58] Vgl. ebd.

über der Konstanz der Realität ihre Veränderlichkeit, die wir Geschichte nennen, so kann über der erfahrenen Veränderlichkeit ihre Konstanz vergessen werden[59]." Ordnungskonzeptionen haben diesem Spannungsverhältnis zwischen Bewußtsein und Realität, das seine Entsprechung in der Spannung des Menschen zum Seinsgrund findet, Rechnung zu tragen, d. h. sie dürfen weder auf reaktionärem Beharren noch auf metastatischem Glauben basieren.

Das Bewußtsein ist der konkrete Ort, an dem Ordnung erfahren wird, und die Ordnung der Gesellschaft ist ein Reflex der Ordnung des Bewußtseins der die Gesellschaft tragenden Menschen. Wir hatten bereits gesehen, daß die Ordnung des Bewußtseins das Ergebnis einer Seinsbewegung zwischen den Polen der Spannung ist, an denen der Mensch partizipiert. Da der Mensch jedoch nicht nur aus Bewußtsein besteht, sondern auch einen Körper besitzt, d. h. an nicht-geistigen Seinsbereichen teil hat, entsteht das Problem der Seinshierarchie. Halten wir uns unsere bisherigen Ergebnisse vor Augen, so ist die Lösung denkbar einfach. Der Mensch verwirklicht seine spezifische Natur konkret immer nur im Handeln, das sein Ziel im guten Leben hat. Nun gibt es kein gutes Leben *ohne* das Leben, d. h. es ist fundiert im Körperlichen; „andererseits wächst die Ordnung des guten Lebens nicht aus dem Leibfundament, sondern entsteht nur dann, wenn die Gesamtexistenz vom Zentrum der existentiellen Spannung her geordnet wird"[60], d. h. es gibt kein *gutes* Leben ohne die Ordnung des Bewußtseins durch die Öffnung der Seele zum Seinsgrund. In der Seinshierarchie dominiert also der geistig-seelische Bereich das Leibfundament.

Mit diesen Ergebnissen sind wir in der Lage, historische Ordnungsentwürfe daran zu messen, ob sie der Struktur der Realität entsprechen und ein Ziel formulieren, das im organisierten Sozialfeld den Bedingungen der Verwirklichung von Humanität genügt. Wir hatten sie gewonnen aufgrund einer Exegese der menschlichen Natur und des Bewußtseins. Der Anspruch auf Verbindlichkeit gründet sich offenbar auf die Annahme, daß alle Menschen als Menschen wesensgleich sind. Ein Blick in die Geschichte und auf „primitive" Gesellschaften zeigt, daß diese Annahme keineswegs selbstverständlich ist. So waren für die Griechen die Nicht-Griechen Barbaren, die versklavt werden durften; in einer ganzen Reihe von „primitiven" Gesellschaften werden als Menschen nur die Stammesgenossen bezeichnet; für die weißen Eroberer Nordamerikas galten die Indianer überwiegend nicht als Menschen; und es ist sehr fraglich, ob der Begriff *gooks,* mit dem die Amerikaner im Vietnam-Krieg die Vietnamesen bezeichnet haben, etwas zum Inhalt hat, das auf

[59] Ebd., S. 306.
[60] Ebd., S. 350.

das wesentlich Menschliche der Vietnamesen Bezug nimmt. Diese Beispiele beziehen sich allerdings nur auf Kontakte zwischen verschiedenen Gesellschaften. Innerhalb einer Gesellschaft taucht dieses Problem in der Regel nicht auf. Hier beruht die Anerkennung der Wesensgleichheit auf einer Primärerfahrung, die ihren mytischen Ausdruck in Genesis-Mythen findet, d. h. die Menschen dieser Gesellschaft erfahren sich als wesentlich gleich, weil sie von den gleichen Göttern abstammen, den gleichen Seinsgrund haben. Erst wenn dieser Seinsgrund als der für alle Menschen gleiche erfahren wird, wie im Christentum, ist die Voraussetzung gegeben, daß aus den Menschen die Menschheit wird, die sich in der Abhängigkeit von Gott als wesensgleich empfindet. Die noetische Erfahrung drückt diesen Sachverhalt in philosophischer Sprache aus, denn sie erhellt das Bewußtsein als die Erfahrung des Partizipierens am Seinsgrund, der für alle Menschen der gleiche ist. Da hinter diese differenzierende Einsicht nicht mehr zurückgegangen werden kann, sind wir berechtigt, die Ergebnisse der noetischen Exegese als für unsere Untersuchung verbindlich anzusehen.

4. Pleonexie als gesellschaftliches Prinzip: Adam Smith

Die die Untersuchung leitenden Prinzipien sind methodisch und begrifflich jetzt so weit geklärt, daß sich die Aufmerksamkeit wieder ganz auf das Material richten kann, auf das sich die Eingangsthese von der Mitverantwortlichkeit der Nationalökonomie an der Misere der westlichen Zivilisation stützt. In Betracht kommt nur die spezifisch nationalökonomische Literatur. Angesichts der ungeheueren Stoffmengen, die sich in der kurzen Zeit seit der Begründung der Wissenschaft von der Ökonomie durch François Quesnay and Adam Smith bis heute angesammelt haben, ergibt sich freilich das Problem der Auswahl. Auswählen bedeutet immer schon eine Vorentscheidung treffen hinsichtlich der Relevanz der als generell zur Sache gehörig betrachteten Materialien in bezug auf die Fragestellung. Aus diesem Dilemma gibt es keinen Ausweg, denn der Versuch einer „allgemeinen Geschichte der volkswirtschaftlichen Lehrmeinungen in kritischer Absicht" verbietet sich schon aus Platzgründen. Es ist ein Kompromiß erforderlich, der dem Verlangen nach einer knappen Darstellung Rechnung trägt, ohne inhaltlich Wesentliches außer acht zu lassen. Erschwerend wirkt die Tatsache, daß die Literatur, aus der die Auswahl getroffen werden soll, nicht genau eingegrenzt werden kann, weil nicht recht klar ist, worauf sich das Erkenntnisinteresse der Nationalökonomie als Wissenschaft richtet und was demgemäß als nationalökonomische Literatur zu gelten hat. Die gängige Definition der Ökonomen lautet, die Volkswirtschaftslehre sei „das Studium davon, wie die Menschen und wie eine Gesellschaft von Menschen mit oder ohne Benutzung von Geld Entscheidungen über den Einsatz knapper Ressourcen treffen, um im Zeitverlauf verschiedene Güter zu produzieren und jetzt und in Zukunft auf verschiedene Menschen und Gruppen der Gesellschaft zum Verbrauch zu verteilen"[1]. Bei der „imperialistischen" Deutung, die die Begriffe „Ressourcen" und „Güter" in der nationalökonomischen Literatur gemeinhin erfahren, ist mit dieser Definition nicht viel gewonnen. Die Nationalökonomen behelfen sich denn auch häufig mit der bekannten Vinerschen Formulierung: „Economics is what economists do." Folgt man dieser Aussage, dann liegt es nahe, sich an das zu halten, was Nationalökonomen in Ausübung ihrer Profession äußern. Um bei der Auswahl ein möglichst hohes Maß an Objektivität zu erreichen, soll für die Analyse

---

[1] *R. Richter*, S. 188.

nur herangezogen werden, was relativ unumstritten ist, also die wesentlichen Lehrinhalte, die diejenigen vermittelt werden, die selber einmal Nationalökonomen werden wollen[2]. Dabei entsteht allerdings ein neues Problem. Der inzwischen erreichte hohe Grad an mathematischer Formalisierung und die vordergründige „Wertfreiheit" sind nur wenig geeignet, die der Nationalökonomie zugrunde liegende Anthropologie und die politischen Konsequenzen, die daraus gezogen werden, hinreichend deutlich zu machen. Als Ausweg bietet sich die Analyse einer „volkswirtschaftlichen Lehrmeinung" an, die klar und ohne Bemäntelung über ihre Prinzipien und Intentionen Auskunft gibt. Hierfür eignet sich niemand besser als derjenige, der der Nationalökonomie den Grund gelegt hat — Adam Smith. Zwar werden die meisten Ökonomen mit Gunnar Myrdal einwenden, daß sich die Nationalökonomie der Philosophie und der Psychologie wohl als Gerüst bedient habe, daß man dessen aber nicht mehr bedürfe, nachdem das Haus fertig sei[3]. Es liegt jedoch der Verdacht nahe, daß das Gerüst dem Haus eine ganz bestimmte Form gegeben hat, d. h. daß die philosophische Grundstruktur, die bei Adam Smith feststellbar ist, sich in der modernen Lehre wiederfinden läßt, auch wenn diese sich dazu nicht ausdrücklich äußert. Die Darstellung wird daher folgenden Weg nehmen: In diesem Kapitel sollen die anthropologischen Prämissen und die grundsätzlichen politischen Folgerungen der Nationalökonomie an Hand des Werkes von Adam Smith untersucht und erläutert werden. Im nächsten Kapital wird dann gezeigt, daß die wesentlichen nationalökonomischen Lehrinhalte nach wie vor theoretisch und methodisch auf den philosophischen Prinzipien des Begründers dieser Wissenschaft beruhen, daß sie daraus ganz entscheidend ihren Sinn beziehen.

Um Mißverständnisse zu vermeiden, müssen noch einige Bemerkungen gemacht werden zu dem, was die folgende Analyse nicht beabsichtigt. Erstens erhebt sie nicht den Anspruch, das theoretische Werk von Adam Smith umfassend zu behandeln[4]. Das bedeutet insbesondere,

---

[2] Damit ist beschrieben, daß wir nur die Schultradition, wie sie nach dem Zweiten Weltkrieg in Deutschland vor allem unter dem Einfluß von Erich Schneider entstanden ist, behandeln. Ein Eingehen auf die große Anzahl dissidenter Auffassungen ist im Rahmen dieser Arbeit nicht möglich. Dadurch wird freilich ihr Wert gemindert. Aber die Tatsache, daß den zukünftigen Nationalökonomen nach wie vor nahezu ausschließlich der traditionelle Wissensbestand vermittelt wird, dieser also immer noch als gesicherte wissenschaftliche Basis gilt, rechtfertigt unseres Erachtens die Beschränkung und verringert die Gefahr, daß die grundsätzlichen Ergebnisse unserer Untersuchung als nicht relevant angesehen werden können.

[3] Vgl. Das politische Element in der nationalökonomischen Doktrinenbildung. Mit einem Nachwort von P. Streeten. Neuauflage Hannover 1963, S. 47.

[4] Aus der Fülle der Literatur über Adam Smith seien hier nur einige wenige Bücher angegeben, die für die Fragestellung dieser Untersuchung als besonders relevant erscheinen: *R. Zeyss*, Adam Smith und der Eigennutz.

daß die *Theory of Moral Sentiments* nur soweit in die Untersuchung mit einbezogen wird, als es für die Interpretation der *Inquiry* notwendig erscheint[5]. Zweitens geht es nicht um eine geistesgeschichtliche Darstellung[6]. Zwar kann man Smith als den Prototyp eines Eklektikers bezeichnen, und eine Monographie über ihn könnte daher ganz gewiß nicht darauf verzichten, sorgfältig den verschiedenen Quellen nachzuforschen, auf die er sich stützt. Hier wird er jedoch nicht als eine Figur der Geistesgeschichte betrachtet, sondern als der Begründer einer Wissenschaft. Nur in dieser Eigenschaft ist seine philosophische Position für uns von Belang, insofern sie die Grundlage dieser Wissenschaft bildet. Die Frage nach der Originalität von Smith und nach seinen geistigen Wurzeln interessiert lediglich am Rande. Drittens darf die Anthropologie der Nationalökonomie nicht verwechselt werden mit dem, was man seit Max Weber als „kapitalistischen Geist" bezeichnet. Ihre Erörterung ist unabhängig von dem Problem, welcher Prozeß dazu geführt hat, daß eine Lebenshaltung als ethische Forderung erhoben werden konnte, die den Kapitalismus zum Ergebnis hatte[7]. Das kapitali-

---

Tübingen 1889; *W. Hasbach,* Die allgemeinen philosophischen Grundlagen der von François Quesnay und Adam Smith begründeten politischen Ökonomie. Leipzig 1890; *ders.,* Untersuchungen über Adam Smith und die Entwicklung der politischen Ökonomie. Leipzig 1891; *H. Huth,* Soziale und Individualistische Auffassung im Achtzehnten Jahrhundert, vornehmlich bei Adam Smith und Adam Ferguson. Leipzig 1907; *F. W. Koch,* Über den Zusammenhang von Philosophie und Theorie der Wirtschaft bei Adam Smith. Leipzig 1927; *J. Cropsey,* Polity and Economy: An Interpretation of the Principles of Adam Smith. London 1957; *A. L. Macfie,* The Individual in Society. Papers on Adam Smith. London 1967; *T. D. Campbell,* Adam Smith's Science of Morals. London 1971.

[5] Es wird noch gezeigt werden, daß der häufig geäußerte Verdacht, zwischen der „Theory" und der „Inquiry" bestünde theoretisch ein Bruch (so z. B. *J. Viner* in: Adam Smith and Laissez-Faire. In: Journal of Political Economy 35 (1927); im folgenden zitiert nach dem (gekürzten) Wiederabdruck in: H. C. Recktenwald (Hrsg.), Geschichte der politischen Ökonomie. Stuttgart 1971), zumindest für die Teile der „Theory" nicht zutrifft, die hier herangezogen werden. Vgl. dazu allgemein *A. L. Macfie.*

[6] Siehe dazu z. B. *G. H. Sabine,* A History of Political Theory. London [3]1961; *L. Strauß / J. Cropsey* (ed.), History of Political Philosophy. Chicago 1963; *F. Jodl,* Geschichte der Ethik als philosophischer Wissenschaft. Darmstadt [4]1965; *C. Becker,* The Heavenly City of the Eighteenth Century Philosophers. New Haven [12]1959; *A. Oncken,* Adam Smith in der Culturgeschichte. Wien 1874.

[7] Vgl. dazu *M. Weber,* Die protestantische Ethik und der Geist des Kapitalismus. In: ders.: Gesammelte Aufsätze zur Religionssoziologie. Bd. I, Tübingen [6]1972; *L. Brentano,* Die Anfänge des modernen Kapitalismus. München 1916; *W. Sombart,* Der moderne Kapitalismus. München und Leipzig 1916 ff.; *ders.,* Der Bourgeois. Zur Geistesgeschichte des modernen Wirtschaftsmenschen. München und Leipzig 1920; *R. H. Tawney,* Religion and the Rise of Capitalism. Pelican Books 1972 (erstmalig erschienen 1926); *A. Müller-Armack,* Genealogie der Wirtschaftsstile. In: ders., Religion und Wirtschaft. Geistesgeschichtliche Hintergründe unserer europäischen Lebensform. Stuttgart 1959; *Ch. T. Jonassen,* The Protestant Ethic and the Spirit of Capitalism in Norway. In: American Sociological Review 12 (1947).

stische Ethos ist zweifellos die Voraussetzung für die Wissenschaft von der Ökonomie in der Form, wie sie uns in Gestalt der Nationalökonomie vorliegt, denn deren Prämissen beruhen auf einer Interpretation der menschlichen Natur, die, wie später noch zu zeigen sein wird, bestimmte Formen menschlichen Handelns für rational erklärt und damit als dem Menschen zuträglich, die in anderen Gesellschaften, in denen ein anderes Ethos herrscht, dieses Status nicht hätten. Gleichwohl hat es in allen Gesellschaften Menschen gegeben, die ihr Leben nach ökonomischen Maximen ausgerichtet haben, auch wenn die ethische Legitimation fehlte. Um die Analyse eben dieses Menschentypus geht es hier, um den Inhalt des kapitalistischen Ethos, und nicht darum, was ihm zum gesellschaftlichen Paradigma hat werden lassen. Zwar wird der „kapitalistische Geist" gelegentlich herangezogen werden müssen, aber doch nur um zu zeigen, daß Adam Smiths Annahmen in Bezug auf die Prinzipien menschlichen Handelns eine handfeste empirische Basis in der Gesellschaft seiner Zeit hatten, die ethisch so fundiert war, daß sie als unbefragte Voraussetzung dienen konnte.

Im Vorwort zur sechsten Auflage der *Theory of Moral Sentiments* erläutert Adam Smith, welchen Platz die *Inquiry* in seinem wissenschaftlichen Werk einnimmt: „In the last paragraph of the first Edition of the present work, I said, that I should in another discourse endeavour to give an account of the general principles of law and government, and of the different revolutions which they had undergone in the different ages and periods of society; not only in what concerns justice, but in what concerns police, revenue, and arms, and whatever else in the object of law. In the *Enquiry concerning the Nature and Causes of the Wealth of Nations,* I have partly executed this promise, at least so far as concerns police, revenue, and arms. What remains, the theory of jurisprudence, which I have long projected, I have hitherto been hindered from executing . . ." (I, XVI)[8]. Die *Inquiry* ist Teil einer Untersuchung über die allgemeinen Prinzipien der Gesetze und der Regierung und zusammen mit der *Theory* und der geplanten, aber nicht mehr ausgeführten Abhandlung über die Jurisprudenz Bestandteil einer allgemeinen Theorie von Mensch und Gesellschaft. Die Wissenschaft von der Ökonomie ist „Political Economy, or of the nature and causes of the wealth of nations" (II, iii, 29), d. h. sie hat, zumindest nach Smith, nicht nur instrumentellen Charakter hinsichtlich der Organisation von Pro-

[8] Zitiert wird nach der Ausgabe: The Works of Adam Smith. In five volumes (D. Stewart ed.), London 1811—1812, Nachdruck Aalen 1963. Um unnötige Anmerkungen zu vermeiden, werden die Fundstellen im Text hinter dem Zitat angegeben. Dabei bedeutet I die Theory of Moral Sentiments (Bd. 1 der Ausgabe), II die Inquiry into the Nature and Causes of the Wealth of Nations (Bde. 2—4); i, ii, iii hinter II verweisen auf Bd. 2, 3 bzw. 4 der verwendeten Ausgabe.

duktion und Distribution wirtschaftlicher Güter auf nationaler Ebene, sondern sie umfaßt auch die „gesellschaftliche Zielfunktion". Michael Oakeshott meint sogar, dies sei ihr eigentlicher Gegenstand: „Die Nationalökonomie auf freiheitlicher Grundlage geht es ganz eindeutig nicht um ‚*Volkswirtschaftslehre*' (nicht um die Maximierung des Wohlstandes, nicht um die Produktivität oder den Lebensstandard), sondern um *Politik,* d. h. um den Schutz einer bestimmten Lebensweise[9]." Das ist freilich eine Übertreibung, der nicht nur die Wirtschaftswissenschaftler widersprechen würden, zumal unerfindlich bleibt, wie man heute noch annehmen kann, die Maximierung des Wohlstandes als Ziel könne nicht auch eine bestimmte Lebensweise sein. Ob allerdings der Kern von Oakeshotts These, daß die Nationalökonomie *in erster Linie* die politische Wissenschaft eines ganz bestimmten Gesellschaftstypus' ist, nicht doch stimmt, wird noch erörtert werden müssen. Dem Protest moderner Ökonomen gegen diese Interpretation ihrer Wissenschaft unter Berufung auf ihre „wertfreie" Methodik steht jedenfalls das Argument von de Jouvenel entgegen: „Die Wirtschaftswissenschaftler mögen gegen meine Feststellung protestieren, doch ich meine, ein teleologischer Optimismus ermöglichte die ethische Neutralität, die ihnen so gute Dienste geleistet hat." Und: „Nicht weil der Wirtschaftswissenschaftler ein ethischer Eunuche ist, kann er Phänomene mit ethischer Indifferenz betrachten, sondern weil er ein wünschenswertes ethisches Ergebnis erwartet unabhängig von den ethischen Zielen und dem ethischen Bewußtsein der Handelnden[10]." Das bleibende Verdienst von Adam Smith besteht darin, das Telos der modernen Gesellschaft präzise formuliert und die Bedingungen zu seiner Realisierung erstmals systematisch dargestellt zu haben. Seine *Inquiry* ist „nicht so sehr ein Wirtschaftssystem im eigentlichen Sinne als vielmehr eine Zusammenschau der ökonomischen Tatsachen unter den Ordnungsvorstellungen einer wissenschaftlichen Betrachtungsweise, der ihrerseits eine unausgesprochene Ethik zugrunde liegt: das ‚Bereichert Euch!' als treibende Kraft der modernen Gesellschaft ... Nachdrücklich beleuchtet er vor allem die Triebfeder aller ökonomischen Tätigkeit, die für ihn im Psychologischen liegt: in dem Verlangen der Menschen, immer neue Güter zu erwerben[11]." Nur weil Smith auf der Grundlage einer äußerst scharfsinnigen Interpretation der Prinzipien menschlichen Handelns das Konzept einer gesellschaftlichen Ordnung entworfen und damit gleichzeitig der Wissenschaft von dieser Ordnung die Struktur gegeben hat, können die Wirt-

---

[9] Nationalökonomie auf der Grundlage der Freiheit. In: ders., Rationalismus in der Politik. Neuwied und Berlin 1966, S. 68.

[10] Reine Theorie der Politik. Neuwied und Berlin 1967, S. 52 und 53.

[11] *J. Servier,* Der Traum von der großen Harmonie. Eine Geschichte der Utopie. München 1971, S. 206.

schaftswissenschaftler heute „ethische Eunuchen“ sein, können sie sich auf der Basis einer einmal getroffenen Entscheidung über gesellschaftliche Werte „Wertfreiheit“ leisten. Ihre Wertprämissen sind das Ergebnis einer systematischen Neuformulierung der Ziele einer vom „kapitalistischen Geist“ erfaßten Gesellschaft. Diese Neuformulierung ist der Inhalt der *Inquiry*.

„The annual labour of every nation is the fund which originally supplies it with all the necessaries and conveniencies of life which it annually consumes, and which consist always either in the immediate produce of that labour, or in what is purchased with that produce from other nations.“ (II, i, 1) Die *Inquiry* beginnt mit der programmatischen Feststellung, daß das Wohlergehen einer Nation eine Funktion der aufgewendeten Arbeitsmenge ist bzw. der Produkte, die mit dieser hergestellt werden. Damit ist einer Wissenschaft von Mensch und Gesellschaft, die Aussagen sowohl über das Ziel einer Gesellschaft als auch über die Mittel zu seiner Erreichung machen will, der Weg gewiesen: sie ist Nationalökonomie auf der Grundlage einer durchartikulierten Anthropologie. Ihr Erkenntnisinteresse richtet sich ganz besonders auf all jene Probleme, die mit den Bedingungen einer maximalen Wohlfahrt der Nation, d. i. ihrer Versorgung mit Gütern[12], in Zusammenhang stehen. Vorzüglich rückt so die Frage nach der Arbeitsproduktivität in den Vordergrund. Folgerichtig handelt das erste Kapitel des ersten Buches der *Inquiry* von der Arbeitsteilung, denn „the greatest improvement in the productive powers of labour, and the greater part of the skill, dexterity, and judgment with which it is any where directed, or applied, seem to have been the effects of the division of labour.“ (II, i, 6) Das berühmte Stecknadel-Beispiel untermauert diese These. Was aber ist die Ursache für die Arbeitsteilung? Warum begnügt sich jemand damit, nur Stecknadeln herzustellen bzw. im Extremfall z. B. nur Draht auszuziehen? Smiths Antwort macht die Basis, auf der seine Theorie ruht, bereits sichtbar: „This division of labour, from which so many advantages are derived, ist not originally the effect of any human wisdom, which foresees and intends the general opulence to which it gives occasion. It is the necessary, though very slow and gradual, consequence of a certain propensity in human nature which has in view no such extensive utility; the propensity to truck, barter, and exchange one

[12] Daß dies eine legitime Gleichsetzung ist, zeigt u. a. schon die Übernahme der These *Lockes* (Second Treatise, V 41) durch Smith, daß es ein englischer Tagelöhner besser habe als ein König bei den „Wilden“: „... a workman, even of the lowest and poorest order, if he is frugal and industrious, may enjoy a greater share of the necessaries and conveniencies of life than it is possible for any savage to acquire.“ (II, i, 3) Die Notwendigkeiten und Annehmlichkeiten des Lebens hängen von der Versorgung (*accomodation*) ab, und hier ist der englische Tagelöhner dem König der Wilden gegenüber im Vorteil (vgl. II, i, 19).

thing for another." (II, i, 19 f.) Die Arbeitsteilung beruht nicht auf der Einsicht des Menschen in den Verlauf ökonomischer Prozesse, sondern auf einer Neigung seiner Natur. Ob diese Tauschneigung, *differentia specifica* des Menschen („It is common to all men, and to be found in no other race of animals ...", II, i, 20) und gesellschaftsbildende Kraft (vgl. II, i, 21—25), ihrerseits ein ursprüngliches Prinzip der Natur ist, oder ob, „as seems more probable, it be the necessary consequence of the faculties of reason and speech" (II, i, 20), wird von Smith nicht direkt entschieden. Abgesehen davon, daß die Vernunft, auch in ihrer instrumentellen Form als Verstand, bei Smith sonst als konstitutive Kraft keine Anerkennung findet, ist es jedoch ziemlich deutlich, daß die Tauschneigung auf einer Leidenschaft beruht — der Selbstliebe. Der Mensch hat das stete Verlangen, seine Verhältnisse zu verbessern, „a desire which, though generally calm and dispassionate, comes with us from the womb, and never leaves us till we go into the grave" (II, ii, 19). Als ein gesellschaftliches Wesen (vgl. I, 200) ist er dazu aber auf andere angewiesen. „But man has almost constant occasion for the help of his brethren, and it is in vain for him to expect it from their benevolence only. He will be more likely to prevail if he can interest their self-love in his favour, and shew them that it is for their own advantage to do for him what he requires of them. Who ever offers to another a bargain of any kind, proposes to do this: Give me that which I want, and you shall have this which you want, is the meaning of every such offer; and it is in this manner that we obtain from one another the far greater part of those good offices which we stand in need of. It is not from the benevolence of the butcher, the brewer, or the baker, that we expect our dinner, but from their regard to their own interest. We address ourselves, not to their humanity but to their self-love, and never talk to them of our own necessities but of their advantages." (II, i, 21 f.) Die Selbstliebe, in ihrer ökonomischen Form das Verlangen, seine Verhältnisse zu verbessern[13], ist die endgültige Quelle, aus der der Reichtum der Nationen sprudelt.

Die zuletzt zitierte Stelle ist der *locus classicus* einer theoretischen Konzeption, die eine stabile Gesellschaftsordnung nicht auf Einsicht und Vernunft, sondern auf ein System sich gegenseitig balancierender Leidenschaften *(passions)* gründet. Adam Smith hat sie mit bewundernswürdiger Konsequenz ausgearbeitet. Sie ist ihm nicht nur Fundament seiner Theorie der Gesellschaft, sondern auch das begründende Prinzip seiner Auffassung von der menschlichen Natur, die ja, dessen war sich Smith sehr wohl bewußt, der Baustein eben dieser Gesellschaft ist. Um diese Konzeption verstehbar zu machen und damit, um die theoretische Basis der Nationalökonomie und deren Stellung innerhalb der Sozial-

[13] Vgl. *A. L. Macfie,* S. 78.

wissenschaften der westlichen Wirtschaftsgesellschaften zu begreifen, erscheint es als der sinnvollste Weg, methodisch die Schritte von Adam Smith nachzuvollziehen, d. h. zuerst seine anthropologische Konstruktion zu untersuchen und darauf aufbauend die gesellschaftlichen und politischen Konsequenzen, die Smith aus dieser Konstruktion gezogen hat, zu erläutern. Dieser Weg empfiehlt sich auch deshalb, weil Adam Smith der erste und leider auch der vorerst letzte Nationalökonom war, der explizit Rechenschaft über seine anthropologischen Prämissen abgelegt hat. Seine Nachfolger haben zwar darauf aufgebaut, aber man hat heute vielfach den Eindruck, daß ihnen diese Prämissen entweder peinlich sind oder gar unbekannt. Eine Analyse der politischen Theorie der Nationalökonomie kann daher an der *Theory of Moral Sentiments,* in der Smith seine Anthropologie darlegt, nicht vorbeigehen. Damit ist gleichzeitig Gelegenheit gegeben zu zeigen, daß zwischen der *Theory* und der *Inquiry* keineswegs ein Bruch besteht, sondern daß sie Teile einer einheitlichen Interpretation von Mensch und Gesellschaft sind.

Wie wir bereits gesehen haben, operiert Adam Smith in der *Inquiry* mit zwei Grundannahmen betreffend die Natur des Menschen, die sich zu widersprechen scheinen: mit der Selbstliebe als der Wurzel für das menschliche Wohlergehen und mit der Notwendigkeit, ein Leben in Gesellschaft zu führen. Diese beiden Prämissen finden sich auch in der *Theory.* Ihr erster Satz beginnt mit: „How selfish soever man may be supposed ..." (I, 1), d. h. die Selbstliebe wird fraglos als eine Grundtatsache angenommen. Angesichts der weiteren Tatsache jedoch, daß der Mensch zu seinem Überleben auf Gesellschaft angewiesen ist (I, 145, 149), stellt sich die Frage, wie eine Gesellschaft, die aus einer Ansammlung von Egoisten besteht, überhaupt existieren kann. Nun ist das Faktum der Existenz von Gesellschaften, wie gut oder schlecht sie im einzelnen auch immer funktionieren mögen, unbestreitbar. Es muß also etwas geben, das den in den Prämissen angelegten Konflikt zumindest eindämmt. Der Satz geht daher weiter: „... there are evidently some principles in his nature, which interest him in the fortune of others, and render their happiness necessary to him ..." Diese Prinzipien, die die unsozialen Auswirkungen der Selbstliebe kontrollieren sollen[14], sind die Prinzipien der Moral. Der Moral ist die Aufgabe zugewiesen, die selbstsüchtigen menschlichen Bestrebungen innerhalb der Bahnen zu halten, die ein Gedeihen der Gesellschaft nicht gefährden. Da sie sich bei Smith nicht aus der Vernunft begründet, d. h. da tugendhaftes Verhalten nicht als das Resultat der Offenheit für den Logos, der Seinsbewegung zwischen den Polen der existentiellen Spannung verstanden wird, muß erklärt werden, welchem anderen Ursprung sie ihre Autori-

[14] Vgl. *A. Skinner,* Introduction zu *Adam Smith,* The Wealth of Nations. (A. Skinner ed.). Pelican Books 1970, S. 16 f.

tät verdankt. Dies ist gleichbedeutend mit der Erörterung der Substanz der menschlichen Tugend. Adam Smith hat das gesehen, und er fragt daher, worin Tugend eigentlich besteht und warum man tugendhaft handeln soll (vgl. I, 470). Diese zwei Fragen müssen nach Smith beantwortet werden, wenn man die Ursachen gesellschaftlicher Ordnung ergründen will[15]. Die Antworten darauf bilden folglich auch das Zentrum seiner anthropologischen Konstruktion.

Tugendhaft ist, was als „the natural object of esteem, honour, and approbation" gilt. Man kann also auch fragen, welche Handlungen unsere Billigung *(approbation)* finden. Handlungen sind das Ergebnis unserer Gefühle (*sentiments* = synonym zu *emotion, affection, passion*[16]). Von den Gefühlen hängt es ab, ob wir ein bestimmtes Handeln tugendhaft nennen können, ob es unseren Beifall verdient. „The sentiment or affection of the heart from which any action proceeds, and upon which its whole virtue or vice must ultimately depend, may be considered under two different aspects, or in two different relations; first in relation to the cause which exites it, or the motive which gives occasion to it; and secondly, in relation to the end which it proposes, or the effect which it tends to produce. In the suitableness or unsuitableness, in the proportion or disproportion which the affection seems to bear to the cause or object which excites it, consists the propriety or impropriety, the decency or ungracefulness of the consequent action. In the beneficial or hurtful nature of the effects which the affection aims at, or tends to produce, consists the merit or demerit of the action, the qualities by which it is entitled to reward, or is deserving of punishment." (I, 19 f.) Angemessenheit *(propriety)* und Verdienst *(merit)* sind die entscheidenden Attribute einer tugendhaften Handlung[17]. Das hat, wie Cropsey[18] und Macfie[19] richtig bemerken, nichts mit dem Nutzen-Kalkül zu tun. Smith war nicht wie Bentham Utilitarier, nicht einmal im Sinne seines Zeitgenossen und Freundes Hume. „... Smith believed his own doctrine to be original in that it avoids the final reduction of all approbation to utility, which Smith rejected on the Humean ground that ‚utility' is not as such recognizable by immediate sense and feeling, but only by a sort of calculation of reason. Smith believed he had been able to ground morality on a phenomenon of the passions alone, a belief to which the name of his book testifies[20]."

---

[15] Daß für Adam Smith das Interesse der *Gesellschaft* ganz im Vordergrund steht und *nicht* das des Individuums, ist unbezweifelbar. Er war nicht der große Individualist, als den ihn manche Ökonomen später gerne sehen wollten. Vgl. auch *A. L. Macfie,* S. 54.

[16] Vgl. *J. Cropsey,* Adam Smith. In: L. Strauß / J. Cropsey, S. 550.

[17] Vgl. ebd., S. 551.

[18] Vgl. ebd.

[19] Vgl. z. B. S. 45 ff.

Im Hinblick auf die Bedeutung, die das Nutzen-Konzept in der Nationalökonomie hat, ist es vielleicht angebracht, etwas näher auf die Gründe einzugehen, die Smith gegen das *utility*-Denken vorbringt. Nicht etwa, daß er prinzipielle, z. B. ethische, Einwände hätte, im Gegenteil[21]. Der Nutzen eines Dinges oder einer Handlung ist sehr wohl eine schöne und erstrebenswerte Eigenschaft (vgl. I, 308 f.). Aber er ist nicht der Ursprung dafür, daß wir diesem mit Bewunderung und Wohlgefallen gegenüberstehen[22]. So werden z. B. die intellektuellen Tugenden aus einem ganz anderen Grund beifällig betrachtet, denn „... we approve of another man's judgement, not as something useful, but as right, as accurate, as agreeable to truth and reality: and it is evident we attribute those qualities to it for no other reason but because we find that it agrees with our own. Taste, in the same manner, is originally approved of, not as useful, but as just, as delicate, and as precisely suited to its object. The idea of the utility of all qualities of this kind, is plainly an afterthought, and not what first recommends them to our approbation." (I, 24) Der Gedanke an Nützlichkeit regt sich erst, nachdem er durch ein unmittelbares Gefühl geweckt wurde. Daher, so wendet Smith gegen Hume ein, läßt sich eine Theorie der Moral nicht auf den Nutzen gründen. Ansonsten bestehen jedoch keine wesentlichen Unterschiede zu Hume. „That system which places virtue in utility, coincides too with that which makes it consist in propriety ... The only difference between it and that which I have been endeavouring to establish, is, that it makes utility, and not sympathy, or the correspondent affection of the spectator, the natural and original measure..." (I, 541)

„Sympathie" ist der Schlüsselbegriff, auf den Smith sein Gebäude von der natürlichen Sozialität des Menschen aufbaut. Cropsey meint, sie sei „a fact of which, perhaps, no further mechanical account can be given"[23]. Unseres Erachtens aber läßt sie sich auf die Selbstliebe zurückführen, auch wenn Smith selber dieser Interpretation in der letzten Auflage der *Theory* widersprochen hat. Betrachten wir die Konstruktion, die die Einführung des Begriffs „Sympathie" erlaubt. Durchaus in der englischen empiristischen Tradition stehend vertraut Smith nur auf

---

20 *J. Cropsey*, Adam Smith, S. 551.

21 Das ist bei einem Ökonomen, der eine Entscheidung über die Verwendung „knapper" Mittel treffen soll, auch nicht zu erwarten. Daß Knappheit immer nur in Relation zu den Bedürfnissen gesehen werden kann, und daß daher der angebliche „Grundtatbestand" der Ökonomie zumindest auch relativiert werden muß, steht auf einem anderen Blatt.

22 Dies ist wohl der Grund, warum der Nutzen in Smiths Wertlehre (vgl. II, i, 42 ff.) keine Rolle spielt. Zur klassischen Wertlehre vgl. allgemein *G. Myrdal*, Das politische Element, S. 51—76.

23 *J. Cropsey*, Adam Smith, S. 551.

die sinnliche Erfahrung als Quelle unseres Wissens. Nun ist die sinnliche Erfahrung nur wenig geeignet zu erklären, ob das Handeln eines anderen Menschen tugendhaft ist; denn zu einer sachgerechten Beurteilung müßte man die Erfahrung eines anderen, die diesen zu dem in Frage stehenden Handeln veranlaßt hat, selbst erfahren. Das ist jedoch nicht möglich. Welcher Ausweg bietet sich an? „As we have no immediate experience of what other men feel, we can form no idea of the manner in which they are affected, but by conceiving what we ourselves should feel in the like situation.“ (I, 2) Wir müssen uns in die Lage des anderen hineinversetzen, „... lodging, if I may be allowed to say so, our own living souls in their inanimated bodies, and *thence** conceiving what would be our emotions in this case.“ (I, 9 f.) Dieses Hineinversetzen beruht jedoch auf einer intellektuellen Selbsttäuschung[24], denn „it is by imagination only that we can form any conception of what are his sensations“ (I, 2), d. h. die Empfindungen des anderen sind nicht wirklich nachvollziehbar. Die Vorstellung ist nur ein, zur Erweckung von Sympathie allerdings ausreichender, Ersatz für die originäre Erfahrung. Weil die Sinne, auf die doch alles ankommt, uns nicht über unsere eigene Person hinausgelangen lassen (vgl. ebd.), müssen wir praktisch den anderen in uns hineinziehen, auch wenn Smith es umgekehrt formuliert. Wir transzendieren nicht unser Selbst, sondern wir weiten es aus[25]. „It is the impressions of our senses only, not those of his, which our imaginations copy. By the imagination we place ourselves in his situation, we conceive ourselves enduring all the same torments, we enter as it were into his body, and become in some measure the same person with him, and *thence** form some idea of his sensations, and even feel something which, though weeker in degree, is not altogether unlike them. His agonies, when they are thus brought home to ourselves, when we have thus adopted and *made them our own**, begin at last to affect us, and we *then** tremble and shutter at the thought of what he feels. For as to be in pain of distress of any kind excites the most excessive sorrow, so to conceive or imagine that we are in it, excites some degree of the same emotion, in proportion to the vivacity or dullness of the conception.“ (I, 2 f.) Es kann kein Zweifel

---

[24] Vgl. *A. L. Macfie,* S. 50. Das Konzept der Selbsttäuschung wird noch öfter auftreten.

[25] Dies ist einer der vielen Punkte, in denen eine enge Verwandtschaft zwischen Smith und dem deutschen Idealismus besteht. Über das Verhältnis von Smith vor allem zu Kant vgl. *A. Oncken,* Adam Smith und Immanuel Kant. Der Einklang und das Wechselverhältnis ihrer Lehren über Sitte, Staat und Wirthschaft dargelegt. Leipzig 1877; *W. Eckstein,* Einleitung zu seiner Übersetzung der „Theory“: Theorie der ethischen Gefühle. Leipzig 1926; zum Problem des „Selbst“ in der deutschen Philosophie vgl. *R. Tucker,* Karl Marx. Die Entwicklung seines Denkens von der Philosophie zum Mythos. München 1963, bes. Kap. I—IV.

bestehen: Da nur die sinnliche Erfahrung uns ein zutreffendes Bild der Welt geben kann, und da die Sinne nicht über die erfahrende Person hinausweisen können, kann auch die Sympathie (*sympathy, compassion, fellow-feeling*), die ja durch einen Reiz der Sinne hervorgerufen wird, nur die Sympathie mit sich selbst sein, ein Mitleiden mit sich angesichts der miserablen Situation, in die man sich durch seine Vorstellung hineinmanövriert hat[26]. Nur durch den Trick der Selbsttäuschung, daß wir den anderen kraft unserer Vorstellung quasi in uns hineinziehen, ist es möglich, für ihn Sympathie zu empfinden, obwohl wir seine Erfahrung nicht nachvollziehen können. Könnten wir uns von dessen Erfahrungen gar keine Vorstellung machen, lägen sie völlig außerhalb unseres eigenen Erfahrungshorizontes, so wäre ein Gefühl der Sympathie ihm gegenüber nicht möglich. Hier haben wir Smiths methodisches Prinzip, dem wir noch öfter begegnen werden, in aller Klarheit vor uns: Die negativen Auswirkungen der Selbstliebe werden mit Hilfe einer Selbsttäuschung durch eben diese Selbstliebe bekämpft.

In bezug auf sein Sympathie-Konzept läßt Smith diese Interpretation allerdings nicht gelten. Sie muß ihm selbst öfter vorgehalten worden sein, denn am Schluß der *Theory* schreibt er ausdrücklich: „Sympathy, however, cannot, an any sense, be regarded as a selfish principle. When I sympathize with your sorrow or your indignation, it may be pretended, indeed, that my emotion is founded in self-love, because it arises from bringing your case home to myself, from putting myself in your situation, and thence conceiving what I should feel in the like circumstance. But though sympathy is very properly said to arise from an imaginary change of situations with the person principally concerned, yet this imaginary change *is not supposed to happen to me in my own person and character, but in that of the person with whom I sympathize**... My grief, therefore, is in the least selfish.“ (I, 562 f.) Es begegnet uns hier der relativ seltene Fall, daß sich ein Autor selber falsch interpretiert. Über die Gründe kann man nur spekulieren; vielleicht wollte Smith vermeiden, mit Englands Antichrist des 18. Jahrhunderts, Bernard Mandeville, in einen Topf geworfen zu werden. Jedenfalls ist seine Einlassung mit seinen eigenen Voraussetzungen nicht vereinbar. Wenn Smith darauf besteht, sein Sympathie-Konzept beruhe nicht auf der Selbstliebe, da ja der Sympathisant praktisch sich selbst verlasse und die Person, mit der er sympathisiert, übernehme, so bedeutet das, daß man eine Erfahrung von den Gefühlen des anderen gewinnt, man dessen Erfahrung erfährt. Aber gerade weil dies nicht möglich ist, kon-

[26] Man kann daher nicht, wie Viner es tut (vgl. S. 77), einen Bruch zwischen der „Theory“ und der „Inquiry“ behaupten, weil angeblich die „Theory“ auf Wohlwollen und Sympathie aufgebaut sei, wovon man in der Inquiry nicht mehr viel spüre. Es werden vielmehr beide Werke auf die Selbstliebe gegründet.

struiert Smith ja sein eigentümliches System. Die entscheidende Stelle sei wegen ihrer Bedeutung nochmals im Zusammenhang zitiert: „As we have no immediate experience of what other men feel, we can form no idea of the manner in which they are affected, but by conceiving what we ourselves should feel in the like situation. Though our brother is upon the rack, as long as we ourselves are at our ease, *our senses* will never inform us what he suffers. They never did, and *never* can, *carry us beyond our own person**. . ." (I, 2) Wir können uns eben nicht in „the person with whom (we) sympathize" hineinversetzen, weil unsere Sinne, die allein über Sympathie oder Antisympathie entscheiden (vgl. I, 569), immer nur auf unsere Person bezogen bleiben, egozentrisch sind. Mithin kann auch unsere Sympathie für andere nur erregt werden, wenn diese, auf spekulative Weise, Bestandteil unseres Selbst werden. Und nur insoweit, als die Situation des anderen unsere Situation wird, können wir für ihn Sympathie empfinden.

Die Sympathie ist die Kraft, die aus einer Ansammlung monadischer Existenzen eine Gesellschaft formt. Sie ist jedoch „only a necessary psychological basis without which no moral feelings could develop"[27]. Sie allein reicht noch nicht hin, die Moral zu begründen, denn sie bezeichnet vorerst nur ganz allgemein „our fellow-feeling with any passion whatever" (I, 5), d. h., um im Bild zu bleiben, wir können sowohl mit den Schmerzen des Gefolterten mitleiden als auch mit den sadistischen Gefühlen des Folterknechts sympathisieren. Es muß also noch etwas hinzukommen, damit moralisches Verhalten möglich wird. „When we are always so much more deeply affected by whatever concerns ourselves, than by whatever concerns other men; what is it which prompts the generous, upon all occasions, and the mean upon many, to sacrifice their own interests to the greater interests of others? It is not the soft power of humanity, it is not that feeble spark of benevolence which Nature has lighted up in the human heart, that is thus capable of counteracting the strongest impulses of self-love. It is a stronger power, a more forcible motive, which exerts itself upon such occasions. It is reason, principle, conscience, the inhabitant of the breast, the man within, the great judge and arbiter of our conduct . . . It is from him *only** that we learn the real littleness of ourselves, and the natural misrepresentations of self-love can be corrected *only** by the eye of this impartial spectator." (I, 230 f.) Man fragt natürlich sofort, warum die Menschen überhaupt auf das Urteil eines unparteiischen Beobachters hören, wenn doch dessen wesentliche Funktion darin besteht, ihre Selbstliebe zu verletzen. Smiths Antwort darauf macht erneut sein methodisches Prinzip deutlich. Nicht Einsicht in die Notwendigkeit gesellschaftlicher Ordnung, sondern das Bedürfnis, von den anderen Men-

[27] *A. L. Macfie*, S. 89.

schen geliebt zu werden, läßt uns tugendhaft handeln. Wir verlangen leidenschaftlich nach Sympathie (vgl. I, 26 f.), und unser Glück besteht zum größten Teil in dem Bewußtsein, geliebt zu werden (vgl. I, 64). Unsere Selbstliebe veranlaßt uns dazu, uns so zu verhalten, daß unsere Umwelt, deren Repräsentant der unparteiische Beobachter ist, daran keinen Anstoß nimmt (vgl. I, 140 f.). Hier liegt der Maßstab für tugendhaftes Verhalten. „That precise and distinct measure can be found no where but in the sympathetic feelings of the impartial and well-informed spectator." (I, 518)

Woher aber bezieht der Beobachter wiederum seine Kriterien dafür, ob er die Handlungen eines anderen Menschen mit Beifall bedenkt oder nicht? Adam Smith nimmt zur Erläuterung das beliebte Robinson-Modell zur Hilfe. „Were it possible", sagt er, „that a human creature could grow up to manhood in some solitary place, without any communication with his own species, he could no more think of his own character, of the propriety or demerit of his own sentiments and conduct, of the beauty or deformity of his own mind, than of the beauty or deformity of his own face. All these are objects which he cannot easily see, which naturally he does not look at, and with regard to which he is provided with no mirror which can present them to his view. Bring him into society, and he is immediately provided with the mirror which he wanted before. It is placed in the countenance and behaviour of those he lives with, which always mark when they enter into, and when they disapprove of his sentiments; and it is here that he first views the propriety and impropriety of his passions, the beauty and deformity of his own mind." (I, 190) Die Gesellschaft ist der Spiegel, der uns unfehlbar anzeigt, ob wir tugendhaft handeln. So, wie es unsere Selbstliebe nicht dulden kann, daß unsere Mitmenschen die ihre auf unsere Kosten ausleben, so wenig dulden jene, daß wir den asozialen Neigungen unserer Egozentrik Raum geben. Da wir zudem leidenschaftlich wünschen, von unserer Umwelt geliebt zu werden, diese uns aber nur liebt, wenn wir uns entsprechend der von ihr aufgestellten Regeln verhalten, werden wir um so eher bereit sein, diese Regeln zu verinnerlichen, ein Gewissen aufzubauen, das den gesellschaftlichen Normen entspricht[28], je stärker unsere Selbstliebe ausgeprägt ist. Der unparteiische Beobachter repräsentiert in uns die Gesellschaft. Er gibt

[28] *L. Schneider* weist sehr zu Recht auf die enge Verwandschaft hin, die zwischen Smiths „impartial spectator" und Freuds „Über-Ich" besteht (vgl. *ders.* (ed.), The Scottish Moralists on Human Nature and Society. Chicago/London 1967, S. XXVII). Eine hervorragende Analyse der Freudschen Gewissens-Konzeption, aus der die Übereinstimmung prägnant hervorgeht, findet sich bei *H. Herwig*, Wahrheit und Gewissen. Zur Problematik des Gewissens in der Psychoanalyse. In: Politische Studien 24 (1973) 210, bes. S. 342 f. („Das ‚Gewissen' ist das ‚unbewußte Bewußtsein' eines Egomanen, der mit den Mitteln der Egomanie gegen seine Egomanie kämpft." S. 343.)

uns den Maßstab, an dem wir unser eigenes Handeln messen können. „This is the *only** looking-glass by which we can, in some measure, with the eyes of other people, scrutinize the propriety of our own conduct. If in this view it pleases us, we are tolerably satisfied." (I, 192) Zwar weiß Smith sehr wohl, daß dieser Maßstab nicht notwendig mit wahrer Gerechtigkeit identisch sein muß. Die Gesellschaft könnte korrupt sein oder der einzelne gerecht scheinen, ohne es zu sein. Er sagt daher ausdrücklich, daß der Mensch von Natur nicht nur mit einem Verlangen nach Zustimmung ausgestattet sei, sondern auch „with a desire of being what ought to be approved of ..." (I, 200). Jetzt müßte er freilich erklären, was dieses „ought" bedeutet, woher es Autorität bezieht und wie es sich konkretisiert. Das ist aber im Rahmen eines rein gesellschaftlichen Systems nicht möglich. Daher wird auch der Satz wie folgt weitergeführt: „... or of being what he himself approves of in other men." Das „ought" geht im Ego gleich wieder unter. Die Gesellschaft, repräsentiert durch den „man within", bleibt das Maß. Es gibt nur *eine* Möglichkeit, dem totalen Ausgeliefertsein an die Gesellschaft zu entgehen: wenn diese sich nämlich selbst widerspricht, d. h. wenn uns der „supposed impartial spectator" gegen die „real spectators" Recht gibt (vgl. I, 192 f.). Daran aber, daß der Maßstab in jedem Fall gesellschaftlich ist, ändert sich nichts.

Halten wir hier einen Moment inne und fassen kurz zusammen: Aus den beiden Grundannahmen über die menschliche Natur, der Selbstliebe und der natürlichen Sozialität, die, bleiben sie unvermittelt, miteinander in Konflikt liegen, ergibt sich die Notwendigkeit der Moral. Die den Menschen unmittelbar bewegenden Prinzipien sind seine Leidenschaften. Ein System der Moral muß sich daher auf sie stützen. Die stärkste Leidenschaft ist die Selbstliebe. Ihr ist daher auch am ehesten zuzutrauen, den Menschen zu tugendhaftem Verhalten anzuhalten. Diesen Gedanken führt Smith mit äußerster Konsequenz aus. Nicht nur, daß die Selbstliebe es uns überhaupt erst ermöglicht, auf dem Wege einer spekulativen Ausweitung des Selbst die Egozentrik unserer Sinne zu überwinden und ein soziales Band zu knüpfen, sie führt auch dazu, ein Gewissen zu entwickeln, das die gesellschaftlichen Normen ständig in uns präsent hält und ihnen Anerkennung verschafft. Man könnte Smiths Theorie der bürgerlichen Gesellschaft mit einigem Recht die vollkommene Explikation und Rechtfertigung der auf den *amor sui* gegründeten *civitas terrena* nennen, die Augustinus der Gemeinschaft der Christen (*civitas Dei*) gegenüberstellte. Was dort noch Gegenbild war, wird hier zum Modellfall gesellschaftlicher Ordnung.

Insofern die „sentiments of moral approbation and disapprobation are founded on the strongest and most vigorous passions of human nature" (I, 347), sind auch die Kriterien für Recht und Unrecht „natürliche" Prinzipien (vgl. I, 348). Der Begriff „Natur" hat im Kontext Smithschen Denkens nichts mit dem Naturbegriff zu tun, den wir bei der Erläuterung unserer anthropologischen Kriterien verwendet haben. Er entstammt vielmehr der modernen Naturrechtslehre[29], die in bewußter Gegenposition zum scholastischen Naturrecht entwickelt wurde. Der Naturbegriff hat hier vor allem die Funktion eines Gegenbegriffs zu allem „Metaphysischen". In der Scholastik ist die Erfahrung des Partizipierens am göttlichen Logos noch lebendig und man betrachtet den Menschen als von ihr her geordnet. Die Triebnatur ist der Vernunftnatur eindeutig untergeordnet[30]. Die antischolastischen Lehren hingegen verschütten diesen Erfahrungshintergrund und kehren die Hierarchie der Seinsverfassung um bzw. ignorieren den Bereich der Teilhabe am Göttlichen. „Beruhte die Dignität des scholastischen Naturrechts auf seiner Wesensgleichheit mit der göttlichen Vernunft (denn die *lex aeterna* ist nichts anderes als die *ratio divina*), so sind in den modernen Naturrechtstheorien die im Menschen angelegten naturrechtlichen Prinzipien nicht mehr, durch die *lex aeterna* vermittelt, ein Stück der göttlichen Vernunft. Der Mensch, der nach den ersten Grundsätzen der natürlichen Gerechtigkeit forscht, weiß sich nicht länger mit seiner Vernunft- und Triebnatur in die von der *lex aeterna* strukturierte Schöpfungsordnung eingegliedert, in der jede Kreatur nach Vollendung in Gott strebt. Der einzelne ist vielmehr auf sich selbst, das heißt seine Vernunft, seine Triebe und seine natürlichen Fähigkeiten verwiesen; er wird nunmehr nicht als Teil des göttlichen Universums, in dem die *lex aeterna* jeder Kreatur Platz und Wirkweise zuschreibt, in Betracht gezogen, sondern als mehr oder weniger isoliertes Individuum[31]." Durch die Aufgabe der *lex-aeterna-Lehre* wird das Band zwischen Mensch und Gott zerschnitten[32], die Seinsbewegung zwischen den Polen der existentiellen Spannung unterbrochen. Der Verlust der Teilhabe am göttlichen

---

[29] Vgl. zum Naturrecht allg. *J. Sauter,* Die philosophischen Grundlagen des Naturrechts. Wien 1932; *E. Cassirer,* Vom Wesen und Werden des Naturrechts. In: Zeitschrift für Rechtsphilosophie in Lehre und Praxis 6 (1932/34); *F. Flückinger,* Geschichte des Naturrechts. Bd. I. Zürich 1954; *L. Strauß,* Naturrecht und Geschichte. Stuttgart 1956; *W. Maihofer* (Hrsg.), Naturrecht oder Rechtspositivismus? Darmstadt 1962; *A. Kaufmann,* Die ontologische Begründung des Rechts. Darmstadt 1965; *A. Verdross,* Statisches und dynamisches Naturrecht. Freiburg 1971.

[30] „Soweit die Leidenschaften außerhalb der Vernunftordnung sind, machen sie zur Sünde geneigt. Soweit sie dagegen von der Vernunft geordnet sind, gehören sie zur Tugend." *Thomas v. Aquin,* Summa theologica, I—II, 24, 2.

[31] *W. Euchner,* Naturrecht und Politik bei John Locke. Frankfurt am Main 1969, S. 17. Von hier bis zum autonomen Vernunftrecht Kantscher Prägung ist, wie Euchner richtig bemerkt (ebd., S. 18), nur noch ein kleiner Schritt.

[32] Der, auch von Smith vertretene, Deismus kann nur als eine spezifische Abart des Atheismus betrachtet werden.

Logos beraubt den Menschen des Ordnungszentrums seiner Existenz. Er ist gleichbedeutend mit dem Verlust der Einsicht in die Quelle und die Kriterien gerechter Ordnung[33]. Diese können jetzt nur noch in der „Immanenz“ gesucht werden, d. h. in der „Natur“. Das Ergebnis ist die Umkehrung der Seinshierarchie, das Leibfundament dominiert den geistig-seelischen Bereich[34] und avanciert, indem die Leidenschaften zum begründenden Prinzip der Ordnung von Mensch und Gesellschaft werden[35], zur Quelle eben dieser „Ordnung“. Aus ihr sprudelt jedoch nicht nur der „Reichtum der Nationen“, sie ist gleichzeitig auch die eigentliche Quelle der Störungserscheinungen der modernen Gesellschaft.

---

[33] Vgl. zu diesem Problem die Analyse der — hinsichtlich der transzendenten Dimension — „offenen“ bzw. „geschlossenen“ Seele und der entsprechenden Gesellschaft bei *H. Bergson*, Die beiden Quellen der Moral und der Religion. In: ders., Materie und Gedächtnis und andere Schriften. Frankfurt 1964. Der geschlossenen Seele bzw. Gesellschaft korrespondiert nach Bergson die soziale Moral, die aus den historisch-konkreten Bedingungen der jeweiligen Gesellschaft abgeleitet ist und ihrer Überlebens- und Funktionsfähigkeit dient; sie ist also von ihrer „Quelle“ her relativ, exklusiv (gegenüber Menschen anderer Gesellschaften), wandelbar etc. Für die geschlossene Seele, die nicht imstande ist, diese Sphäre zu transzendieren, gilt sie jedoch als absolut, womit prinzipiell die Tendenz der sozialen Moral gegeben ist, repressiv zu werden. Nur die offene Seele kann die scheinbar absoluten Schranken der sozialen Moral durchbrechen und von der Erfahrung eines transzendenten Maßes her balancieren und relativieren. Der totalitäre Anspruch der sozialen Moral in den modernen Massenbewegungen unterstreicht Bergsons Analyse.

[34] Jedes aktivistische System beruht auf dieser Umkehrung bzw. diese Umkehrung führt zur Betonung einer aktivistischen Haltung. Auch Smith macht da keine Ausnahme: „The most sublime speculation of the contemplative philosopher can scarce compensate the neglect of the smallest active duty.“ (I, 417)

[35] Aus diesem Grund kann Smith bei seiner Analyse der menschlichen Natur auch nur psychologisch vorgehen. *H. Jonas* bemerkt dazu aber, „daß die psychologische Motivation immer schon auf dem Grunde eines elementaren und jeweils vorentschiedenen Seinsverhältnisses ins Spiel tritt, das selber nicht vom Psychologischen allein ausgemacht wird, sondern sein eigenes ‚transzendentales‘ Moment enthält. Dieses, jedoch als *geschichtliches*, nicht als zeitloses verstanden, liegt grundsätzlich ‚vor‘ dem Psychologischen überhaupt ( ) und verwandelt es fortlaufend in *seine* Wahrheit. Innerhalb seiner Sinn-Möglichkeiten, die eine vorempirische Entscheidung des Daseins umschließen, wirken alle psychologischen, soziologischen und auch naturalen Kausalitäten. Welche Konsequenzen aus Erfahrungen gezogen, ja welche Erfahrungen überhaupt ‚gemacht‘ werden, wird von hier aus entschieden. So kann die psychologische Motivation, wie die Umstände sie bewirken, wohl Gestimmtheit und Tendenz, Stoff und Reiz liefern, aber nicht aus sich eine ‚Ontologie‘, d. h. das sachhaltige Apriori einer ganzen Seinskonstitution, begründen ...“. Gnosis und spätantiker Geist. Erster Teil. Göttingen [3]1964, S. 60. Auch bei Smith ist über die Seinsverfassung bereits vor der Analyse entschieden. Auf der Basis seiner apriorischen Konstruktion bleibt ihm dann nur noch die Frage nach den Motiven des Handelns, ein methodisches Vorgehen, das in der einen oder anderen Form immer bei einer Spielart des Utilitarismus enden muß.

Adam Smith steht in dieser Tradition der modernen Naturrechtslehre. Der Mensch ist für ihn nicht länger *imago Dei,* sondern ein natürliches Wesen („All men, like all other animals, ... II, i, 227) und damit den natürlichen Gesetzen unterworfen. Er kommt nicht kraft seiner *participatio* am Logos zur Wahrheit seiner Existenz, sondern, getreu der Anweisung Bacons, dessen methodischer Konzeption Smith folgt, indem er seinen natürlichen Trieben nachgibt[36]. Die Natur gibt dem Menschen die Ziele vor, und dadurch, daß sie seine natürlichen Triebe auf diese Ziele hin ausrichtet, werden sie in optimaler Weise erreicht. „Thus self-preservation, and the propagation of the species, are the great ends which Nature seems to have proposed in the formation of all animals. Mankind are endowed with a desire of those ends, and an aversion to the contrary; with a love of life, and a dread of dissolution ... But though we are in this manner endowed with a very strong desire of those ends, it has not been intrusted to the slow and uncertain determinations of our reason, to find out the proper means of bringing them about. Nature has directed us to the greater part of these by original and immediate instincts. Hunger, thirst, the passion which unites the two sexes, the love of pleasure, and the dread of pain, prompt us to apply those means for their own sakes, and without any consideration of their tendency to those beneficent ends which the great Director of nature intended to produce by them." (I, 129) Da der Mensch ein ausschließlich natürliches Wesen ist, kann die Erreichung der Ziele, die die Natur mit ihm verfolgt, auch nicht seinen geistigen Fähigkeiten anvertraut werden, zumal Vernunft und Natur einander widersprechen können (vgl. I, 86). Selbst dort, wo der Mensch Ungerechtigkeiten (!) der Natur korrigiert, weil seine Leidenschaften dagegen rebellieren, daß der fleißige Schurke von der Natur noch belohnt wird (vgl. I, 287 f.), handelt er aufgrund seiner ihm von ihr vermittelten Wertordnung. Aber auch wenn Mensch und Natur manchmal unterschiedlichen Regeln folgen, so sind diese Regeln doch immer auf ein einheitliches Ziel ausgerichtet: sie sind „... calculated to promote the same great end, the order of the world, and the perfection and happiness of human nature." (I, 288) Angesichts der Zustände in der Welt fällt es freilich schwer zu glauben, daß dies das große Ziel der Natur sein sollte. Diesen Zweifel, der gleichzeitig ein Zweifel an Sinn und Schlüssigkeit seines theoretischen Gebäudes ist, versucht Smith mit einem Gedanken zu zerstreuen, der später zur Grundlage der Hegelschen Geschichtsspekulation wird: „As all the events in this world were conducted by the providence of a wise, powerful, and good God, we might be assured that whatever happened tended to the prosperity and perfection of the whole." (I, 485) Wie

---

[36] Vgl. *F. Bacon,* Novum Organon, I, 3; vgl. auch *A. Skinner,* S. 15 und *T. D. Campbell,* S. 66.

schon vor ihm Descartes, so kann auch Smith genau dann, wenn es um das begründete Prinzip seines Denkens überhaupt geht, auf den göttlichen Seinsgrund als Quelle von Sinnhaftigkeit und Vernunft nicht verzichten. Diese Inkonsequenz, die Leidenschaften an diesem Punkt aus ihrer sonstigen All-Zuständigkeit zu entlassen, hat nichts mit denkerischer Unzulänglichkeit zu tun, im Gegenteil. Jedes System, das seine Prinzipien aus dem Leibfundament ableitet, muß irgendwo, wenn es konsequent durchdacht wird, den Punkt berühren, wo es, allein schon aus erkenntnistheoretischen Gründen, der Vernunft als Stütze bedarf.

Die Natur bedient sich der Leidenschaften als der ihr gemäßen Instrumente, um das menschliche Glück zu befördern. Zwangsläufig wird der Inhalt dieses Glücks, wird das Ziel der Existenz aus der Triebnatur abgeleitet. Das bedeutet in negativer Formulierung, daß der Tod als das größte Übel zu fürchten ist (vgl. I, 10, 141). Positiv betrachtet heißt das Ziel des menschlichen Lebens — von der grundsätzlichen Bedingung der Selbsterhaltung abgesehen — „bettering our condition" (vgl. I, 81), d. h. Erwerb von Reichtum[37]. Der Reichtum verschafft dem Menschen alle jene Annehmlichkeiten, auf die sich seine Begierden richten. „To be observed, to be attended to, to be taken notice of with sympathy, complacency, and approbation, are all the advantages which we can propose to derive from it." (I, 81 f.) Daher ist die Jagd nach Reichtum völlig legitim, und die Pleonexie, die Habsucht, die, wo sie vorherrscht, konkret immer die Sucht bedeutet, mehr zu haben als die anderen, wird zur Hauptantriebskraft für Mensch und Gesellschaft. „In the race for wealth, and honours, and preferments, he may run as hard as he can, and strain every nerve and every muscle, in order to outstrip all his competitors." (I, 141) Zwar darf man in diesem Rennen die Regeln des „fair play" nicht verletzen, da andernfalls die „spectators" nicht länger geduldig zusehen, sondern Sanktionen verhängen werden (vgl. ebd.), doch kann man in einer solchen Gesellschaft vom Inhalt dessen, was als „fair" angesehen wird, kaum sehr mäßigende Einflüsse erwarten. Schließlich ist in den meisten Fällen der Weg zum Reichtum ohnehin nahezu identisch mit dem Pfad der Tugend. „In the middling and inferior stations of life, the road to virtue and that to fortune, to such fortune, at least, as men in such stations can reasonably except to acquire, are, happily, in most cases, very nearly the same." (I, 101) Nur für den, der zu hoch hinaus will, führen die beiden Wege selten in die gleiche Richtung (vgl. I, 104). Er ist in besonderem Maße das Opfer seiner Eitelkeit, die ihn auf die falsche Fährte lockt; denn, bei Licht betrachtet, ist der Reichtum gar nicht so viel wert: der Reiche kann die notwendi-

---

[37] Daher kann Smith auch von „quantity of happiness" (I, 413) reden, als sei Glück eine Frage von Maß und Zahl und nicht ein, wenn überhaupt, nur qualitativ zu bewertender Zustand.

gen natürlichen Bedürfnisse in der Regel nicht besser befriedigen als der Arme, oft ist es sogar umgekehrt (vgl. I, 81). „If we consider the real satisfaction which all these things are capable of affording, by itself and separated from the beauty of that arrangement which is fitted to promote it, it will always appear in the highest degree contemptible and trifling." (I, 316 f.) Aber die Menschen sehen das meist mit anderen Augen, nicht in „this abstract and philosophical light. We naturally confound it in our imagination with the order, the regular and harmonious movement of the system, the machine or oeconomy by means of which it is produced. The pleasures of wealth and greatness, when considered in this complex view, strike the imagination as something grand and beautiful and noble, of which the attainment is well worth all the toil and anxiety which we are so apt to bestow upon it." (I, 317)

Hier nun schließt sich die für das Verständnis von Smiths Denken entscheidende Passage an. Obwohl Smith sehr genau weiß, daß die Anhäufung von Gütern eigentlich nur ein Scheinziel ist, besteht er darauf, daß die Natur es richtig eingerichtet hat, wenn sie dem Menschen dieses Scheinziel als Quelle seines Glücks vorgaukelt. Nur so kann nämlich sichergestellt werden, daß auch die Menschen wie alle anderen natürlichen Wesen dem Naturgesetz gehorchen, das ihnen als oberstes Gebot die Vermehrung ihrer Art vorschreibt (vgl. z. B. I, 129). Wegen ihrer Bedeutung sei die Stelle in vollem Wortlaut zitiert: „And it is well that nature imposes upon us in this manner. It is this deception which rouses and keeps in continual motion the industry of mankind. It is this which first prompted them to cultivate the ground, to build houses, to found cities and commonwealths, and to invent and improve all the sciences and arts, which enable and embellish human life; which have entirely changed the whole face of the globe, have turned the rude forests of nature into agreeable and fertile plains, and made the trackless and barren ocean a new fund of subsistence, and the great high road of communication to the different nations of the earth. The earth by these labours of mankind has been obliged to redouble her natural fertility, and to maintain a greater multitude of inhabitants. It is to no purpose, that the proud and unfeeling landlord views his extensive fields, and without a thought for the wants of his brethren, in imagination consumes himself the whole harvest that grows upon them. The homely and vulgar proverb, that the eye is larger than the belly, never was more fully verified than with regard to him. The capacity of his stomach bears no proportion to the immensity of his desires, and will receive no more than that of the meanest peasant. The rest he is obliged to distribute among those, who prepare, in the nicest manner, that little which he himself makes use of, among those who fit up the palace in which this little is to be consumed, among those who provide and keep in order all the different baubles and trinkets, which are employed in the oeconomy of the greatness; all of whom thus derive from his luxury and caprice, that share of the necessaries of life, which they in vain would have expected from his humanity or justice. The produce of the soil maintains at all times nearly that number of inhabitants which it is capable of maintaining. The rich only select from the heap what is most precious and agreeable. They consume little more than the poor, and in spite of their natural selfishness and rapacity, though they mean only their own conveniency, though the sole end which they propose from the labours of all the thousands whom they employ, be the gratification of their own vain and insatiable desires, they divide with the poor the produce of all their improvements. They are led by an invisible hand to make nearly the same distribution of the necessaries of life, which would have been made, had the earth been divided into equal portions among all its inhabitants, and thus without intending it, without knowing it, advance the interest of society, and afford means to the multiplication of the species." (I, 317 ff.) Smith übernimmt als Prämisse seines Denkens die merkantilistische Auffassung, daß der Reichtum eines Landes in der Größe seiner Bevölkerung besteht (vgl. II, i, 106)[38]. Würden die Menschen von ihrer Vernunft geleitet und nicht von ihren Trieben, so würden sie sehr schnell erkennen, daß die Jagd nach dem Reichtum den Aufwand gar nicht lohnt, da sie zum größten Teil doch nur für andere arbeiten, und selbstsüchtig, wie sie nun einmal sind, würden sie sich ganz anderen Dingen zuwenden. Die Vorsehung hat daher ganz recht daran getan, die Menschen durch eine „unsichtbare Hand" zu ihren für die Menschen selbst unbekannten Zielen gelangen zu lassen[39]; denn kennten die Menschen diese Ziele, so würde sie ihr Egoismus mit der Natur in Konflikt bringen. Diesen Konflikt gilt es

[38] „It was a common maxim of eighteenth-century mercantilism that people are the riches of the nation. By ‚people' was meant the working poor, and by ‚riches' the national wealth to which they contributed by their labour without receiving any considerable dividend in return. The more labourers there were in a nation, the more products manufactured; the more products, the greater the trade and the higher the profits. But a flourishing trade and large profits depended on the ability of the manufacturers to keep their costs as low as possible. The mercantilists envisioned, therefore, a dense population of labourers who would be fully employed, but employed at the lowest possible wages so that their products could be offered at a competitive price on the foreign market." *Ph. Hart*, Introduction zu *B. Mandeville*, The Fable of the Bees. Pelican Books 1970, S. 37. Die ökonomischen Lehren des Merkantilismus hat Smith freilich heftig bekämpft.

[39] Die Ähnlichkeit von Smiths Konzept der „invisible hand" mit Platons Bild vom Menschen als einer Drahtpuppe in der Hand der Götter (vgl. Nomoi, 644 d—645 c) ist augenfällig, allerdings auch nur vordergründig. Denn wenn der Mensch auch bei Platon von den eisernen Schnüren, d. h. den Gefühlen, hin- und hergezogen wird, so hängt er doch zugleich an einer goldenen Schnur, seiner Vernunft, deren Zug nachgebend er allein tugendhaft zu handeln vermag.

jedoch unter allen Umständen zu vermeiden — der Mensch hätte in ihm keine Siegeschance. Das Ziel des neuzeitlichen Menschen, die Natur zu beherrschen und damit, als natürliches Wesen, autonom zu werden, läßt sich nur erreichen, wenn man der Natur nachgibt, und das erfordert den Verzicht auf die Vernunft[40].

Vor uns entsteht das Bild einer Gesellschaft, die ihr Wohlergehen und ihr harmonisches Zusammenstimmen der Pleonexie ihrer Bürger verdankt. Deren Funktion in der Gesellschaft ist vergleichbar mit der Funktion des Räderwerks einer Uhr. „The wheels of the watch are all admirably adjusted to the end for which it was made, the pointing of the hour. All their various motions conspire in the nicest manner to produce this effect. If they were endowed with a desire and intention to produce it, they could not do it better. Yet we never ascribe any such desire or intention to them, but to the watch-maker, and we know that they are put into motion by a spring, which intends the effect it produces as little as they do." (I, 148) Die arbeitsteilige Gesellschaft spiegelt das Bild einer riesigen Maschine wider, deren Räder durch die Leidenschaften angetrieben und durch das Schmiermittel „Tugend" vor dem Heißlaufen bewahrt werden.

Die Gesellschaft baut sich vollkommen auf der natürlichen Sozialität des Menschen auf. Es ist daher kein Wunder, daß in ihrem Rahmen das Problem von Politik und Gerechtigkeit nicht auftritt. Cropsey weist zu Recht darauf hin, daß „to claim ... that man is by nature a social animal is by no means to claim equally that he is a political animal"[41]. Die Notwendigkeit, durch politisches Handeln jeweils zur Aktualisierung seiner Natur zu kommen, kann da nicht entstehen, wo der Mensch praktisch gar keinen Freiraum für Entscheidungen hat, weil sein Verhalten durch seine Triebstruktur determiniert ist. Erst wenn einige die Grundsätze der gesellschaftlichen Moral mißachten, wenn sie „der Infamie die Hände schütteln" (vgl. I, 193), entsteht das Problem, durch politisches Handeln für Gerechtigkeit zu sorgen. „Society ... cannot subsist among those who are at all times ready to hurt and injure one another ... If there is any society among robbers and murderers, they must at least, according to the trite observation, abstain from robbing and murdering one another. Beneficence, therefore, is less essential to the existence of society than justice. Society may subsist, though not in the most com-

---

[40] „Reason" hat bei Smith immer nur instrumentellen Charakter: „... it is altogether absurd and unintelligible to suppose that the first perceptions of right or wrong can be derived from reason ... Reason may show that this object is the means of obtaining some other which is naturally either agreeable or disagreeable for the sake of something else. But nothing can be agreeable or disagreeable for its own sake, which is not rendered such by immediate sense and feeling." (I, 568 f.)

[41] *Adam Smith,* S. 553.

fortable state, without beneficence; but the prevalence of injustice must utterly destroy it." (I, 146) Gerechtigkeit ist eine rein negativ verstandene Tugend (vgl. I, 137), die den Bürger davor schützen soll, bei seiner Jagd nach Reichtum behindert zu werden. „The most sacred laws of justice, therefore, those whose violation seems to call loudest for vengeance and punishment, are the laws which guard the life and person of our neighbour; the next are those which guard his property and possessions; and last of all come those which guard what are called his personal rights, or what is due to him from the promises of others." (I, 142) Gerechtigkeit ist identisch mit dem positiven Recht, das der Verstand aufgrund unmittelbarer Gefühle in der Form von Rechtssätzen entwickelt hat (vgl. I, 568). Diesem positiven Recht in der Gesellschaft gegen Rechtsbrecher Geltung zu verschaffen, ist die Aufgabe der Politik.

Hobbes und Locke hatten zwischen Naturzustand und Gesellschaftszustand unterschieden. Smith und, in seinem Gefolge, die liberalistische Ökonomie machen daraus eine Unterscheidung von Gesellschaft und Staat: „Die Konfrontation der spontanen Kräfte gesellschaftlicher Kohäsion und Selbstregulierung mit den formellen Zwangsmitteln einer repressiven Regierungsgewalt antizipiert einen Begriff von Gesellschaft der, als lebendige Totalität gefaßt, den Staat nur als ein abgespaltenes Moment, ein verselbständigtes Partikulares gelten läßt[42]." Für den Bürger besteht keine Notwendigkeit zu politischem Handeln, es würde ihn im Gegenteil bei dem Versuch, das Ziel seiner Existenz zu erreichen, nur behindern. Politik ist ausschließlich eine Sache der Regierung, die ihrerseits keine positive Rolle bei der Artikulierung der gesellschaftlichen Ziele spielt — diese stehen ja schon fest[43] —, sondern nur die Sicherungsfunktion übernimmt, damit die Bürger ihre Pleonexie ausleben können.

Der Angelpunkt der Theorie Smiths ist die Gesellschaft, nicht das Individuum und auch nicht die politische Gemeinschaft. Die *Theory of Moral Sentiments* gibt eine systematische Darstellung der Bewegungsprinzipien, des Aufbaus und der Ziele der Gesellschaft. Danach ist diese

[42] *J. Habermas,* Theorie, S. 65. Wenn die Gesellschaft eine Assoziation natürlicher Wesen ist, die sich naturwüchsig entfaltet, so ist verständlich, warum Marx auf der Grundlage einer materialistischen Philosophie und der Betonung des Gattungscharakters des Menschen den „Staat" abschaffen will, während der Idealismus sich gerade vom „Staat" die Aktualiierung der menschlichen Existenz erwartet. Auf jeden Fall muß eine theoretische Behandlung des Problems der Unterscheidung zwischen „Staat" und „Gesellschaft" vom Gesellschaftsbegriff der bürgerlichen Ökonomie ihren Ausgang nehmen.

[43] Sowohl die Notwendigkeit von Gesellschaft als auch deren Ziele werden aus der Triebstruktur des Menschen abgeleitet. Letztere ist quasi „vorgesellschaftlich" und damit konstant und so sind es auch die Ziele. Vgl. dazu auch *A. Skinner,* S. 28.

die natürliche Vereinigung natürlicher Wesen der Gattung Mensch. Ein natürliches Wesen ist der Mensch, insofern die letzten Bestimmungsgründe seines Handelns in den natürlichen Leidenschaften und Trieben zu suchen sind. Und indem er seine Natur aktualisiert, seinen natürlichen Trieben gehorcht, trägt er optimal dazu bei, daß die Gesellschaft ihr von der Natur diktiertes Ziel erreicht, nämlich die Erhaltung und Vermehrung der Gattung. Das bedeutet konkret, daß er das Ziel seiner Existenz im Erwerb von Reichtum findet, denn die Größe der Bevölkerung ist abhängig von der Höhe des Sozialprodukts, das unter den gegebenen Bedingungen dann ein Maximum wird, wenn der Mensch seinen stärksten natürlichen Trieb, die Selbstliebe bzw. das Verlangen, seine Verhältnisse zu verbessern, möglichst ungehindert ausleben kann. Da der Mensch jedoch im Unterschied zu allen anderen Lebewesen seine Natur nicht automatisch verwirklicht, besteht für den Theoretiker die Notwendigkeit, die Bedingungen anzugeben, unter denen eine Aktualisierung möglich ist. In der *Inquiry into the Nature and Causes of the Wealth of Nations* hat Smith dieser Notwendigkeit Rechnung getragen. Wenn Smiths Theorie der Gesellschaft als einer zum Zweck der gemeinsamen Jagd nach Reichtum bestehenden menschlichen Vereinigung das Bild der bürgerlichen Gesellschaft zutreffend wiedergibt, und wenn die *Inquiry* der Nationalökonomie Grundlage und Struktur gegeben hat, dann ist die Nationalökonomie die Politische Wissenschaft der bürgerlichen Gesellschaft. Sie hat freilich nichts mit der aristotelischen *phronesis* gemein, dazu fehlen ihr die anthropologischen Voraussetzungen, aber sie genügt formal vollkommen unserer Bestimmung, daß die *episteme politike* ein Wissen der Bedingungen ist, unter denen der Mensch im Handeln zur Wahrheit seiner Existenz gelangen kann. Die Nationalökonomie gibt die Bedingungen an, unter denen der auf seine Triebe zurückgeworfene Mensch *seine* Wahrheit, die Pleonexie, zur Wirklichkeit bringt.

Die natürliche Ordnung der Dinge ist die beste Ordnung. Das gilt auch für die menschliche Gemeinschaft. In bezug auf diese bedeutet für Smith „natürlich": „... the humanly unhindered or unobstructed, and this more amply means what is not confounded by the misplaced interventions of human reason: letting nature take its course, letting men do as they are instinctively prompted to do so ...[44]" Freiheit (*liberty*) heißt demgemäß ein Zustand, der den Menschen erlaubt, ihre natürlichen Leidenschaften ungehindert zu entfalten. In der *Theory* hatte Smith gezeigt, daß diese Freiheit keineswegs zu Mord und Totschlag führen muß, da die Leidenschaften sich gegenseitig in der Balance halten. In der *Inquiry* weist er nun unter Beibehaltung der Anthropologie und des methodischen Prinzips der *Theory* nach, daß das System der

[44] *J. Cropsey,* Adam Smith, S. 566.

natürlichen Freiheit (*system of liberty*) in optimaler Weise geeignet ist, das Ziel der Gesellschaft zu erreichen: ein möglichst großes Sozialprodukt.

Wie bereits gezeigt, ist auch in der *Inquiry* die Selbstliebe der Motor, der zur Arbeitsteilung und damit zu einer enormen Produktivitätssteigerung führt. Dieser Wachstumsimpuls wird noch durch eine zweite Erscheinungsform der Selbstliebe verstärkt, durch den Hang zum Sparen. Man spart, um über die Anhäufung von Vermögen seine Verhältnisse zu verbessern: „... the principle which prompts to save, is the desire of bettering our condition ... An augmentation of fortune is the means by which the greater part of men propose and wish to better their condition." (II, ii, 19 f.) Das Interesse des einzelnen, sein Vermögen zu vergrößern, geht Hand in Hand mit dem Interesse der Gesellschaft an einem möglichst hohen Sozialprodukt. Die Akkumulation von Kapital und damit das Wirtschaftswachstum hängen entscheidend davon ab, ob sich die Gesellschaft für Fleiß oder für Müßiggang entscheidet. Dieses Verhältnis ist aber selbst wiederum abhängig von der erreichten Höhe der Kapitalanhäufung. „The proportion between capital and revenue, therefore, seems every-where to regulate the proportion between industry and idleness. Wherever capital predominates, industry prevails: wherever revenue, idleness. Every increase or diminuition of capital, therefore, naturally tends to increase or diminish the real quantitiy of industry, the number of productive hands, and consequently the exchangeable value of the annual produce of the land and labour of the country, the real wealth and revenue of all its inhabitants." (II, ii, 12 f.) Nicht der Fleiß ist also die unmittelbare Ursache für die Kapitalbildung. „Capitals are increased by parsimony, and diminished by prodigality and misconduct ... Parsimony, and not industry, is the immediate cause of the increase of capital. Industry, indeed, provides the subject which parsimony accumulates. But whatever industry might acquire, if parsimony did not save and store up, the capital would never be the greater." (II, ii, 13) Die aus der Selbstliebe abgeleiteten Tugenden der Sparsamkeit und der Genügsamkeit halten die Menschen dazu an, nicht ihr gesamtes Einkommen bzw. Vermögen konsumtiv zu verwenden, sondern einen Teil davon in Form von Kapital gewinnbringend anzulegen. Nur wenn sie einen Profit erzielen, können sie ihre Vermögen vergrößern und damit ihre Verhältnis verbessern. Daher ist die Gewinnsucht der Ursprung der Kapitalansammlung (vgl. II, i, 70) und der Profit das Ziel, um dessenwillen der Kapitalist produktiv tätig wird (vgl. II, i, 396). Aber indem der Kapitalist nach einer möglichst profitablen Anlagemöglichkeit sucht, fördert er, ohne es zu wollen, das Wohlergehen der Gesellschaft. „Every individual is continually exerting himself to find out the most advantageous employment for whatever capital he can command. It ist his own advantage, indeed, and not that of the society, which he has in view. But the study of his own advantage naturally, or rather necessarily leads him to prefer that employment which is most advantageous to the society.“ (II, ii, 177 f.) Die „unsichtbare Hand“ führt auch den Kapitalisten dahin, daß er in Verfolg seiner selbstsüchtigen Interessen das gesellschaftliche Ziel optimal unterstützt. „... by directing ... industry in such a manner as its produce may be of the greatest value, he intends only his own gain, and he is in this, as in many other cases, led by an invisible hand to promote an end which was no part of his intention. Nor is it always the worse for the society that it was no part of it. By pursuing his own interest he frequently promotes that of the society more effectually than when he really intends to promote it. I have never known much good done by those who affected to trade for the public good. It is an affectation, indeed, not very common among merchants, and very few words need be employed in dissuading them from it.“ (II, ii, 181 f.) Hier wird Smiths Prinzip erneut deutlich: das Vertrauen in ein System natürlicher Triebe, eine natürliche und damit harmonische Ordnung zu gestalten und das Mißtrauen gegen menschliche Pläne, vor allem wenn sie von Politikern vorgeschlagen werden, die zwar immer das Wohl der Gesellschaft im Munde führen, in Wahrheit jedoch nur ihre eigenen Begierden zu befriedigen trachten. Entsprechend gründet auch die Stabilität der gesellschaftlichen Ordnung nicht auf Institutionen und dergleichen, sondern auf dem Selbstinteresse. Nachdem der Kapitalist durch seine Investitionen die Mittel für die Erhöhung der Produktion und damit für die Ernährung eines zusätzlichen Bevölkerungsteiles[45] bereitgestellt hat, sorgt das Selbstinteresse dafür, daß der Kapitalstock nicht wieder vermindert, sondern stets aufs Neue seiner Bestimmung zugeführt wird. Der Verschwender, der dieses Selbstinteresse verletzt, ist pervers (vgl. II, ii, 15), denn er verfehlt die Wahrheit seiner Existenz, die im gegenteiligen Verhalten, in der Anhäufung von Reichtum liegt. Diese individuelle Verschwendungssucht kann auch nicht als Privatsache betrachtet werden, da durch sie gleichzeitig die Gesellschaft geschädigt wird. „If the prodigality of some was not compensated by the frugality of others, the conduct of every prodigal, by feeding the idle with the bread of the industrious, tends not only to beggar himself, but to impoverish his country.“ (II, ii, 15 f.) Der Verschwender wird damit zum Sozialschädling. „Whatever, therefore, we imagine the real wealth

[45] Bei Smith ist die Produktionssteigerung nicht Selbstzweck, wie das später vor allem unter den Kapitalisten vielfach der Fall ist, wenn die Erfahrungsanlässe, die zu der kapitalistischen Gesinnung geführt haben, nicht mehr präsent sind. Für Smith ist die Ausweitung der Produktion ein Mittel, möglichst viele Mäuler — der eigentliche Reichtum der Gesellschaft — stopfen zu können.

and revenue of a country to consist in ..., every prodigal appears to be a public enemy, and every frugal man a public benefactor.“ (II, ii, 18)

Sparsamkeit und Genügsamkeit sind also nicht nur individuelle Tugenden, sondern auch gesellschaftliche Tugenden von erheblicher Bedeutung. Smith setzt sie mit der Klugheit (*prudence*) gleich, die ihrerseits als das Zusammenstimmen der instrumentellen Vernunft mit der Selbstbeherrschung (*self-command*) bezüglich der Höherschätzung gegenwärtiger Bedürfnisse bestimmt wird (vgl. I, 326 f.) Es ist daher kein Wunder, daß die charakterlichen Eigenschaften, die den Kapitalisten, den „public benefactor“, auszeichnen (vgl. I, 323), vom „impartial spectator“ mit Wohlwollen betrachtet werden[46]. „That self-command ... by which we restrain our present appetites, in order to gratify more fully upon another occasion, is approved of, as much under the aspect of propriety, as under that of utility. When we act in this manner, the sentiments which influence our conduct seem exactly to coincide with those of the spectator. The spectator does not feel the solicitations of our present appetites. To him the pleasure which we are to enjoy a week hence, or a year hence, is just as interesting as that which we are to enjoy this moment. When for the sake of the present, therefore, we sacrifice the future, our conduct appears to him absurd and extravagant in the highest degree, and he cannot enter into the principles which influence it. On the contrary, when we abstain from present pleasure, in order to secure greater pleasure to come, when we act as if the remote object interested us as much as that which immediately presses upon the senses, as our affections exactly correspond with his own, he cannot fail to approve our behaviour: and as he knows from experience, how few are capable of this self-command, he looks upon our conduct with a considerable degree of wonder and admiration. Hence arises the eminent esteem with which all men naturally regard a steady preservance in the practice of frugality, industry, and application, though directed to no other purpose than the acquisition of fortune.“ (I, 327 f.) Die Tugenden der Sparsamkeit, der Genügsamkeit und der fleißigen Betriebsamkeit sind ethische Forderungen, die die Gesellschaft an ihre Mitglieder stellt[47]. Das Wirtschaftswachstum als gesellschaftliches Ziel erhält eine moralische Sanktionierung[48].

---

[46] Vgl. *A. Skinner*, S. 95, Anm. 87.

[47] Das Beispiel Benjamin Franklins zeigt, daß Adam Smiths Tugendkatalog keineswegs ein theoretisches Konstrukt ist, sondern, umgekehrt, nur die ethischen Maximen seiner Zeit in eine systematische Form bringt. Vgl. vor allem Benjamin Franklin's Autobiography. W. Macdonald (ed.), London 1968; vgl. aber auch *B. Franklin*, Necessary Hints to those that would be Rich. Und *ders.*, The Way to Wealth as Clearly Shown in the Preface of an Old Almanac Entitled „Poor Richard Improved“. Beide in: ders., The Works. (J. Bigelow ed.), New York 1887, Vl. I; sowie *ders.*, Advice to a

Sowohl die Arbeitsteilung als auch die Charaktertugenden des vorbildlichen Kapitalisten gründen sich auf die Selbstliebe. Damit leitet Smith aus dieser Leidenschaft nicht nur die natürliche Sozialität des Menschen ab, sondern auch die individuelle und gesellschaftliche Zielsetzung sowie die Mittel zur Zielerreichung. Er stößt dabei im Bereich des Wirtschaftlichen auf ähnliche Schwierigkeiten wie bei dem Versuch der Begründung der sozialen Natur des egozentrischen Menschen. Dort hatte er, unter der Vorbedingung, daß der Mensch von einem unersättlichen Verlangen, geliebt zu werden, beherrscht wird, das Konzept des „impartial spectator" entwickelt. Dieser „impartial spectator" erscheint in der *Inquiry* nicht mehr. Seine Funktion übernimmt, unter der Bedingung der freien Konkurrenz, der Markt[49]. Der Markt, auf den die arbeitsteilig produzierenden Kapitalisten angewiesen sind, verhindert, sofern die freie Konkurrenz nicht eingeschränkt wird, daß sich ein Marktteilnehmer auf Kosten eines anderen bereichert, daß er einen Preis verlangen kann, der die Kosten, einschließlich einer angemessenen Subsistenzerhaltung, übersteigt, die ihm bei der Produktion und der Vermarktung eines Gutes entstehen. „When the price of any commodity is neither more nor less than what is sufficient to pay the rent of the land, the wages of the labour, and the profits of the stock employed in raising, preparing, and bringing it to market, according to their natural rates, the commodity is then sold for what may be called its natural price. The commodity is then sold precisely for what it is worth, or for what it really costs the person who brings it to market..." (II, i, 82 f.) Dem natürlichen Preis, „or the price of free competition" (II, i, 93) steht der Marktpreis gegenüber. „The actual price at which any commodity is commonly sold is called its marked price... The market price of every particular commodity is regulated by the proportion between the quantity which is actually brought to market, and

---

Young Tradesman. Ebd., Vol. II; zum Zusammenhang von Religion, kapitalistischer Tugend und Bevölkerungsvermehrung als Ziel vgl. bes. *ders.*, Observations Concerning the Increase of Mankind and the Peopling of Countries. Ebd.

[48] Dies ist genau der Punkt, den Max Weber in seinen religionssoziologischen Untersuchungen als den Kapitalismus konstituierend erkannt hat. Er betont immer wieder überzeugend, daß nicht allein die Habgier für ein Phänomen wie den Kapitalismus verantwortlich gemacht werden kann, denn habgierige Menschen hat es zu allen Zeiten in allen Gesellschaften gegeben. Es hat vielmehr eines spezifischen Ethos bedurft, das das *summum bonum* in der Produktion und im Erwerb materieller Güter sieht. *Karl Schiller* hat Webers These mit der treffenden Bemerkung unterstützt, daß, wer in der Habgier das Spezifikum des Kapitalismus sehe, den Unterschied verkenne, der zwischen der westlichen Industrie und einem orientalischen Basar besteht (vgl. Wachstumsprobleme der Entwicklungsländer. Kieler Vorträge, Neue Folge 15 (1960), S. 19; zitiert nach *E. Heimann*, Soziale Theorie der Wirtschaftssysteme. Tübingen 1963, S. 228).

[49] Vgl. *A. L. Macfie*, S. 78.

the demand of those who are willing to pay the natural price of the commodity, or the whole value of the rent, labour, and profit, which must be paid in order to bring it thither.“ (II, i, 84) Der Marktpreis und der natürliche Preis können sehr wohl voneinander abweichen. So liegt bei gegebener Nachfrage der Marktpreis unter dem natürlichen Preis, wenn das Angebot diese Nachfrage übersteigt; denn einige Produzenten werden, bevor sie überhaupt auf einen Erlös verzichten, lieber den Preis senken, um ihre Ware verkaufen zu können, auch wenn sie damit einen geringen Verlust erleiden. Da es im Interesse der Nachfrager liegt, möglichst billig einzukaufen, werden sie natürlich zuerst bei den Anbietern ihren Bedarf decken, deren Preise niedriger liegen. Die anderen Anbieter, in der Furcht, ihre Ware zu dem bisherigen Preis nicht los zu werden, senken ebenfalls die Preise. Auf diese Weise pendelt sich ein Marktpreis unter dem natürlichen Preis ein, der gerade so hoch ist, daß die durch den Preisrückgang zusätzlich hervorgerufene Nachfrage den Markt räumt. „The market price of any particular commodity ... can seldom continue long below its natural price. Whatever part of it was paid below the natural rate, the person whose interest it affected would immediate feel the loss, and would immediately withdraw either so much land, or so much labour, or so much stock, from being employed about it, that the quantity brought to market would soon be no more than sufficient to supply the effectual demand. Its market price, therefore, would soon rise to the natural price. This at least would be the case where there was perfect liberty.“ (II, i, 93 f.) Der umgekehrte Fall tritt ein, wenn das Angebot kleiner ist als die effektive Nachfrage. Der Marktpreis steigt über den natürlichen Preis. Unter den Bedingungen der freien Konkurrenz wird allerdings auch dieser Zustand nicht lange andauern. Sobald andere Produzenten erfahren, daß auf diesem Markt ein Profit zu erzielen ist, der den angemessenen oder natürlichen Gewinn ihres eigenen Marktes übersteigt, werden sie zumindest einen Teil ihrer Ressourcen umlenken, um an den höheren Profiten partizipieren zu können. Damit weiten sie aber das Angebot aus und drücken auf den Preis. Dieser Prozeß setzt sich solange fort, bis der Marktpreis mit dem natürlichen Preis wieder übereinstimmt. Wir begegnen hier erneut einer Selbsttäuschung, der der Mensch in Verfolgung seiner selbstsüchtigen Interessen anheimfällt. Indem er nämlich dem höheren Profit nachjagt, trägt er gerade dazu bei, den Marktpreis wieder auf den natürlichen Preis zu drücken. Die sozial positive Funktion dieser Selbsttäuschung zeigt sich darin, daß er unwillentlich damit gleichzeitig daß Angebot so vergrößert, daß die gesellschaftliche Nachfrage gedeckt werden kann. Man muß den Menschen daher erlauben, ihre Interessen ungehindert zu verfolgen. Das Recht auf die freie Entfaltung der Interessen ist ein natürliches Recht: „Every man is, no doubt, by nature, first and principally recommended to his own care; and as he is fitter to take care of himself than of any other person, it is fit and right that it should be so." (I, 139) Diesem natürlichen Recht sollten auch die Gesetze entsprechen (vgl. II, ii, 303), denn indem die Menschen gemäß ihrem natürlichen Trieb nach möglichst hohem Profit handeln, bringen sie am besten zustande, was im Interesse der Gesellschaft liegt: Die Preise pendeln sich auf der Ebene der natürlichen Preise ein, und die Ressourcen werden so verwendet, wie es dem gesellschaftlichen Bedarf entspricht[50].

Damit der Markt seine Lenkungsfunktion erfüllen kann, muß der Wettbewerb zugelassen sein und auch funktionieren. Besteht dieser Zustand auf sämtlichen Märkten, ergibt sich eine stabile natürliche Ordnung, in der die Orientierung an den eigenen Interessen das Interesse der Gesellschaft bestmöglich fördert. „Die Stabilität der *Interessenlage* beruht ( ) darauf, daß, wer sein Handeln nicht an dem Interesse der anderen orientiert — mit diesem nicht „rechnet" —, deren Widerstand herausfordert und einen von ihm nicht gewollten und nicht vorausgesehenen Erfolg hat und also Gefahr läuft, an eigenem Interesse Schaden zu nehmen[51]." Der Marktteilnehmer wird jedoch nur dann das Interesse der anderen berücksichtigen, wenn diesen Gelegenheit gegeben wird, ihre Interessen ebenfalls ins Spiel zu bringen, d. h. wenn auf allen Märkten Wettbewerbsbedingungen herrschen. Jede andere Situation, insbesondere jedes Monopol, käme nicht nur einem Betrug an der Gesellschaft gleich, sie würde auch Neid und Mißgunst fördern und damit ein ständiger Unruheherd sein. Smiths lauter Ruf nach dem Wettbewerb gründet sich unter anderem ja auf konkrete Erfahrungen mit

[50] Ein Verlust bedeutet, daß die Gesellschaft in ihrer Eigenschaft als Nachfrager die erbrachte Leistung nicht so honoriert, daß der Produzent auf seine Kosten kommt — es wurde, wie man sagt, am Markt, und damit an den Bedürfnissen, „vorbeiproduziert". Andererseits zeigt ein hoher Gewinn an, daß offenkundig ein Bedarf besteht, der durch das Angebot nicht voll gedeckt wird.

[51] *M. Weber*, Wirtschaft und Gesellschaft. (J. Winckelmann ed.), Tübingen [5]1972, S. 16. „Die Marktinteressenten orientieren eben ihr Verhalten, als ‚Mittel', an eigenen *typischen* subjektiven wirtschaftlichen Interessen als ‚Zweck' und an den ebenfalls typischen Erwartungen, die sie vom voraussichtlichen Verhalten der anderen hegen, als ‚Bedingungen', jenen Zweck zu erreichen. Indem sie derart, je *strenger* zweckrational sie handeln, desto ähnlicher auf gegebene Situationen reagieren, entstehen Gleichartigkeiten, Regelmäßigkeiten und Kontinuitäten der Einstellung und des Handelns, welche sehr oft weit stabiler sind, als wenn Handeln sich an Normen und Pflichten orientiert, die einem Kreise von Menschen tatsächlich für ‚verbindlich' gelten. Diese Erscheinung: daß Orientierung an der nackten eigenen und fremden Interessenlage Wirkungen hervorbringt, welche jenen gleichstehen, die durch Normierung — und zwar sehr oft vergeblich — zu erzwingen gesucht werden, hat insbesondere auf wirtschaftlichem Gebiet große Aufmerksamkeit erregt: — sie war geradezu eine der Quellen der Entstehung der Nationalökonomie als Wissenschaft." Ebd., S. 15.

den Monopolpraktiken der Krone und der großen Handelsgesellschaften, die keineswegs davor zurückschreckten, die Allgemeinheit auszuplündern, um sich zu bereichern[52]. Diese Praktiken waren ein ständiges öffentliches Ärgernis und regelmäßig Gegenstand von Debatten im Parlament, ohne freilich je wirkungsvoll unterbunden werden zu können. Smith war daher auch nicht sehr zuversichtlich hinsichtlich der Möglichkeit, einen von allen Beschränkungen freien Handel zu schaffen: „To expect, indeed, that the freedom of trade should ever be entirely restored in Great Britain, is as absurd as to expect that an Oceana or Utopia should ever be established in it. Not only the prejudices of the public, but what is much more unconquerable, the private interests of many individuals, irresistibly oppose it.“ (II, ii, 206)

Es gibt allem Anschein nach einen Punkt, an dem das Selbstinteresse die natürliche Ordnung zu gefährden droht, nämlich dort, wo sich das Interesse desjenigen Standes der Gesellschaft, der vom Profit lebt, gegen die Interessen der beiden anderen Stände durchzusetzen beginnt. Entsprechend den drei ursprünglichen Einkommensarten Bodenrente, Lohn und Profit teilt sich die Gesellschaft in die drei Stände der Grundbesitzer, der Arbeiter und der Kapitalisten. Während das Interesse der ersten beiden Stände mit dem Interesse der Gesellschaft konform geht, da sie bei steigendem Reichtum von der steigenden Nachfrage profitieren, ist das Interesse der Kapitalisten dem gesellschaftlichen Interesse entgegengesetzt, denn steigender Reichtum heißt ja steigendes Kapitalangebot und damit tendenziell niedrigere Profite (vgl. II, i, 394 ff.) Ihr Interesse erfordert eine Verknappung des Kapitalangebotes bzw. die Einschränkung der Konkurrenz, was bei gegebener Nachfrage auf das gleiche herauskommt. „To widen the market and to narrow the competition, is always the interest of the dealers. To widen the market may frequently be agreeable enough to the interest of the public, but to narrow the competition must always be against it, and can serve only to enable the dealers, by raising their profits above what they naturally

[52] Vgl. dazu z. B. *H. Levy*, Die Grundlagen des ökonomischen Liberalismus in der Geschichte der englischen Volkswirtschaft. Jena 1912. Allerdings hat Smith aus dem Wettbewerb einen Fetisch gemacht. So erwartet er sich von einem Wettbewerb vieler verschiedener religiöser Sekten das Entstehen einer rationalen Religion. Es werde gefährlich, meint er, wenn es in einer Gesellschaft nur zwei oder drei Sekten gebe, die dann in der Lage seien, die öffentliche Ruhe zu stören. Die Lehrer der kleinen Sekten müßten sich, anders als die der großen, in ihren Aussagen mäßigen, da sie von vielen Gegnern umgeben seien, während jene diesem Zwang nicht unterlägen, da sie nur Bewunderer um sich hätten. „The teachers of each little sect, finding themselves almost alone, would be obliged to respect those of almost every other sect, and the concessions which they would mutually find it both convenient and agreeable to make to one another, might in time probably reduce the doctrine of the greater part of them to that pure and rational religion, free from every mixture of absurdity, imposture, or fanaticism, such as wise men have in all ages of the world wished to see established ...“ (II, iii, 200 f.)

would be, to levy, for their own benefit, an absurd tax upon the rest of their fellow-citizens. The proposal of any new law or regulation of commerce which comes from this order, ought always to be listened to with great precaution, and ought never to be adopted till after having been long and carefully examined, not only with the most scrupulous, but with the most suspicious attention. It comes from an order of men, whose interest is never exactly the same with that public, who have generally an interest to deceive and even to oppress the public, and who accorddingly have, upon many occasions, both deceived and oppressed it.“ (II, i, 397 f.) Auch wenn Adam Smith in der Industrialisierung das geeignete Mittel sah, die gesellschaftlichen Ziele zu erreichen, so war er doch keineswegs ein Apologet der diese Entwicklung tragenden Klasse. Er hat vielmehr sehr genau gesehen, daß deren Interessen eines wirksamen Gegengewichtes bedürfen, damit sie ihre gesellschaftlich wertvolle Funktion auch tatsächlich erfüllen.

Aber nicht nur die Funktionen der drei Stände in Beziehung auf die Gesellschaft insgesamt sind problematisch. In noch stärkerem Maße sind es ihre Beziehungen untereinander, denn sie sind über den Markt zwar miteinander verbunden, jedoch mit konträren Interessen. So wünscht der Grundbesitzer hohe Nahrungsmittelpreise, aber niedrige Löhne und Warenpreise; der Arbeiter verlangt hohe Löhne, möchte für Nahrung und sonstige Waren aber möglichst wenig bezahlen; der Kapitalist schließlich hat ein Interesse an niedrigen Löhnen und niedrigen Nahrungsmittelpreisen, jedoch an hohen Warenpreisen. Dieser Antagonismus der Stände ist besonders deutlich bei dem Verhältnis zwischen Kapitalisten und Arbeitern zu beobachten, da der Lebensunterhalt des einen eine inverse Funktion des Einkommens des anderen ist. Smith macht sich keine Illusionen, wer in dieser Auseinandersetzung in der Regel obsiegt. „It is not, however, difficult to foresee which of the two parties must, upon all ordinary occasions, have the advantage in the dispute, and force the other into a compliance with their terms. The masters, being fewer in number, can combine much more easily; and the law, besides, authorises, or at least does not prohibit their combinations, while it prohibits those of the workmen. We have no acts of parliament against combining to lower the price of work; but many against combining to raise it. In all such disputes the masters can hold out much longer. A landlord, a farmer, a master manufacturer, or merchant, though they did not employ a single workman, could generally live a year or two upon the stocks which they have already acquired. Many workmen could not subsist a week, few could subsist a month, and scarce any a year without employment. In the long-run the workman may be as necessary to his master as his master is to him; but the necessity is not so immediate.“ (II, i, 100) Da die Kapitalisten den längeren Atem haben und überdies vom Gesetz begünstigt werden, können die Arbeiter nur auf jenes Marktgesetz hoffen, dem auch sie unterworfen sind: daß mit steigendem Reichtum die Nachfrage nach Arbeit ebenfalls steigen wird und damit die Löhne[53].

Die Gesellschaft zerfällt so in Gruppen mit gegensätzlichen Interessen. „Every individual is naturally more attached to his own particular order of society, than to any other ... He is ambitious to extend its privileges and immunities. He is zealous to defend them against the encroachments of every other order of society.“ (I, 405) Von der Art der Gruppen und der Form ihrer Auseinandersetzungen hängt die politische Verfassung der Gesellschaft ab (vgl. ebd.). In einer Gesellschaft, deren Ordnung auf der möglichst ungehinderten Entfaltung der verschiedenen Interessen beruht und die sich von dieser Entfaltung eine optimale Verwirklichung ihrer Ziele erhofft, kann die Stabilität aber nicht durch Verfassungsnormen garantiert werden, die an die Vernunft der Beteiligten appellieren, nicht aber an ihr Selbstinteresse. Wenn weder die Vernunft noch Gesetze (vgl. II, ii, 319) in der Lage sind, eine stabile Ordnung zu garantieren, dann werden die gesellschaftlichen Auseinandersetzungen zu einer Machtfrage. „Upon the ability of each particular order ... to maintain its own powers, privileges, and immunities, against the encroachments of every other, depends the stability of that particular constitution.“ (I, 405) Alles wird freilich davon abhängen, ob die Macht der einzelnen Gruppen oder Stände groß genug ist, die anderen in Schach halten zu können. Ist dieser Gleichgewichtszustand einmal erreicht (wie man ihn erreicht, sagt Smith allerdings nicht), so hat das Gruppenbewußtsein einen großen Vorteil: „This partiality, though it may sometimes be unjust, may not ... be useless. It checks the spirit of innovation. It tends to preserve what ever is the established balance among the different orders and societies in which the state is divided; and while it sometimes appears to obstruct some alterations of government which may be fashionable and popular at the time, it contributes in reality to the stability of the whole system.“ (I, 406) Smith gründet die Stabilität seiner natürlichen Ordnung auf die im Selbstinteresse ausgeübte Macht und die Solidarität der einzelnen Gruppen, die sowohl Übergriffe der anderen Gruppen abwehren als auch verhindern können, daß von der Schönheit idealer Systeme besessene Neuerer die Gesellschaft radikal umkrempeln, ohne zu wissen, ob diejenigen gesellschaftlichen Einrichtungen, die sie reformieren wol-

---

[53] Die Lohnsteigerungen werden allerdings nicht lange vorhalten, denn wenn die Löhne steigen, die Nachfrage nach Arbeitern also zunimmt, werden sich auch die Möglichkeiten, mehr Nachkommen aufzuziehen, verbessern, und das Angebot an Arbeitern wird sich wieder ausweiten. „It is in this manner that the demand for men, like that for any other commodity, necessarily regulates the production of men ...“ (II, i, 122)

len, nicht besser sind als die propagierten neuen. (vgl. I, 407 ff.) Smith schreibt offensichtlich noch unter dem Eindruck des englischen Bürgerkrieges. Im Unterschied zu Hobbes jedoch, der diesen „Naturzustand" durch die auf dem Konsens der Bürger beruhende Einsetzung des „Leviathan" ein für allemal beenden wollte, institutionalisiert er den Naturzustand, den Bürgerkrieg der Gruppen untereinander um einen möglichst hohen Anteil am Sozialprodukt. Er erwartet sich eine stabile gesellschaftliche Ordnung von der paralysierenden Wirkung der aufeinanderprallenden Leidenschaften.

Bisher haben wir uns ausschließlich im Rahmen der natürlichen Ordnung, der Gesellschaft, bewegt, die, aufgebaut auf dem Prinzip der Selbstliebe, nahezu automatisch ihr Ziel erreicht. Selbst wenn, wie im Fall der besonderen Interessenlage der Kapitalisten, eine Störung auftritt, reagiert die Gesellschaft wie ein kybernetisches System, das sich selbsttätig in der Weise steuert, daß es entweder die Störungsquelle beseitigt oder diese so integriert, daß es trotzdem seine Aufgabe erfüllen kann. Von Politik und Regierung war daher bislang noch kaum die Rede. Das ist bei Smiths anthropologischen Prämissen und seinem Verständnis von Gesellschaft nicht verwunderlich. Für ihn muß politisches Handeln, verstanden als bewußtes und planvolles Handeln, immer als ein Eingriff in natürliche Abläufe erscheinen, der zudem noch von Leuten vorgenommen wird, die zwar vorgeben, im Interesse der Allgemeinheit zu handeln, dabei aber stets ihren eigenen Vorteil suchen. Seine Abneigung gegen Politiker drückt er in markanten Formulierungen aus („that insidious and crafty animal, vulgarly called a statesman or politician" (II, ii, 201). Nun war Smith freilich kein völliger Ignorant in politischen Dingen. Er wußte sehr wohl, daß sich eine Gesellschaft nach außen artikulieren muß, d. h. daß sie gegenüber anderen Gesellschaften ihre Interessen vertreten und sich gegebenenfalls gegen sie verteidigen muß. Außerdem ist es notwendig, daß jemand über die Einhaltung der Gesetze wacht[54] und für die Erfüllung derjenigen gesellschaftlichen Aufgaben sorgt, die den Privatleuten nicht zugemutet werden können, weil sie keinen Profit abwerfen. „According to the system of natural liberty, the Sovereign has only three duties to attend to; three duties of great importance, indeed, but plain and intelligible to common understandings: first, the duty of protecting the society

[54] Der Schutz gegen Übergriffe des Mitbürgers auf das „geheiligte Privateigentum" (vgl. II, i, 267) ist geradezu der Anlaß für die Bildung von Regierungen gewesen (vgl. II, iii, 72 ff.). Insofern ist die erste Aufgabe einer Regierung immer der Schutz der Reichen vor den Armen. „Civil government, so far as it is instituted for the security of property, is in reality instituted for the defence of the rich against the poor, or of those who have some property against those who have none at all." (II, iii, 80 f.) Marx hat diese These übernommen. Konsequent erwartet er daher von der Abschaffung des Privateigentums das Ende der Herrschaft von Menschen über Menschen.

from the violence and invasion of other independent societies; secondly, the duty of protecting, as far as possible, every member of the society from the injustice or oppression of every other member of it, or the duty of establishing an exact administration of justice; and, thirdly, the duty of erecting and maintainung certain public works and certain public institutions, which it can never be for the interest of any individual, or small numbers of individuals, to erect and maintain; because the profit could never repay the expence to any individual or small number of individuals, though it may frequently do much more than repay it to a great society." (II, iii, 42 f.) So wie Smith die Gerechtigkeit als negative Tugend versteht, so hat auch politisches Handeln für ihn defensiven Charakter. Die Regierung soll nur den Freiraum schaffen, in dem die Bürger unbehelligt ihren privaten Geschäften nachgehen können. Mehr hätte sie sinnvoll auch gar nicht zu tun, denn der Mensch findet seine Verwirklichung in der Gesellschaft, die ihr Ziel am besten ohne politische Eingriffe erreicht. Dementsprechend gehen auch die Grundsätze der Besteuerung (vgl. II, iii, 255 ff.) vor allem von dem Gedanken aus, den Bürger möglichst wenig zu belästigen und ihm so viel als irgend möglich zu seiner privaten Verwendung zu überlassen. Politik ist bei der Jagd nach Reichtum nur ein störendes Geschäft, das zwar ausgeübt werden muß, aber doch so, daß die Eigenbewegungen der Gesellschaft nur minimal tangiert werden.

Adam Smiths Ordnungsentwurf, den er uns in Gestalt der Nationalökonomie vorlegt, ist das Ergebnis einer reduzierten Anthropologie, die die Seinshierarchie des Menschen umkehrt bzw. dessen Partizipation an transzendenter Realität ignoriert und damit die Triebnatur sowohl zur Quelle menschlicher Sinnfindung als auch zum Ordnungszentrum seiner Existenz werden läßt. Auf der Basis dieser Anthropologie entwickelt Smith konsequent das Bild einer natürlichen Ordnung, in der die der Vernunft als ihrer *differentia specifica* beraubten Menschen auf den Status natürlicher Wesen zurücksinken und, wie alle anderen Lebewesen, die Wahrheit ihrer Existenz dann optimal verwirklichen, wenn sie ihren natürlichen Trieben folgen. Das bedeutet konkret, daß ihr Sinnen und Trachten von der Pleonexie beherrscht wird und daß die Gesellschaft folglich ihr Ziel in einem möglichst hohen Sozialprodukt sieht. Die Nationalökonomie, die Wissenschaft von dem Wesen und der Ursache des Reichtums der Nationen, wird zur Politischen Wissenschaft dieser Gesellschaft, insofern sie das Wissen von deren Wahrheit und ihrer Verwirklichung ist.

5. Die ideologische Basis nationalökonomischer Lehrinhalte

In der nationalökonomischen Literatur nimmt der Begriff des „Nutzens“ eine Schlüsselrolle ein. Er ist das Produkt des Einflusses, den der Utilitarismus auf die Nationalökonomie ausgeübt hat[1]. Nun war Smith, wie wir gesehen haben, kein Utilitarier. Trotzdem behält seine Anthropologie ihre Funktion als Basis der ökonomischen Theorie bei; denn es besteht kein prinzipieller Unterschied zwischen der Auffassung Smiths, die die Pleonexie unmittelbar aus der Triebnatur ableitet, und der Auffassung des Utilitarismus, die Befriedigung der ebenfalls aus der Triebnatur resultierenden Bedürfnisse sei das Ergebnis eines Lust- und Unlustkalküls. In beiden Fällen findet der Mensch in der Befriedigung seiner Triebe zur Wahrheit seiner Existenz. Wie Smith geht auch der Utilitarismus davon aus, „daß das Verhalten moralisch beurteilt werden soll nach seinem antizipierten Ergebnis, oder genauer gesagt, nach seiner Wirkung auf die Wohlbefindensbilanz der Menschen in ihrer Gesamtheit[2].“ Und wie Smith sieht die auf den Utilitarismus aufgebaute moderne Theorie keinen anderen Maßstab für ein Wohlbefindensmaximum als die Maximierung des Sozialprodukts[3]. Aber wenn auch die anthropologische Basis der Nationalökonomie damit unverändert bleibt, so bringt doch der Utilitarismus ein für die Entwicklung der ökonomischen Theorie konstitutives Element zur Entfaltung: Durch die Einführung des Nutzen-Konzepts ist der Weg frei für das Denken in der Zweck-Mittel-Relation und damit für das Mißverständnis, die Nationalökonomie sei eine exakte Wissenschaft ähnlich der Mathematik, die jenseits von Wertvorstellungen auf rein logischer Ebene die Beziehungen zwischen ökonomischen Größen, die ihrerseits angeblich immer quantitativen Charakter haben, behandelt. Hannah Arendt weist freilich gelegentlich ihrer Analyse des *Homo faber* auf den Un-Sinn des Denkens in der Kategorie des Nutzens hin: „Alles was ist, an seinem Nutzen zu messen und in seiner Zweckdienlichkeit zu beurteilen, liegt im Wesen des Herstellens, aber die Schwierigkeit, mit den Urteilsmaßstäben dieser Tätigkeit in der Welt auszukommen, liegt darin, daß die

---

1 Vgl. dazu allg. *G. Myrdal,* Das politische Element.

2 Ebd., S. 31.

3 Den nach wie vor überragenden Einfluß von Adam Smith auch auf kritische nationalökonomische Theoretiker zeigt besonders anschaulich das bereits zitierte Buch von Joan Robinson, dessen Originaltitel bezeichnenderweise *Economic Philosophy* (London 1962) heißt.

Zweck-Mittel-Kategorie, auf der sie beruhen, unbegrenzt anwendbar ist und eine Kette ohne Ende erzeugt, in welcher sich jeder erreichte Zweck immer sofort wieder in einem anderen Zusammenhang auflöst. Jede wirklich durch und durch, konsequent utilitarisch organisierte Welt befindet sich, wie Nietzsche gelegentlich bemerkte, in einem ‚Zweckprogressus in infinitum'. Theoretisch kann man diese Aporie des konsequenten Utilitarismus ... als eine ihm inhärente Unfähigkeit diagnostizieren, den Unterschied zwischen dem Nutzen und dem Sinn einer Sache zu verstehen, den wir sprachlich ausdrücken, wenn wir dazwischen unterscheiden, ob wir etwas im Modus des ‚Um-zu' oder des ‚Um-willen' tun. So ist das Ideal des Nutzens selbst ... nicht mehr vom Nutzen her zu entscheiden; es ist nicht die Antwort auf eine Zweckfrage, sondern auf die Frage nach dem Sinn des Tuns. Um des Ideals der Nützlichkeit willen, das ihn in seinem Tun leitet, tut Homo faber alles, was er betreibt, in der Form des Um-zu, um einen bestimmten Zweck zu erreichen. Das Ideal des Nutzens selbst kann nicht mehr damit erklärt werden, daß es ‚nützlich' sei; über seinen eigenen Nutzen und Zweck befragt, muß es die Auskunft verweigern ... Die Aporie des Utilitarismus besteht darin, daß er in einem Zweckprogressus ad infinitum hoffnungslos gefangen ist, ohne je das Prinzip finden zu können, das die Zweck-Mittel-Kategorie rechtfertigen könnte, bzw. den Nutzen selbst. Innerhalb des Utilitarismus ist das Um-zu der eigentliche Inhalt des Um-willen geworden — was nur eine andere Art ist zu sagen, daß, wo der Nutzen sich als Sinn etabliert, Sinnlosigkeit erzeugt wird[4]." Ein moderner Nationalökonom wird sich von diesem Einwand jedoch nicht getroffen fühlen, denn nach seiner Ansicht liegen Sinnfragen ohnehin nicht im Bereich der Wissenschaft. Er wird darauf verweisen, daß nur in Bezug auf zweckrationales Handeln wissenschaftlich begründbare Aussagen möglich seien. Welchen Sinn die angestrebten Ziele jeweils hätten, habe nicht er zu entscheiden, das sei Sache der einzelnen Individuen. Seine Aufgabe sei es vielmehr, nach einer einmal getroffenen Entscheidung über die angestrebten Ziele wissenschaftlich zu belegen, welche Mittel einzusetzen sind, damit gemäß dem Rationalprinzip der Aufwand minimiert wird. Es läßt sich allerdings leicht nachweisen, daß mit diesem Konzept die Aporie des Utilitarismus nur verlagert wird.

Für die Wissenschaft von der Ökonomie steht nicht eine abstrakte Volkswirtschaft im Zentrum, sondern der handelnde Mensch, denn „der Ablauf des Wirtschaftsprozesses in der Zeit ist die Resultante der Dispositionen der einzelnen handelnden Wirtschaftseinheiten"[5]. Nach Max

[4] S. 140 f.

[5] *E. Schneider,* Einführung in die Wirtschaftstheorie. Teil II. Tübingen [11]1967, S. 1. Begrifflich exakt formuliert ist die wirtschaftliche Tätigkeit kein Modus des Handelns, sondern des Herstellens, worauf auch das vorige

Weber unterscheiden wir vier Modi des Handelns; es kann bestimmt sein „1. *zweckrational:* durch Erwartungen des Verhaltens von Gegenständen der Außenwelt und von anderen Menschen und unter Benutzung dieser Erwartungen als ‚Bedingungen' oder als ‚Mittel' für rational, als Erfolg, erstrebte und abgewogene eigene *Zwecke,* — 2. *wertrational:* durch bewußten Glauben an den — ethischen, ästhetischen, religiösen oder wie immer sonst zu deutenden — unbedingten *Eigen*wert eines bestimmten Sichverhaltens rein als solchen und unabhängig vom Erfolg, — 3. *affektuell,* insbesondere *emotional:* durch aktuelle Affekte und Gefühlslagen, — 4. *traditional:* durch eingelebte Gewohnheit[6]." Die Nationalökonomie will unter Ausschaltung aller wertrationalen Elemente Rationalität nur im Sinne der Zweckrationalität gelten lassen. Weber präzisiert, was darunter zu verstehen ist: „Zweckrational handelt, wer sein Handeln nach Zweck, Mitteln und Nebenfolgen orientiert und dabei sowohl die Mittel gegen die Zwecke, wie die Zwecke gegen die Nebenfolgen, wie endlich auch die verschiedenen möglichen Zwecke rational *abwägt:* also jedenfalls *weder* affektuell (und insbesondere emotional) *noch* traditional handelt. Die Entscheidung zwischen konkurrierenden und kollidierenden Zwecken und Folgen kann dabei ihrerseits *wert*rational orientiert sein: dann ist das Handeln nur in seinen Mitteln zweckrational. Oder es kann der Handelnde die konkurrierenden und kollidierenden Zwecke ohne wertrationale Orientierung an ‚Geboten' und ‚Forderungen' *einfach** als gegebene subjektive Bedürfnisregungen in eine Skala ihrer von ihm bewußt *abgewogenen* Dringlichkeit bringen und darnach sein Handeln so orientieren, daß sie in dieser Reihenfolge nach Möglichkeit befriedigt werden (Prinzip des ‚Grenznutzens')[7]." Webers Beschreibung des zweckrationalen Handelns legt bereits die Schwächen des Konzepts offen. Die Entscheidung zwischen konkurrierenden oder gar kollidierenden Zwecken kann entweder das Ergebnis einer „gegebenen subjektiven Bedürfnisregung" sein,

---

Zitat von Hannah Arendt hinweist; denn das Zweck-Mittel-Denken ist an das Herstellen gebunden, während sich Handeln auf den Sinn, auf das Um-willen bezieht. Wir behalten den Begriff des Handelns auch für die wirtschaftliche Tätigkeit trotzdem bei, weil er im ordnungspolitischen Bereich, um den es uns ja vor allem geht, durchaus am Platz ist.

[6] Wirtschaft, S. 12.

[7] Ebd., S. 13. Weber wußte freilich genau, daß die anthropologische Basis der Zweckrationalität äußerst dürftig ist: „Als eine *Kaufmannsseele,* welche die Intensität ihrer Bedürfnisse ziffernmäßig einschätzen kann und ebenso die möglichen Mittel zu deren Deckung, behandelt die Grenznutzenlehre für ihre Zwecke die ‚Psyche' aller, auch des von allem Kauf und Verkauf ausgeschlossenen, isoliert *gedachten* Menschen, und auf diesem Wege gewinnt sie ihre theoretischen Konstruktionen." Die Grenznutzenlehre und das „psychophysische Grundgesetz". In: ders., Gesammelte Aufsätze zur Wissenschaftslehre (J. Winckelmann ed.). Tübingen [3]1968, S. 394. Dies gilt im Prinzip auch, wenn nur ein ordinales Nutzenmaß unterstellt wird. Vgl. dazu auch *H. Albert,* Ökonomische Ideologie, S. 59.

dann ist sie „bewußt-los“, instinkthaft, und nicht Resultat rationalen Abwägens, oder sie läßt sich an Hand einer „Skala *bewußt** abgewogener Dringlichkeit“ ermitteln, dann bedarf es eines Maßstabes, der selbst wiederum nur wertrational begründet werden kann. Beides zusammen ist nicht möglich. Wir werden sehen, daß sich auf der Ebene der Mittel das gleiche Problem ergibt.

Betrachten wir zu diesem Zweck das Rationalprinzip ein wenig genauer. Nach Preiser ist es in seiner allgemeinen Formulierung identisch mit dem „Zweiten Gossenschen Gesetz“: „Um ein Maximum an *Nutzen* zu erreichen, muß der Wirtschaftende eine *Rangordnung* aufstellen, die seine sämtlichen Bedürfnisse — auch diejenigen, die nicht von der Verfügung über Wertdinge abhängig sind — enthält und nach ihrer Grenzbedeutung ordnet; im Hinblick auf die Begrenztheit der ihm zur Verfügung stehenden Zeit und Kraft muß er sowohl bei der Auswahl der zu befriedigenden Bedürfnisse als auch beim Einsatz seiner Beschaffungskraft derart disponieren, daß kein minder wichtiges Bedürfnisteilchen vor einem wichtigeren befriedigt wird[8].“ In der hier vorgetragenen Fassung hat das Rationalprinzip eindeutig normativen Charakter, mit dem Nutzenmaximum sowohl als Zielsetzung als auch als Maßstab für die Rangordnung der Bedürfnisse. Vernünftig handelt, wer seinen Nutzen maximiert[9]. Damit ist freilich ein Kriterium von sehr zweifelhaftem Erkenntniswert gewonnen, denn der Nutzen ist eine subjektive Größe, die nicht in den Dingen selbst liegt, sondern die die Menschen den Dingen in unterschiedlichem Ausmaß beimessen. Das war Preiser schon klar: „Wer bei sonst ärmlicher Lebensführung eine unerwartete Sondereinnahme bewußt dazu benutzt, um für kurze Zeit das Leben eines Grandseigneurs zu führen, handelt zwar nicht wie die Masse, aber subjektiv durchaus rationell. Die Behauptung, der Mensch befolge, soweit er überhaupt vernünftig handle, das wirtschaftliche Prinzip, meint daher nicht eine *objektive*, sondern lediglich eine *subjektive* Rationalität[10].“ Jetzt hat sich aber der Inhalt des Prinzips ver-

---

[8] *E. Preiser*, Das Rationalprinzip in der Wirtschaft und in der Wirtschaftspolitik. In: ders., Politische Ökonomie im 20. Jahrhundert. München 1970, S. 104. *B. Croce* hat darauf aufmerksam gemacht, daß das Gossensche Gesetz mit der Annahme der Möglichkeit einer Quantifizierung des Nutzens einem Trugschluß erlegen ist. „Wenn das Individuum A das Brot ißt, das es für 7 Pfennige gekauft hat, so wird es, indem es den zweiten oder zehnten oder letzten Bissen zu sich nimmt, kein geringeres Lustgefühl haben, als beim ersten, sondern nur ein verschiedenes: das letzte war ihm ebenso nötig wie das erste, denn ohne dieses wäre er unbefriedigt in seinem normalen Bedürfnis, seinem Gebrauch und seiner Laune geblieben.“ Philosophie der Praxis, Oekonomik und Ethik. Tübingen [3]1929, S. 225.

[9] Vgl. *E. Preiser*, Das Rationalprinzip, S. 104.

[10] Das Rationalprinzip, S. 96. Durch die Hintertür führt Preiser die *objektive* Rationalität des Ökonomen aber wieder ein: „Der Bauer, der an der Dreifelderwirtschaft festhält, obwohl er weiß, daß sie seinen Ertrag schmä-

ändert, er ist tautologisch geworden[11] und kommt „auf die Binsenwahrheit heraus, daß jeder Mensch immer so handelt, wie er es angesichts der ihm bekannten Umstände für richtig hält“[12]. Das Rationalprinzip ist inhaltlich leer und als Verhaltensregel unbrauchbar. Preiser versucht es dadurch zu retten, daß er den Erfolg als Kriterium für die subjektive Vernunft einführt. „Da der wirtschaftende Mensch subjektiv entscheidet, welches Verhalten im gegebenen Fall rationell ist, so kann auch das Kriterium der Unvernunft nur darin liegen, daß er selbst, oft natürlich erst hinterher, sein Verhalten als unrationell empfindet. So unwahrscheinlich ein derartiges Urteil zu sein scheint, so häufig kommt es vor. Der Verschwender, den sein Verhalten hinterher reut, hat ebenso unrationell gehandelt, wie der kleine Spekulant, dem der Haussetaumel die Besinnung geraubt oder den die Panik mitgerissen hat ... und so kommt es zu Vorstößen gegen eine rationelle Wirtschaftsführung nicht im Hinblick auf einen objektiven Maßstab, den gibt es ja nicht —, sondern gemessen am eigenen Wollen[13].“ Maßstab für rationales Handeln ist jetzt die *erfolgreiche* Verwirklichung der *wahren* persönlichen Ziele, denn nur dann kann es keinen Anlaß zur Reue geben. Sehen wir für einen Moment einmal davon ab, daß die Ziele ebenfalls rational sein müssen, wenn das Handeln insgesamt rational genannt werden soll. Selbst unter dem beschränkten Gesichtspunkt der Zweck-Mittel-Relation kann sich aber das Urteil über Rationalität bzw. Irrationalität jedenfalls immer nur auf den Zeitpunkt beziehen, an dem ein bestimmter Wille ein Handeln in Gang setzt. Rational nennen wir dann ein Handeln, daß unter Berücksichtigung aller verfügbaren Informationen am besten geeignet ist, das angestrebte Ziel zu erreichen, wobei „am besten“ nicht nur minimalen Aufwand indiziert, sondern auch die Vermeidung eines Verstoßes gegen die Wertrationalität in der Wahl der Mittel. Wollten wir Rationalität zusätzlich am Erfolg messen, so würden wir gerade ein für menschliches Handeln konstitutives Element ausschließen: die im Zeitpunkt des Handelns bestehende Ungewißheit über das Ergebnis. Wüßte man es im voraus, so wäre die Notwendigkeit einer Entscheidung nicht mehr gegeben und die Frage nach der Rationalität obsolet. Übrig bliebe ein passives Sicheinfügen in die jeweilige Situation — Smiths Paradigma. Oskar Morgenstern hat auf dieses Dilemma hingewiesen: Im „normalen Fall ist die Idee des ratio-

---

lert, handelt rationell, wenn mit diesem Festhalten Werte verknüpft sind, die ihm höher stehen als der sonst erzielbare Mehrertrag an Gütern; aber er handelt nicht objektiv, sondern nur subjektiv rationell.“ Ebd., S. 293, Anm. 2 unten; das kann nur heißen, daß sich die objektive Rationalität in der Realisierung des Mehrertrages verwirklicht.

[11] Vgl. *H. Albert*, Ökonomische Ideologie, S. 56 f.

[12] Ebd., S. 20.

[13] *E. Preiser*, Das Rationalprinzip, S. 96 f.

nalen Verhaltens schwierig(er) zu erfassen. Fragen wir uns: Wo gibt es soziale und ökonomische Situationen, in denen der einzelne, isoliert von allen anderen, sich streng vorgegebenen, fixierten Bedingungen gegenüber sieht, denen er sich nur passiv anzupassen braucht? In diesem Fall und nur in diesem Fall würde er alle Variablen kontrollieren, von denen das Ergebnis seiner Aktionen abhängt. Und doch beruht auf dieser von der Konzeption her falschen Grundlage die gesamte moderne ökonomische Theorie"[14]. Aber auch wenn wir das Urteil über die Rationalität nicht auf den Zeitpunkt des Handelns beziehen, sondern auf den Zeitpunkt, zu dem sich Erfolg oder Mißerfolg des Handelns in bezug auf das angestrebte Ziel zeigt, haben wir kein sicheres Kriterium erlangt, denn da Handeln stets neues Handeln nach sich zieht, für das das ursprüngliche Ziel zum Datum, zum Mittel wird, geraten wir wieder in die Aporie des Zweckprogressus, die erst mit unserem Tode ein Ende findet, d. h. die Frage der Rationalität ließe sich erst an der Grenze zwischen Leben und Tod entscheiden. Es zeigt sich, daß auch der Rückzug auf die subjektive Rationalität das ‚Rationalprinzip' nicht brauchbarer macht.

Aber bleiben wir noch einen Moment bei der ‚Maxime vernünftigen Wirtschaftens'. Sie verlangt, daß ein Individuum erfolgreich seinen Nutzen maximiert. Preiser kann daher formulieren: „Vernünftiges Handeln heißt rechnen[15]." Das bedeutet, daß wir es ausschließlich mit quantitativen Größen zu tun haben, daß qualitative Überlegungen im Nutzenkonzept keinen Platz finden. Daher auch das Mißverständnis der Nationalökonomie als einer Wissenschaft, die es nur mit Problemen zu tun hat, die grundsätzlich einer mathematischen Behandlung zugänglich sind[16]. Die quantitative Betrachtungsweise hat überdies scheinbar den Vorteil, daß sie das ethische Problem eliminiert. „Es ist von besonderer Bedeutung, daß man dabei von der Auffassung ausgeht, das *ethische Problem* trete lediglich bei der Zwecksetzung auf, sei also mit der Annahme einer bestimmten Zweckrangordnung als gelöst zu betrachten, so daß der Entscheidung für ein bestimmtes Verhalten bei gegebenen Zwecken und Mitteln als einer rein *ökonomischen* Angelegenheit keinerlei ethische Bedeutung mehr zukomme. Die in dieser

---

[14] Spieltheorie: Ein neues Paradigma der Sozialwissenschaft. In: Zeitschrift für Nationalökonomie, Bd. 28 (1968). Zitiert nach dem (gekürzten) Wiederabdruck in: R. Jochimsen u. H. Knobel (Hrsg.), S. 175.

[15] Das Rationalprinzip, S. 104.

[16] Vgl. z. B. *P. A. Samuelson:* „Ich würde gern glauben, daß die Sprache der Mathematik irgendeine besondere Eigenschaft hat, die Aufmerksamkeit von *Pseudoproblemen qualitativer Art* abzulenken." Economic Theory and Mathematics: An Appraisal. In: The American Economic Review, Papers and Proceedings, Bd. 42 (1952). Zitiert nach dem Wiederabdruck in: R. Jochimsen u. H. Knobel (Hrsg.), S. 211. Vgl. auch *E. Preiser,* Wesen und Probleme der nationalökonomischen Theorie. In: ders.: Politische Ökonomie, S. 147.

Behauptung enthaltene *Identifizierung von Zweckneutralität* und *Wertindifferenz* ist die notwendige Bedingung für die Annahme einer selbstständigen rein ökonomischen Problematik, einer solchen also, die nicht bereits in der ethischen enthalten ist. Nur wenn lediglich die *Zwecke* ethischer Beurteilung unterliegen, kann mit Recht behauptet werden, die *Mittelverwendung* zur Realisierung dieser Zwecke sei ausschließlich ein Problem der Rationalität, über dessen richtige Lösung nur das Maß dieser Zweckrealisierung entscheide. Nur aus diesem Grund kann die ökonomische Theorie den Mitteln einen ausschließlich vom *originären* Wert der Zwecke *abgeleiteten* Wert zusprechen, so daß der Erfolg eines Handelns einzig und allein im Maße der Verwirklichung vorgegebener Ziele zum Ausdruck kommt und die ‚Kosten' sich als Wertausdruck der nicht zur Verwirklichung gelangten Zwecke definieren lassen[17]." Hier liegt der entscheidende Fehler eines jeden Versuchs, menschliches Handeln außerhalb ethischer Kategorien betrachten zu wollen. Denn mit der Entscheidung für das eine oder das andere Zielsystem ist das ethische Problem keineswegs verschwunden. Es taucht bei der Frage nach den Mitteln, die zur Zielverwirklichung eingesetzt werden sollen, wieder auf. Nur eine rein quantitative Betrachtung, die nach den Regeln der Differentialrechnung Minima und Maxima ermittelt, kann glauben, die Zahlen repräsentierten keine Werte, mithin sei dieses Vorgehen wertfrei. Myrdal hat hingegen deutlich gemacht, daß Wertfreiheit auch in diesem Bereich nicht existiert: „Nun ist es jedoch offenbar, daß nicht nur ‚Zwecke' Gegenstand von Wertsetzungen sind, sondern auch ‚Mittel'. Die Mittel sind nicht wertmäßig indifferent. Die Wertsetzung bezieht sich jeweils auf einen ganzen Verlauf und nicht nur auf sein antizipiertes Schlußresultat. Das Werturteil hat zu vergleichen und auszuwählen zwischen verschiedenen Verlaufsalternativen ... Die Wertsetzung, das eigentlich politische Urteil knüpft sich prinzipiell nicht lediglich an die Zwecksetzung, sondern an jedes einzelne Element innerhalb sämtlicher möglicher Verlaufsalternativen, die miteinander verglichen werden sollen[18]." Das kann auch gar nicht anders sein. Die Menschen handeln aufgrund ihrer Vorstellungen von „gut" und „böse", von „gerecht" und „ungerecht", die Wertsetzung ist der Handlung jeweils vorgängig und betrifft alle Aspekte des Handelns. Handeln ist niemals wertfrei[19], und nicht der Zweck heiligt die Mittel, sondern das

---

[17] *H. Albert,* Ökonomische Ideologie, S. 18 f.

[18] *G. Myrdal,* Das Zweck-Mittel-Denken in der Nationalökonomie. In: ders., Das Wertproblem in der Sozialwissenschaft. Hannover 1958, S. 217 f.

[19] Aus diesem Grund beruht auch die Kritik Myrdals an der Nationalökonomie auf einem Mißverständnis. „Das ganze Buch (Das politische Element, L. K.) steht unter der Vorstellung, daß, wenn alle metaphysischen Elemente entfernt sind, eine positive Theorie übrigbleiben wird, die von Werturteilen frei ist. Politische Folgerungen können dann einfach dadurch

dem Handeln insgesamt zugrunde liegende Ethos. Das bedeutet für das Rationalprinzip, daß es, wenn es Substanz besitzen soll, über eine explizite rationale Wertordnung verfügen muß. Die Notwendigkeit einer inhaltlichen Auffüllung hat Preiser im Grundsatz anerkannt: „Auch mit durchaus rationalem Handeln verträgt sich ... eine Fülle von Verhaltungsweisen, je nach den Wertungen, je nach der Rangordnung des Wirtschaftssubjekts. Mit einem homo oeconomicus in diesem Sinn, mit dem homo rationalis also, kann die Theorie nicht arbeiten; sie wäre nicht imstande, etwa eine Aussage darüber zu machen, wie ein Produzent sich verhält, wenn die Preise seiner Erzeugnisse steigen. *Sie muß* also ein genauer präzisiertes, *ein an einer bestimmten Rangordnung orientiertes Verhalten voraussetzen**, und wenn die Theorie für die Erklärung der Wirklichkeit brauchbar sein soll, so muß das Verhalten des theoretischen Wirtschaftssubjekts, der Modellfigur, mit dem Verhalten des wirklichen Menschen der Nation, der Schicht und der Zeit übereinstimmen, deren Wirtschaft untersucht werden soll. Der Weg dahin ist also vorgeschrieben: *die Theorie muß die Wertskala dieses Menschen empirisch feststellen*[20]."

Die Wertskala ist der Nationalökonomie seit Adam Smith vorgegeben. Aus seiner Anthropologie bezieht sie ihre Kriterien für „rationales" Verhalten. Zur Überprüfung dieser These wollen wir im folgenden drei Lehrgebiete der Nationalökonomie einer kurzen Analyse unterziehen. Wir folgen dabei dem methodischen Aufbau des Werkes von Adam Smith und behandeln im einzelnen: die mikroökonomische Theorie, in deren Zentrum das Verhalten der „Wirtschaftssubjekte" und, daraus abgeleitet, die relativen Preise und die Allokation der Ressourcen stehen; die Theorie der Wirtschaftspolitik, die die Bedingungen einer optimalen Erfüllung der individuellen Wünsche angibt; und die Finanztheorie, die in Bezug auf dieses Optimum die Grundsätze des Handelns der Regierung aufstellt[21]. Die makroökonomische Theorie, die Vertei-

---

abgegleitet werden, daß dem objektiven wissenschaftlichen Wissen eine Reihe ausdrücklicher Wertprämissen hinzugefügt werden." Das politische Element, Vorwort zur englischen Ausgabe, ohne Seite. Besser steht es schon mit Alberts Versuch, nach Eliminierung aller normativen Elemente die „dynamisch-institutionellen Bestandteile der Ökonomik in eine wertfreie Soziologie" einzubringen. Vgl. Ökonomische Ideologie, S. 22 f. Damit hätte die Nationalökonomie nur noch beschreibende Funktion, und von „Theorie" könnte nur noch in rudimentärer Form die Rede sein. Überdies behielte sie trotzdem, falls ihr Erkenntniswert nicht vollkommen gegen Null ginge, eine politische Funkion, da im Bereich der Sozialwissenschaften Erkenntnisse immer verändernd auf die Struktur zurückwirken, deren Erkenntnis die jeweilige Sozialwissenschaft ist; vgl. oben Kapitel 3.

[20] Das Rationalprinzip, S. 108.

[21] Um uns den Vorwurf möglichst zu ersparen, wir träfen aus verschiedenen Lehrbüchern eine willkürliche Auswahl, ohne jeweils den Zusammenhang zu berücksichtigen, nehmen wir für jeden behandelten Bereich nur 1 Lehrbuch

lungstheorie und die Außenhandelstheorie zeigen als Aggregate bzw. als Spezialfälle der mikroökonomischen Theorie im Kontext unserer Untersuchung kein von den behandelten Gebieten abweichendes Bild, so daß auf eine gesonderte Darstellung verzichtet werden kann.

Mikroökonomische Theorie[22]

Die mikroökonomische Theorie oder Preistheorie hat die Erklärung und Vorhersage der relativen Preise und der Allokation der Ressourcen in die verschiedenen Verwendungszwecke zum Ziel (HQ 1 f.). Wie bei jeder anderen Theorie spielen auch hier drei Elemente eine Rolle: „(1) Daten, welche der Analyse vorgegeben werden und die Rolle von Parametern spielen; (2) Variable, deren Werte durch die Theorie bestimmt werden; (3) Verhaltensannahmen oder Postulate, welche die Operationsregeln der Analyse definieren." (HQ 1) Uns interessiert Punkt (3). Wir wollen zeigen, daß die gemachten Verhaltensannahmen Smiths *anthropos* voraussetzen, daß die Mikrotheorie ohne diese Annahme gar keine Grundlage hätte, das System folglich indeterminiert wäre[23].

Traditionell nimmt die mikrotheoretische Analyse folgenden Gang: Die beiden ersten Schritte gelten der Untersuchung des individuellen Verhaltens der Verbraucher und der Produzenten mit der Ermittlung der Kauf- und Absatzmengen. Anschließend werden, zuerst auf einem Markt für ein Gut, dann auf allen Märkten, die relativen Preise der Güter sowie die optimale Allokation der Ressourcen bestimmt. Bis zu diesem Schritt wurde als Parameter jeweils eine bestimmte Marktform vorgegeben: die vollkommene Konkurrenz. Diese Annahme wird nun im nächsten Schritt aufgegeben, und es werden die Preisbestimmungsgründe bei verschiedenen Marktformen untersucht. Schließlich behandelt der letzte Abschnitt den explizit normativen Teil der Mikrotheorie, der zeigt, was sein sollte: die *Welfare Economics*[24].

---

zur Grundlage unserer Analyse. Die Repräsentativität scheint uns dadurch gesichert, daß es sich dabei um weitverbreitete und nahezu an jeder Universität verwendete Standardwerke handelt, mit denen die meisten Studenten im Laufe ihres Studiums in Berührung kommen.

[22] Als Grundlage dient das Lehrbuch von *J. M. Henderson / R. E. Quandt*, Mikroökonomische Theorie. Eine mathematische Darstellung. Berlin und Frankfurt a. M. 1967. Belegstellen werden im Text hinter den Entlehnungen mit „HQ" und Seitenzahl angegeben.

[23] Es ist aus anderen Gründen ohnehin indeterminiert. Wir werden darauf noch zurückkommen.

[24] Wir beschränken unsere Untersuchung auf den Rahmen der statistischen Theorie, da in ihr alle für uns wesentlichen Prämissen enthalten sind, deren sich auch die dynamische Theorie bedient. Die Hinzunahme des Zeitfaktors ändert nichts Grundsätzliches an den Verhaltensannahmen.

Grundlage für die Annahme über das Verbraucherverhalten ist das Rationalprinzip. „Der Konsument wählt demnach unter den ihm verfügbaren Alternativen derart, daß er die größtmögliche Befriedigung aus der Menge der konsumierten Güter (*im weitesten Sinne**) erhält. Das bedeutet, daß er diese Alternativen kennt und sie auch bewerten kann. Die gesamte Information darüber, welchen Nutzen der Konsument aus den verschiedenen Gütermengen ziehen kann, ist in seiner *Nutzenfunktion* enthalten." (HQ 7) Verlangt wird die Kenntnis eines ordinalen Nutzenmaßes (HQ 9). Der Konsument nimmt jede Gelegenheit wahr, seinen Nutzen zu vergrößern (HQ 90), den er wiederum ableitet „aus der Menge der zurückgehaltenen Primärfaktoren und der Menge der *produzierten** Güter, welche er kauft" (HQ 143)[25]. Das bedeutet konkret, daß er immer darauf aus sein wird, mehr Güter zu erwerben, denn dadurch kann er seinen Gesamtnutzen steigern (HQ 11). Aus der Nutzenfunktion wird die Nachfragefunktion des Konsumenten abgeleitet. Die Annahme, daß mehr Güter einen höheren Nutzen stiften, impliziert, „daß Nachfragekurven eine negative Steigung haben: je niedriger der Preis, umso höher die Nachfrage*menge**" (HQ 24). Es geht also nicht um Bedarfsdeckung, sondern um ein Gütermaximum. Nur unter dieser Prämisse ist die Theorie des Konsumentenverhaltens sinnvoll interpretierbar. Wie wir bereits gesehen haben, ist das Rationalprinzip inhaltsleer, und damit alles, was daraus deduziert wird, also auch die Konsumententheorie. Erst wenn ein Maßstab für rationales Verhalten angegeben wird, der sich als Verhaltensregel eignet und nicht den tautologischen Charakter des Nutzenkonzepts aufweist, ist es möglich, eine Theorie zu entwickeln, die eine Erklärung der relativen Preise erlaubt. Gibt es diesen Maßstab nicht, wie die angeblich „wertfreie Theorie" unterstellt, dann lassen sich keine Nachfragefunktionen ableiten und das Preissystem ist indeterminiert. Aber in ihrer praktischen Arbeit, d. h. im Schreiben von Lehrbüchern, strafen sich die meisten dieser Theoretiker selber Lügen: Ihr Maßstab für Rationalität heißt maximaler Konsum.

Die Analyse des Verhaltens der Produzenten ähnelt formal der Konsumententheorie. „... das Postulat des rationalen Maximierungsverhaltens hat sein Gegenstück in der Theorie der Unternehmung. Der rationale Konsument versucht den Nutzen aus dem Konsum der Güter zu maximieren; *der rationale Unternehmer möchte den Gewinn maximieren**, den ihm die Produktion und der Verkauf der Güter einbringt." (HQ 46) Auch der Unternehmer nimmt jede Gelegenheit wahr, um sei-

[25] Unter „Primärfaktoren" werden z. B. „Land und Arbeitskraft" (HQ 142) verstanden, also etwas, das der Produzent im Tausch gegen produzierte Güter einsetzen kann. Das Zitat macht deutlich, daß unter „Güter im weitesten Sinne" marktfähige Konsumgüter zu verstehen sind.

nen Gewinn zu vergrößern (HQ 90). Der Gewinn ist definiert als die Differenz zwischen Verkaufserlös und Faktoreinsatzkosten. Daraus ergibt sich eine eindeutige Strategie: „Der Unternehmer kann versuchen, den Ausstoß zu gegebenen Kosten zu maximieren oder aber die Kosten für eine gegebene Ausbringungsmenge zu minimieren.“ (HQ 86) Und nur für die Strategie gewinnmaximalen Verhaltens ist die Angebotsfunktion eines Unternehmens definiert (HQ 94, 130), d. h. jede andere, nicht ähnlich exakt bestimmbare Annahme über das Unternehmerverhalten, wie z. B. das meist in die Fußnoten verbannte Anstreben des sog. „branchenüblichen Gewinns“, ließe die Angebotskurve undefiniert und damit ebenfalls das Preissystem indeterminiert.

Treffen nun auf einem Gütermarkt nutzenmaximierende Konsumenten und gewinnmaximierende Produzenten aufeinander, so ergibt sich unter den Bedingungen der vollkommenen Konkurrenz ein Preis in einer Höhe, bei der die angebotene Menge gleich ist der nachgefragten Menge. Dabei ist die Annahme der vollkommenen Konkurrenz entscheidend. Sie erfüllt folgende Bedingungen: „(1) Die Firmen produzieren ein homogenes Gut, und vom Standpunkt des Verkäufers aus sind die Konsumenten identisch, so daß mit dem Verkauf an einen bestimmten Konsumenten keine speziellen Vor- oder Nachteile verbunden sind; (2) Sowohl Anbieter als auch Nachfrager sind so zahlreich, daß der Kauf oder Verkauf jeder einzelnen Einheit im Verhältnis zum gesamten Umsatzvolumen sehr klein ist; (3) Unternehmer und Konsumenten besitzen vollkommene Information über den herrschenden Preis und das Angebot, und sie nehmen jede Gelegenheit wahr, um ihren Gewinn oder ihren Nutzen zu vergrößern; (4) Es besteht die Möglichkeit freien Marktzugangs und -abgangs für Unternehmer und Konsumenten.“ (HQ 90) Die Annahme der vollständigen Konkurrenz soll sichern, daß auf dem Markt nur ein einziger Preis, der Gleichgewichtspreis, zustande kommt. Ein Gleichgewichtspreis ist definiert als ein Preis, bei dem Verkäufer und Käufer keine Veranlassung sehen, ihr Verhalten zu ändern (HQ 115), so daß auch in Zukunft die gleichen Mengen zu dem gleichen Preis getauscht werden. Existiert ein solcher Gleichgewichtspreis, so befindet sich der Markt insgesamt im Gleichgewicht. Wäre nun die vollkommene Konkurrenz theoretisch denkbar, auch wenn ihre Verwirklichung unwahrscheinlich ist, so hätte das Marktgleichgewicht paradigmatischen Charakter, zumal ja aufgrund von Bedingung (4) die Ressourcen immer dort eingesetzt werden können und unter der Voraussetzung gewinnmaximierenden Verhaltens auch eingesetzt werden, wo die Nachfrage eine vorteilhafte Verwendung sichert (HQ 91), so daß langfristig auch die Unternehmer nicht mehr als einen „normalen“ Gewinn erzielen können (HQ 101 ff.). Es wäre die theoretische Rechtfertigung der Überzeugung von Smith, daß man die Egoismen der

Individuen freisetzen muß, wenn man eine stabile Gesellschaft und den größten Nutzen aller Mitglieder im Auge hat. Die Theorie der vollkommenen Konkurrenz beruht jedoch auf einem entscheidenden Denkfehler, der das Gebäude, das auf ihr ruht, seines Fundaments beraubt. Nach Bedingung (3), die sichern soll, daß sich auf einem Markt für ein Gut nur ein einziger Preis herausbildet, haben alle Marktteilnehmer vollkommene Information über die relevanten Marktdaten. Wie Albert gezeigt hat, ist diese Bedingung nur dann sinnvoll, wenn sich die Information auf zukünftige Marktdaten bezieht, weil die für zweckmäßiges Handeln in der Gegenwart wichtigen Tatsachen in der Zukunft liegen[26]. Damit wird sie zur Annahme vollkommener Voraussicht[27]. Diese Annahme hebt nicht nur eine Bedingtheit menschlichen Handelns, die Ungewißheit, auf — womit sie auch theoretisch unzulässig wird —, sie widerspricht auch Bedingung (2), ohne die kein stabiles Gleichgewicht entstehen kann. „Bedingung (2) bewirkt, daß vielen Anbietern viele Nachfrager gegenüberstehen. Wenn die Anzahl der Unternehmen sehr groß ist, so kann ein Unternehmer den Marktpreis durch Variation seiner Angebotsmenge nicht nennenswert ändern. Die Nachfrageänderung eines einzelnen Konsumenten für ein Gut bleibt ohne Einfluß auf dessen Preis. Der einzelne Käufer oder Verkäufer verhält sich demnach so, als habe er keine Einwirkungsmöglichkeit auf den Preis und paßt sich lediglich einer gegebenen Marktsituation an.“ (HQ 90)[28] Genau diesen Schluß kann man unter der Voraussetzung vollkommener Voraussicht und des Bestrebens, jeden möglichen Vorteil wahrzunehmen, nicht ziehen; denn wenn ein Anbieter den Preis auch nur ein wenig senkt, wird er die gesamte Nachfrage auf sich vereinigen können, und da er das weiß, wird er es auch tun[29]. Dieses Verhalten wird wiederum seine Konkurrenten zu einer Reaktion veranlassen und so fort. Das bedeutet, daß wir es mit einer Oligopol-Situation zu tun haben[30], mit

[26] Vgl. Ökonomische Ideologie, S. 47 f.

[27] Vgl. ebd., S. 48.

[28] Die Verfasser formulieren die Explikation von Bedingung (2) schon so, als bliebe dem Anbieter nur Mengenanpassung übrig, als könne er nicht ebensogut den Angebotspreis variieren. Das soll sich aber erst als Ergebnis zeigen.

[29] Das logische Paradoxon, das sich ergibt, wenn man diese Situation weiterdenkt, hat *Oskar Morgenstern* aufgezeigt. Es würde im Ergebnis bedeuten, daß das Geschehen determiniert wäre, bevor es determiniert sein könnte. Vgl. Vollkommene Voraussicht und wirtschaftliches Gleichgewicht. In: ders., Spieltheorie und Wirtschaftswissenschaft. Wien, München 1963; vgl. auch *H. Albert,* Ökonomische Ideologie, S. 49 f. Wir können hier nicht näher darauf eingehen.

[30] Das Oligopol ist definiert als eine Marktform, in der „die Marktreaktionen eines jeden Verkäufers einen merkbaren Einfluß auf seine Konkurrenten haben ... Der Gewinn jedes Anbieters ist das Ergebnis der Marktentscheidungen aller Teilnehmer. Es gibt keine allgemein anerkannten Verhaltensannahmen.“ (HQ 185) Die Gewinnmaximierung reicht als Verhaltens-

der Konsequenz, daß der Marktpreis nicht determiniert ist und ein Marktgleichgewicht nicht existiert. Was für einen Markt gilt, gilt auch für alle Märkte insgesamt: „Um den Tatbestand der allgemeinen Interdependenz der Märkte und Preise mit der gleichzeitigen Annahme der Einflußlosigkeit des einzelnen Wirtschaftssubjekts auf die Preishöhe bei vollständiger Konkurrenz in Einklang zu bringen, hatte man bisher zu der Hilfsannahme gegriffen, der Einfluß sei zwar vorhanden, aber so gering, daß er dem Marktteilnehmer nicht bekannt sei und daher auch nicht von ihm in Rechnung gestellt werden könne. Diese Unterstellung ist *mit der Annahme der vollkommenen Voraussicht nicht mehr vereinbar*. Bei vollkommener Markttransparenz kann es keine Einflüsse auf das Preissystem geben, die für den Marktteilnehmer *unmerklich* sind. Andererseits macht es die Annahme der allgemeinen *Interdependenz* unmöglich, die *tatsächliche* gegenseitige Beeinflussung zu leugnen. Die Prämisse der vollkommenen Markttransparenz muß also infolge der allgemeinen Interdependenz der Preise in der Volkswirtschaft zu einem *universellen Oligopol* mit der notwendigen Folge der theoretischen *Interdeterminiertheit des gesamten volkswirtschaftlichen Preissystems* führen[31]." Da echte Monopole aufgrund der Tatsache, daß für die meisten Güter Substitute bestehen, sehr selten sind, ist das Oligopol die beherrschende Marktform. Das war auch zu erwarten angesichts der Verhaltensannahmen. Wenn jeder Marktteilnehmer jede Gelegenheit ergreift, seinen persönlichen Vorteil wahrzunehmen, und da im Bereich der Gewinn- und Nutzensphäre aufgrund der allgemeinen Interdependenz des einen Vorteil des anderen Nachteil ist[32], dann muß sich eine Situation ergeben, in der jeder auf eine Möglichkeit lauert, seine Konkurrenten aus dem Felde zu schlagen. Das Ergebnis ist ein latenter Machtkampf, der ab und zu offen ausbricht[33]. Der Wettbewerb steht unter dem sozialdarwinistischen Prinzip des *„survival of the fittest"*.

Die Marktform der vollkommenen Konkurrenz kommt nicht nur empirisch nicht vor, sie ist auch theoretisch nicht haltbar. Trotzdem

---

annahme allein nicht aus, da zusätzlich die Reaktion der Konkurrenten in das eigene Kalkül mit einbezogen werden muß. Da es für diese Reaktion keine eindeutige Verhaltensannahme gibt, existiert auch keine eindeutige Lösung des Oligopolproblems.

[31] *H. Albert,* Ökonomische Ideologie, S. 48.

[32] Unter diesem Gesichtspunkt ist die Spieltheorie als das dem Problem adäquateste preistheoretische Instrument anzusehen. Auch sie basiert freilich auf den üblich anthropologischen Voraussetzungen: „Die Spieltheorie nimmt *nur** an, daß jedes Individuum seinen größtmöglichen Vorteil sucht und — im Rahmen der unantastbaren Spielregeln — jeden Weg zu gehen bereit ist, von dem es glaubt, daß er zum Erfolg führt, wie gering dieser auch immer sein möge." *O. Morgenstern,* Spieltheorie, S. 176.

[33] Aus diesem Grund begrüßte *v. Stackelberg* den autoritären Staat, von dem er erhoffte, er würde den wirtschaftlichen Machtkämpfen ein Ende bereiten. Vgl. Marktform und Gleichgewicht. Wien 1934, S. 174.

gibt sie das Paradigma ab, an Hand dessen politische Entscheidungen getroffen werden sollen, weil sie angeblich mit einem gesellschaftlichen Idealzustand identisch ist. In der Wohlfahrtstheorie wird der Nachweis geführt, daß die vollkommene Konkurrenz, und nur sie, ökonomisch effizient ist (HQ 214 ff.). Ökonomische Effizienz, auch Pareto-Optimalität genannt, ist definiert als eine Situation, in der die Wohlfahrt einer Person nicht erhöht werden kann, ohne diejenige einer anderen zu vermindern (HQ 214)[34]. „Die vollkommene Konkurrenz ist ... ein Idealzustand der Optimalität und Wohlfahrt." (HQ 215) Dieser Idealzustand ist, im wahren Wortsinn, utopisch. Wenn er trotzdem immer wieder als „analytisches" Instrument verwendet wird, obwohl er keinen Erkenntniswert hat, so deutet das darauf hin, das sich hinter dem Deckmantel vorgeblicher Wissenschaftlichkeit politische Interessen verbergen. „So tritt die Theorie des freien Wettbewerbs nicht nur als eine Idee auf, die den Verlauf wirtschaftlicher Zusammenhänge unter gewissen Voraussetzungen erklärt, sondern sie versucht zu beweisen, daß diese hypothetischen Bedingungen zu einem Maximum des Gesamteinkommens oder zu einer größtmöglichen Befriedigung der Gesellschaft als einer Gesamtheit führen. ‚Freier Wettbewerb' wird auf diese Weise mehr als eine Anzahl von abstrakten Annahmen, die als Instrument bei der theoretischen Analyse von kausalen Beziehungen von Tatsachen dienen: er wird zu einem *politischen Desiderat*[35]." Der Inhalt dieses politischen Desiderats verbirgt sich in der gesamtwirtschaftlichen Wohlfahrtsfunktion, die die Wohlfahrtstheorie benötigt, wenn sie angesichts der vielen möglichen pareto-optimalen Situationen[36] zu einer eindeutigen Lösung des Wohlfahrtsoptimums gelangen will. Da die Wohlfahrtsfunktion „eine Funktion der Nutzenniveaus aller Wirtschaftssubjekte" (HQ 231) ist, die Nutzenniveaus aber, wie wir gesehen haben, von der Ausstattung der Individuen mit Gütern abhängen, wird die Wohlfahrtsfunktion inhaltlich durch die Höhe des Sozialprodukts bestimmt. In dieser Form ist sie auch der Kern der Theorie der Wirtschaftspolitik.

---

[34] Die Definition ist nur sinnvoll unter der Annahme, daß ein Wohlfahrtszuwachs bei einer Person von einer anderen nicht als eine Wohlfahrtseinbuße betrachtet wird, weil ihre objektive wirtschaftliche Situation unberührt bleibt. Dies widerspricht jedoch der sonst in der Nationalökonomie vertretenen Ansicht, daß Wohlfahrt eine subjektive Größe ist, die sich unter anderem nach ihrer relativen Position zu der anderer Personen bemißt, und zwar in der Weise, daß A einen Zuwachs bei B als eigene Einbuße betrachtet. Unter diesem Gesichtspunkt ist die Definition sinnlos, weil dann jede Situation ein Pareto-Optimum darstellt.

[35] *G. Myrdal,* Das politische Element, S. 4.

[36] Da ein Pareto-Optimum durch die Nutzenniveaus der Konsumenten bestimmt wird, interpersonelle Nutzenvergleiche aber nicht angestellt werden können, wenn die Nutzenfunktionen der Individien nicht konkretisiert sind, gibt es unendlich viele Möglichkeiten, wie die Güter verteilt sein und trotzdem dem Pareto-Kriterium genügen können.

Theorie der Wirtschaftspolitik[37]

„Wirtschaftspolitik ist die Gesamtheit aller Bestrebungen, Handlungen und Maßnahmen, die darauf abzielen, den Ablauf des Wirtschaftsgeschehens in einem Gebiet oder Bereich zu ordnen, zu beeinflussen oder unmittelbar festzulegen." (G 17) Da sie ein Teilbereich der allgemeinen Politik ist (G 18), daher nicht isoliert betrieben werden kann, gehen vom wirtschaftspolitischen Handeln ebenso Wirkungen auf außerökonomische Bereiche aus (G 24) wie umgekehrt immer auch der wirtschaftliche Bereich von der übrigen, nicht spezifisch an Belangen der Wirtschaft orientierten Politik beeinflußt wird. Für die Wirtschaftspolitik gilt also im Prinzip das gleiche, was wir oben ganz allgemein für politisches Handeln verlangt haben[38], daß sie nämlich in der guten Gesellschaft ihr Ziel findet. Entsprechend impliziert die Aufgabe einer Theorie der Wirtschaftspolitik, „die tatsächliche Wirtschaftspolitik zu erklären und zu ihrer Verbesserung beizutragen" (G 22), ein Wissen von der guten Wirtschaftspolitik, denn ohne dieses Wissen bliebe unklar, was als Verbesserung betrachtet werden kann. Daraus ergibt sich aber wiederum infolge der allgemeinen Interdependenz menschlichen Handelns und der dieses Handeln motivierenden Wertvorstellungen für die Theorie der Wirtschaftspolitik die Notwendigkeit, zur Kenntnis der rationalen Struktur der Gesellschaft und der diese Gesellschaft tragenden Werte zu gelangen.

Giersch trägt dieser Notwendigkeit mit dem Versuch Rechnung, die Ziele der Gesellschafts- und Wirtschaftspolitik in eine Rangordnung zu bringen, die einer rationalen Wirtschaftspolitik als Grundlage dienen kann. Rational heißt dabei für ihn „eine Politik, die planmäßig auf die Verwirklichung eines umfassenden, wohldurchdachten und in sich ausgewogenen Zielsystems gerichtet ist und dabei den höchsten Erfolgsgrad erreicht, der unter den jeweiligen Umständen möglich ist" (G 22). Abgesehen davon, daß, wie wir gesehen haben, der Erfolg kein Kriterium für Rationalität sein kann, ist diese Begriffsbestimmung durchaus sinnvoll, wenn das Zielsystem nicht nur *logisch* widerspruchsfrei ist, sondern selber rational geordnet. Betrachten wir daher die Erörterung der gesellschaftlichen Wertordnung unter diesem Gesichtspunkt. Aus-

[37] Als Grundlage der Analyse dient das Lehrbuch von *H. Giersch*, Allgemeine Wirtschaftspolitik. Erster Band: Grundlagen. Wiesbaden 1961. Belegstellen werden im Text hinter den Entlehnungen mit „G" und Seitenzahl angegeben.

[38] Vgl. S. 51. Hier wird im übrigen deutlich, daß der zu erwartende Einwand, die ökonomische Theorie habe es nur mit wirtschaftlichem Handeln zu tun, nicht stichhaltig ist, da menschliches Handeln immer eine Einheit bildet. Wirtschaftliches Handeln hängt wie jedes andere Handeln auch von den vorgängigen Wertvorstellungen ab, die ja nicht voneinander unabhängig sind, sondern „als ein Ausfluß des Allzusammenhangs der sozialen Wirklichkeit" (G 66) interdependent.

gegangen wird von der auf ihre Rationalität hin unbefragten Prämisse, daß die „Diskrepanz zwischen unseren Bedürfnissen und den Mitteln zu ihrer Befriedigung“ nicht durch „Selbstbescheidung“, sondern durch die „Ausweitung des Möglichkeitsbereiches“ aufgehoben werden soll (G 60)[39]. Diese Ausweitung muß sich nicht ausschließlich auf die Produktion neuer Güter beziehen, sie kann sich auch gegen den bereits vorhandenen Möglichkeitsbereich anderer Personen oder Gesellschaften richten. „Wenn der Versuch unternommen wird, die *eigenen Mittel auf Kosten anderer zu vermehren,* verwandelt sich der intrapersonelle Konflikt in einen interpersonellen und in einen offenen Kampf der Gruppen untereinander.“ (ebd.) Es wird, auf der Basis der obigen Prämisse vollkommen zu Recht, gefolgert, daß dieser Konflikt unvermeidlich ist (G 62) und daß der Versuch einer „Herbeiführung eines Verhaltens, das dem Ziel der Gesellschaft konform ist“, utopischen Charakter hat (G 64)[40]. Damit eine Gesellschaft überhaupt fortexistieren kann, sind daher Kompromisse notwendig. „Der Kompromiß als Mittel zum Ausgleich von Interessenkonflikten zwischen Personen und Gruppen dient dem *sozialen Frieden,* weil er den Kampf ablöst oder erspart, und der *Freiheit,* weil er obrigkeitlichen Zwang entbehrlich macht. Soweit der Kampf die Existenz der Beteiligten und irgendwelcher Dritter gefährden, kulturelle und materielle Werte zerstören oder ihre Schaffung behindern würde, ist ein Kompromiß auch der *Sicherheit* und dem *Wohlstand* förderlich.“ (G 68) Insofern der Kompromiß die Interessengegensätze nicht aufhebt, kann er freilich nicht mehr bewirken als einen Waffenstillstand (G 69), der durch das Gruppeninteresse ständig in Frage gestellt ist.

Als wichtigste gesellschaftliche Ziele werden Freiheit, Frieden, Gerechtigkeit, Sicherheit und Wohlstand genannt (G 68). Diese Ziele sind so definiert, daß sie nicht widerspruchsfrei in eine Rangordnung gebracht oder als gleichrangig verwirklicht werden können. So stehen Freiheit und Gerechtigkeit zueinander in einem Gegensatz (G 77). Die Freiheit hat zwei Aspekte, einen formalen, der in der rechtsstaatlichen Demokratie „als ein Kernstück die prinzipielle Gleichheit des staats-

---

[39] Die Einsicht, daß die „Bedürfnisse wachsen mit den Möglichkeiten ihrer Befriedigung, weil sie durch die Umwelt geweckt, genährt und manipuliert werden“ (G 61), führt zu keiner Überprüfung der Prämisse, obwohl sie deren Sinnlosigkeit augenfällig macht. Wir werden gleich sehen, daß diese Einsicht sofort wieder verschüttet wird.

[40] Diese These ist theoretisch falsch, denn ein solches Verhalten ist sehr wohl möglich, wenn auch im Rahmen der Wertordnung der gegenwärtigen Gesellschaft nicht zu erwarten. Sie beruht auf der Verabsolutierung des nationalökonomischen *anthropos* als des historisch einzig möglichen Menschentypus. Im übrigen fragt man sich, wer denn eigentlich das Ziel der Gesellschaft bestimmt, wenn es keinem Mitglied der Gesellschaft so einleuchtet, daß es sich entsprechend verhält.

bürgerlichen Status" (G 73) bedeutet, und einen materialen. „*Materiale Freiheit* ist das Vermögen, im Rahmen der formalen Freiheit und der durch die Sitte gezogenen Grenzen selbst gesteckte Ziele zu verwirklichen. Wir können für unsere Zwecke alternativ auch den Begriff der *ökonomischen Macht* verwenden. Der Ohnmächtige ist unfrei trotz aller formalen Freiheiten, die ihm gegeben sein mögen; nur wer Macht hat, kann die Chance nutzen, die die formale Freiheit gewährt." (G 73 f.) Die formale Gerechtigkeit ist mit der formalen Freiheit identisch (G 75 f.); doch die materiale Gerechtigkeit in ihren drei Formen als Startgerechtigkeit, Leistungsgerechtigkeit und Bedarfsgerechtigkeit steht in einem scharfen Konflikt mit der materialen Freiheit, weil mehr Gerechtigkeit immer Machteinbuße und damit Verlust an materialer Freiheit bei mindestens einem Mitglied der Gesellschaft bedeutet. In ähnlicher Weise stehen auch andere Ziele zueinander in einem Spannungsverhältnis, worauf wir hier jedoch nicht im einzelnen eingehen können[41]. Das ist auch gar nicht notwendig, weil es unter den gesellschaftlichen Zielen ein Ziel gibt, das die anderen Ziele in nahezu idealer Weise befördert: die Erhöhung des Wohlstandes. „Das Ziel der Erhöhung des Wohlstandes kann als Steigerung des Netto-Sozialprodukts pro geleisteter Arbeitsstunde definiert und in den Dienst der materialen Freiheit, der Sicherheit und der Gerechtigkeit gestellt werden." (G 85) Da die Sicherheit den Frieden einschließt (G 82), sind wir in der glücklichen Lage, uns auf ein Ziel konzentrieren zu können, ohne dabei die anderen Ziele zu vernachlässigen. Zwar betont Giersch ausdrücklich, das für ihn das Ziel der Wohlstandssteigerung immer nur *Unter*ziel sei, das seinen Wert von anderen Zielsetzungen empfängt (G 87), doch da diese Zielsetzungen quasi als Abfall- bzw. Kuppelprodukt des Wohlstandes erreicht werden, wird die Maximierung des Sozialprodukts zu *dem* gesellschaftlichen Ziel, das das Wohlergehen der Gesellschaft optimal fördert[42].

Die Steigerung des Wohlstandes vergrößert die materiale Freiheit und hebt den sozialen Status; sie erhöht die Sicherheit, die heute wesentlich vom Produktionspotential abhängt, und ist ein geeignetes Mittel, um, national wie international, mehr Gerechtigkeit zu verwirklichen (G 87). Ein maximales Sozialprodukt ist mit formaler Freiheit

---

[41] So müssen wir auch darauf verzichten, die einzelnen Begriffsbestimmungen auf ihren rationalen Gehalt zu prüfen, obgleich man auch auf diesem Wege die ideologische Basis der Nationalökonomie aufzeigen könnte. Für unseren Argumentationsgang würde dies jedoch eine Digresssion bedeuten, deren Umfang das zuträgliche Maß bei weitem überstiege. Aus dem gleichen Grund unterbleibt auch ein jedesmaliger expliziter Hinweis auf die mangelnde logische Konsistenz der Zuordnung der verschiedenen Werte zueinander.

[42] Das hat für die Nationalökonomen den Vorteil, daß sie sich mit den ethischen Problemen nicht länger beschäftigen müssen.

weitgehend vereinbar (G 88). Durch Eingriffe der Regierung, die immer eine Beschränkung der materialen Freiheit bedeuten, kann das Sozialprodukt zwar etwas erhöht werden, doch zumindest für wohlhabende Länder sind die Kosten der Freiheit relativ gering, so daß sie sich sie sehr wohl leisten können (ebd.); vorausgesetzt ist freilich das kapitalistische Ethos: „Wohlstand durch Freiheit setzt den *Willen zum Wohlstand* voraus, die Kenntnis der Tatsache, daß Wohlstand nur durch Arbeit und Sparsamkeit erreicht werden kann, ein soziales Milieu, in dem der Strebsame Achtung genießt und Vorbild ist, eine Rechtsordnung, die die Arbeitsteilung und den Tausch schützt und dem einzelnen die Früchte seines Strebens zukommen läßt, und eine Schicht von wagemutigen Männern, die den Prozeß der schöpferischen Zerstörung (die Konkurrenz, L. K.) einleiten und dauernd in Gang halten.“ (G 89) Schließlich „lassen sich Start- und Leistungsgerechtigkeit mit dem Wohlstandsziel vereinbaren, ohne daß die formalen Freiheiten stark eingeschränkt werden müssen“ (G 90). Und sogar die Möglichkeit der Erfüllung der Bedarfsgerechtigkeit zeichnet sich am Horizont ab, auch wenn dieser noch in weiter Ferne ist: „Sollte jedoch einmal ein chronischer Mangel an rentablen Investitionschancen gegeben sein, der nicht durch eine Ausweitung des technischen Wissens behoben werden kann[43], so wäre es zur Vermeidung wirtschaftlicher Depressionen angebracht, die Bildung freiwilliger Ersparnisse durch eine kräftige Nivellierung der Einkommensunterschiede zu hemmen. Was die Reichen gespart hätten, wird dann von denen, die mehr erhalten, dem Konsum zugeführt. Wir könnten dann den gesamtwirtschaftlichen Wohlstand erhöhen, indem wir uns gleichzeitig dem Ziel der Bedarfsgerechtigkeit nähern. Auf die dann abnehmenden pekuniären Leistungsanreize könnte um so leichter verzichtet werden, je mehr das Wohlstandsziel mit der zunehmenden Sättigung der Bedürfnisse an Bedeutung verliert ... Es scheint, daß mit der allmählichen Aufhebung der Knappheit eine jener Utopien Wirklichkeit werden könnte, von denen die menschliche Phantasie immer wieder geträumt hat.“ (G 93 f.) Hier wird der beherrschende Gedanke der Neuzeit wieder thematisch, den Francis Bacon vor mehr als 350 Jahren programmatisch formuliert hat — die Aufhebung der Folgen der Vertreibung aus dem Paradies: Wir „werden als treuer Fürsorger durch Einsetzung der Vernunft in ihre gebührenden höhern Rechte den Menschen an die Hand geben, was sie wahrhaft beglückt, woraus nothwendig eine Verbesserung des menschlichen Zustandes und eine erhöhte Macht über die Natur erfolgen muß. Denn der Mensch ist durch den Sündenfall um seine Unschuld und um seine Herrschaft über die Natur gekommen; beides kann aber im Leben

---

[43] Diese Erwartung wurde vor allem im Anschluß an die Arbeiten von J. M. Keynes einige Zeit gehegt. Sie ist heute geringer geworden.

gewissermaßen wiedergewonnen werden; das erste durch religiösen Glauben, das letzte durch Kunst und Wissenschaft."[44] In dem Maße, wie die wachsende Macht über die Natur den Glauben an die Autonomie des Menschen gestärkt hat, verlor die Frage der Wiedergewinnung der Unschuld an Bedeutung. Im Paradies der Nationalökonomie stellt sie sich schließlich gar nicht mehr: Die Selbstverwirklichung erfolgt ohnehin im Status der natürlichen Unschuld, denn die Befriedigung der Triebregungen unterliegt nicht der Beurteilung im Hinblick auf „gut" und „böse", sondern ist ein Problem des „mehr" oder „weniger".

Die gesellschaftlichen Ziele sind hinsichtlich ihrer Relevanz und ihrer gegenseitigen Beziehungen zueinander so bestimmt worden, daß die Konzentration auf ein Ziel, den Wohlstand, als vordringlich und gerechtfertigt erscheint; die Wege zur Tugend und zum Reichtum sind, wie bei Smith, weitgehend identisch. Jetzt geht es darum, die Bedingungen anzugeben, unter denen der Wohlstand ein Maximum wird. Das ist die Aufgabe der „Theorie des sozialökonomischen Optimums". Diese Theorie ist identisch mit der Wohlfahrtstheorie, die uns bereits im Rahmen der mikroökonomischen Theorie begegnet ist. Für die Theorie der Wirtschaftspolitik ist sie insofern zentral, als sie das Paradigma bildet, an dem die Realität gemessen wird und auf das hin politisches Handeln orientiert sein soll (vgl. z. B. G 229). Das sozialökonomische Optimum wird durch eine Reihe von Marginal- und Totalbedingungen, die insgesamt erfüllt sein müssen, beschrieben. Wir brauchen diese Bedingungen hier nicht im einzelnen darzustellen. Für unsere Zwecke reicht es aus, darauf hinzuweisen, daß, da die vollkommene Konkurrenz eine wesentliche Bedingung ist, das sozialökonomische Optimum der Nationalökonomie eine Utopie darstellt, d. h. es ist prinzipiell nicht erreichbar. Zwar sagt auch Giersch, dieses Optimum sei eine Utopie (G 125), doch scheint bei ihm der Begriff „Utopie" im Zusammenhang mit dem Optimum eine andere Bedeutung zu haben, denn sie gerät ihm zum „wirtschaftspolitischen Ideal, das gegen fast alle Einwände gefeit ist. Nur wer behauptet, Kämpfe und Kriege seien die Väter aller Dinge, Handel, Arbeitsteilung und genaue rechnerische Überlegungen aber nur Ausdruck kleinlichen Krämergeistes, befindet sich in einem unversöhnlichen Gegensatz zu diesem Ideal. Alle anderen sozialphilosophischen Auffassungen lassen sich mit den Bedingungen des sozialökonomischen Optimismus in Einklang bringen, wenn nur die Ausdrücke ‚sozialer Wert', ‚soziale Kosten', ‚optimale Allokation' und ‚optimale Einkommensverteilung' entsprechend interpretiert werden" (G 125). Wenn wir uns daran erinnern, daß es im sozialökonomischen Optimum um ein Gütermaximum geht, so wird klar, daß diese These nur unter der Vor-

---

[44] Novum Organon. II, 52, Zitiert nach der Übersetzung von A. Th. Brück, Leipzig 1830, Nachdruck Darmstadt 1962.

aussetzung eines Menschentypus gelten kann, der die „Selbstbescheidung“ verwirft und „den Weg der Ausweitung des Möglichkeitsbereiches“ (G 60), d. h. der Erhöhung des Sozialprodukts, geht. Insofern das sozialökonomische Optimum als Norm die Realität des sozialen Milieus dieses Menschentypus' verabsolutiert und überdies mit dem utopischen Denkmodell der vollkommenen Konkurrenz als einer seiner Bedingungen die Struktur der Wirklichkeit des Menschen mißachtet, ist eine Theorie der Wirtschaftspolitik, die dieses Optimum zum Maßstab macht, auch nach der Definition von Giersch als eine Ideologie zu werten: „Wirtschaftspolitische Ideologien sind ... Leitbilder, denen angesichts der Sachzusammenhänge, auf die sie sich beziehen, die innere Widerspruchsfreiheit nicht bescheinigt werden kann, weil ihnen ein verzerrtes Bild der sozialökonomischen Wirklichkeit zugrunde liegt.“ (G 135)

Die politische Funktion dieser Ideologie ist eindeutig[45]. Die „Theorie des sozialökonomischen Optimums“ erlaubt scheinbar den Schluß, ohne explizite politische Wertung, rein aufgrund einer Betrachtung der angeblich mechanischen Bewegungsabläufe der Wirtschaft, daß nur die „freie“ Marktwirtschaft eine *richtige* Verwendung der Ressourcen gewährleisten kann und daß damit, wer die Wohlfahrt der Gesellschaft im Auge hat, nur diese Wirtschaftsordnung wählen darf. Alle anderen Wirtschaftsordnungen, in denen nicht das „freie Spiel der Kräfte“ zum Zuge kommt, sondern in denen, in unterschiedlichem Umfang, staatliche Kontrollen bestehen, arbeiten suboptimal, weil sie auf die „Rechenmaschine des Preismechanismus“ verzichten, daher höchstens zufällig die „richtigen“ Preisrelationen treffen (G 176 ff.). „Ohne richtige Preise kann nicht richtig gerechnet werden.“ (G 177)[46] Da nur die vollkommene Konkurrenz zu „richtigen“ Preisen führt[47], diese aber eine freie Marktwirtschaft voraussetzt, ist die Frage nach der „richtigen“ Wirtschaftsordnung ohne ein „Werturteil“ entschieden, allein aus Gründen der Sachgerechtigkeit (vgl. G 177). Dieser Schluß beruht allerdings auf einem groben Irrtum. Wie wir gesehen haben, ist das volkswirtschaftliche Preissystem aufgrund der allgemeinen Oligopolsituation[48] indeterminiert, und es gibt mithin keine „richtigen“ Preise. Damit fällt auch die Möglichkeit fort, die Option für die Marktwirtschaft unpolitisch zu

---

[45] Vgl. dazu allg. *H. Albert,* Ökonomische Ideologie, S. 85 ff.

[46] Der „richtige“ Preis deckt sich mit Smiths „natürlichem“ Preis.

[47] Sie sind „richtig“, weil sie zum volkswirtschaftlichen Gütermaximum führen. Den definitorischen Charakter dieser Behauptung hat *Albert* nachgewiesen; vgl. Ökonomische Ideologie, S. 66 ff.

[48] Bei der Beschreibung der gesellschaftlichen Wirklichkeit (G 195—267) geht Giersch von dieser Oligopolsituation aus. Willensbildung und Entscheidungsprozeß werden ausschließlich unter dem Gesichtspunkt antagonistischer Machtverhältnisse diskutiert. Wir gehen auf dieses Problem hier nicht näher ein, da es uns im nächsten Kapitel ausführlich beschäftigen wird.

begründen. Diese eigentlich banale Einsicht geht freilich da verloren, wo die Pleonexie zur existentiellen Wahrheit des auf seine „natürlichen“ Triebe reduzierten Menschen erklärt wird, so daß die freie Marktwirtschaft in der Tat als ein „natürliches“ System erscheinen muß, das aus dieser Anthropologie sachlogisch deduziert werden kann. Aber auch unter diesem Gesichtspunkt hat die „Theorie des sozialökonomischen Optimums“ im wesentlichen apologetischen Charakter, da sie nur wissenschaftlich untermauern soll, was existentiell bereits entschieden ist.

Das Modell der vollkommenen Konkurrenz begründet nicht nur die Entscheidung für eine bestimmte Wirtschaftsordnung, es bildet auch die Norm für konkrete wirtschaftspolitische Entscheidungen (G 290), die innerhalb dieser Ordnung getroffen werden müssen. In einer ideal funktionierenden Marktwirtschaft, Smiths Modell der bürgerlichen Gesellschaft, sind wirtschaftspolitische Maßnahmen überflüssig, da das System seine Ziele automatisch erreicht. Da aber die Bedingungen zur Realisierung dieses Systems in der Wirklichkeit nicht vollständig gegeben sind, muß wohl oder übel Wirtschaftspolitik betrieben werden[49]. Dennoch bleibt der Markt „ein Instrument zur approximativen Verwirklichung komplexer Optimalsituationen in einem freiheitlichen System“ (G 273). Das bedeutet, daß wirtschaftspolitisches Handeln immer nur die *ultima ratio* sein kann. Es geht „stets um die Frage, ob man überhaupt etwas tun will oder (vorerst) die Alternative des Laissez-faire vorzieht. Sofern auch nur eine geringe Chance besteht, daß die Abweichung von der Norm unter der Wirkung der Selbstheilungskräfte des marktwirtschaftlichen Organismus rechtzeitig von selbst verschwindet, wider Erwarten überhaupt nicht entsteht oder nur in einem Umfang auftritt, der einen wirtschaftspolitischen Eingriff nicht lohnt, darf diese Alternative nicht ohne Bedacht ausgeschlossen werden.“ (G 306) Konsequent wird wirtschaftspolitisches Handeln nicht als ein integraler Bestandteil des politischen Instrumentariums einer Gesellschaft gesehen, mit dessen Hilfe sie sich artikuliert und ihre Ziele zu erreichen sucht, sondern als „Eingriff“ (vgl. auch G 269), als „Staatsintervention“ (G 307). Implizit liegt auch hier das Modell einer Trennung von Staat und Gesellschaft zugrunde, für das Politik ein notwendiges Übel ist, weil der Bürger nicht in der politischen Gemeinschaft, sondern im unpolitischen Bereich der Gesellschaft durch Wohlstandsmehrung die Erfüllung seiner Existenz anstrebt. Den Wohlstandsbürger an das Ziel seiner Existenz zu erinnern und ihn zu einem entsprechenden Verhalten zu bewegen, ist hingegen eine wichtige Aufgabe der Wirtschaftspolitik. Für ihre Er-

[49] Eine Darsellung des wirtschaftspolitischen Instrumentariums ist für unsere Fragestellung überflüssig. Es genügt der Hinweis darauf, daß es selbstverständlich auf die Norm, maximales Sozialprodukt, ausgerichtet ist.

füllung „kommt die Möglichkeit einer *Beeinflussung der Zielvorstellungen* in Betracht. Wie die privaten Werbeagenturen die Konsumentenpräferenzen durch informative und suggestive Reklame zu manipulieren vermögen, so kann man wahrscheinlich auch den Erwerbstrieb, den Willen zum Sparen oder zum Eigentum, das Pflichtbewußtsein oder das soziale Verantwortungsgefühl innerhalb bestimmter Grenzen fördern und beeinflussen, weil der Mensch als soziales Wesen nicht nur aus ureigenen Antrieben handelt, sondern auch das tut, was von ihm erwartet wird und ihm soziale Anerkennung verschafft.“ (G 315) Insofern das Ziel der Gesellschaft in einem möglichst großen Sozialprodukt liegt, ist jedes Verhalten, das diesem Ziel dient, sozial wertvoll. Das Ausleben der Selbstliebe in ihrer ökonomischen Form, d. h. das rastlose Anhäufen von Reichtum, kann daher keine Privatangelegenheit sein, sondern ist als Konstituens dieser Gesellschaft eine öffentliche Tugend. Der Wirtschaftspolitik fällt die Rolle des „impartial spectator“ zu, der durch *approbation* bzw. *disapprobation* dafür zu sorgen hat, daß sich die Mitglieder der Gesellschaft entsprechend dieser Norm verhalten. Je erfolgreicher sie diese Rolle ausfüllt, desto geringer wird dann auch die Notwendigkeit zu weitergehenden „Eingriffen“.

Finanztheorie[50]

„Der Komplex der Probleme, die im Zusammenhang mit dem Einnahme- und Ausgabeprozeß der öffentlichen Hand entstehen, wird traditionell als Finanzwissenschaft bezeichnet.“ (M 3) Die öffentliche Hand steht hier für Regierung und Parlament. Man kann daher die Aufgabe der Finanztheorie „als eine Untersuchung derjenigen Aspekte der Wirtschaftspolitik ansehen, die sich aus der Handhabung des öffentlichen Budgets ergeben“ (ebd.). Insofern der öffentliche Haushalt die Politik von Regierung und Parlamentsmehrheit widerspiegelt, soweit sie sich in Zahlen ausdrücken läßt, ist die Finanztheorie derjenige Teil der theoretischen Nationalökonomie, der explizit politische Bezüge aufweist und damit ohne politische Theorie nicht auskommen kann. Im allgemeinen werden der Budgetpolitik drei Ziele zugewiesen: „1. die Korrekturen in

---

[50] Als Grundlage dient das Lehrbuch von *R. A. Musgrave*, Finanztheorie. Tübingen 1966. Belegstellen werden im Text hinter den Entlehnungen mit „M“ und Seitenzahl angegeben. Wir beschäftigen uns nur mit den klassischen Funktionen des öffentlichen Haushalts, d. h. der Bestimmung von Art und Umfang der öffentlichen Betätigung und der Verteilung der Steuerlast und des Sozialprodukts. Die kompensatorische Finanzpolitik, d. i. der Versuch, mit Hilfe des Budgets das „magische Viereck“, bestehend aus Vollbeschäftigung, Preisniveaustabilität, Zahlungsbilanzgleichgewicht und Wirtschaftswachstum, zu erreichen, bietet im Vergleich zur Theorie der Wirtschaftspolitik für uns keine zusätzlichen Aspekte, so daß auf eine gesonderte Behandlung verzichtet werden kann.

der Allokation der Produktivkräfte durchzuführen, 2. die Einkommens- und Vermögensverteilung zu regulieren und 3. die ökonomische Stabilität zu garantieren.“ (M 5) Zumindest die ersten beiden Ziele betreffen nicht nur die Ökonomie, nicht einmal überwiegend, sondern sind ein genuin politisches Problem. Wir werden jedoch sehen, daß aus dieser Tatsache nicht der Schluß gezogen worden ist, die politische Theorie in die Finanztheorie mit einzubeziehen, sondern umgekehrt eine ökonomische Theorie der Politik zu versuchen. Diese Umkehrung entspricht der Verkehrung der Seinshierarchie in der Anthropologie und ist nur möglich vor dem Hintergrund der Überzeugung, daß die Nationalökonomie die Politische Wissenschaft ist. Die Finanzwissenschaft kann sich daher als Zweig der Wirtschaftswissenschaft verstehen und auf ihre Probleme das allgemeine Instrumentarium der ökonomischen Theorie anwenden (M V).

Wir hatten gesehen, daß Adam Smith „according to the system of natural liberty“ der Regierung nur drei Aufgaben hatte zuweisen wollen: den Schutz nach außen, den Schutz nach innen und die Durchführung derjenigen notwendigen Arbeiten, die den Privatleuten nicht zugemutet werden können, weil sie nicht genug Profit abwerfen. Mittlerweile ist die Überzeugung schwächer geworden, ein marktwirtschaftliches System produziere nahezu automatisch das gewünschte Ergebnis[51], und entsprechend hat die Regierung neue Aufgaben übernommen, was natürlich auch in der Finanzwissenschaft in Form des um die Probleme der Verteilungsgerechtigkeit und der Stabilisierungspolitik erweiterten Forschungsgebietes seinen Niederschlag findet. Trotzdem geht die Finanztheorie wie die Theorie der Wirtschaftspolitik nach wie vor von dem Dogma aus, daß der „Marktmechanismus“ das überlegene Instrument ist, in dessen Funktionsweise möglichst wenig eingegriffen werden soll (vgl. z. B. M 120). Nur dort, wo „der Markt keine optimalen Ergebnisse zu erzielen vermag“, ist finanzpolitisches Handeln angebracht (M 7)[52]. Die Trennung von Gesellschaft und Staat, die die klassische politische Ökonomie gefordert hat, spiegelt sich im modernen Lehrgebäude der Nationalökonomie wider, wo die allgemeine Wirtschaftstheorie das Strukturwissen des gesellschaftlichen Optimums ist und die Finanz-

---

[51] Man hat sogar vielfach den Eindruck, daß diese Überzeugung einer infantilen Erwartungshaltung gewichen ist, die sich die Lösung *aller* Probleme von der *Regierung* erwartet, ohne auch an das eigene Zutun irgendwelche Anforderungen zu stellen oder Risiken in Kauf zu nehmen.

[52] Da das Optimum in der Nationalökonomie nur durch das „sozialökonomische Optimum“ beschrieben werden kann, dessen wesentlichste Strukturbedingung die vollkommene Konkurrenz ist, weicht in der Realität jede Marktsituation vom Optimum ab. Es gibt daher keine nationalökonomische Entscheidungsregel für das Problem, wann eine Regierung finanzpolitisch tätig werden soll. Das „Abweichen vom Optimum“ ist eine Scheinlösung, die über den essentiell politischen Charakter dieser Frage hinwegtäuschen soll.

theorie in bezug auf dieses Optimum den optimalen öffentlichen Haushalt festlegt (vgl. M 4)[53]. Finanzpolitik bedeutet daher immer eine „Staatsintervention", die die Wirtschaft „stört". Da jede Verringerung des privaten Verbrauchs als ein „Verlust" interpretiert wird (M 179), stellen Steuern ein Opfer dar (M 75 ff.), das es zu minimieren gilt (M 120). Oberster Grundsatz der Finanztheorie ist die Berücksichtigung der ökonomischen Effizienz (M 44 ff.), d. h. es werden Pareto-optimale Lösungen angestrebt (M 90) und damit die politischen Probleme unter der Maxime betrachtet, „daß bei der privaten Bedürfnisbefriedigung die Wohlfahrt maximiert wird" (M 86).

Die „Befriedigung öffentlicher Bedürfnisse"[54] darf man als die klassische Budgetfunktion bezeichnen. Da die Tätigkeit der öffentlichen Hand immer am Markt orientiert bleibt, kann man ihre Aufgabe auch „in der Durchführung notwendiger Berichtigungen der durch den Markt bewirkten Allokation der Ressourcen sehen" (M 6). Korrekturen sind erforderlich, wo der Marktmechanismus versagt, weil er kein Angebot

---

[53] Es ist daher gar nicht so seltsam, wie *Myrdal* meint (vgl. Das politische Element, S. 158), daß auch englische Ökonomen eine Finanztheorie akzeptiert haben, die mit wesentlichen Elementen der deutschen Staatslehre angereichert ist. Die Trennung von Staat und Gesellschaft in der Spekulation des deutschen Idealismus, von dem aus sie Einzug in die deutsche Staatslehre gefunden hat, ist eine konsequente Fortentwicklung der diesbezüglichen Ansätze in der klassischen politischen Ökonomie. Freilich bewahrt die angelsächsische politische Tradition die englischen Ökonomen meist vor der metaphysischen Überhöhung des Staatsbegriffs, wovon sich ihre deutschen Kollegen nicht immer freimachen können, wodurch sie allerdings oft in einen Konflikt mit der demokratischen Symbolik kommen. So stellt z. B. der Wissenschaftliche Beirat beim Bundeswirtschaftsministerium folgende Überlegung an: „Angesichts der Tatsache, daß die wachsende Vermögensbildung der öffentlichen Hand grundsätzlich ebenso durch Anleihen wie durch Steuern finanziert werden kann, erhebt sich die Frage, ob nicht auch im Trend eine konstante Schuldenquote oder gar bei weiterem volkswirtschaftlichen Wachstum aus gesellschaftspolitischen Gründen eine steigende volkswirtschaftliche Schuldenquote der öffentlichen Hand angestrebt werden sollte, da in diesem Falle die Staatsbürger nicht nur als steuerverpflichtete Schuldner, sondern auch als mittelbare Eigentümer realen öffentlichen Vermögens dem Staat gegenüberstehen würden." (Kriterien und Konsequenzen der Staatsverschuldung. Bulletin der Bundesregierung, Nr. 100, 1968. Zitiert nach dem [gekürzten] Wiederabdruck in: H. C. Recktenwald [Hrsg.], Finanzpolitik, S. 431, Ziffer 14.) Aus der Sicht der Theorie der Demokratie ist das eine absurde Fragestellung. In der Demokratie sind Regierung und Parlament Repräsentanten der Bürger und stehen ihnen nicht als etwas gegenüber, das selbständig Vermögen bilden könnte. Mit anderen Worten, das öffentliche Vermögen gehört diesen Bürgern bereits, auch ohne daß sie formell irgendwelche Vermögenstitel erwerben. Im Gegenteil hätte die Ausgabe von öffentlichen Schuldtiteln nur die, verteilungspolitisch sicher unerwünschte, Wirkung, bisher öffentliches Vermögen zu privatisieren. Auf die Problematik des deutschen Staatsbegriffs, aus der solche Fehlschlüsse resultieren, kann hier nicht eingegangen werden. Vgl. dazu allg. *C.-E. Bärsch*, Der Staatsbegriff in der neueren deutschen Staatslehre und seine theoretischen Implikationen. Berlin 1974.

[54] Wir betrachten hier nur die sog. „spezifisch öffentlichen Güter", d. h. nicht solche, die auch durch den Markt bereitgestellt werden könnten.

hervorbringt, obwohl die Gesellschaft das entsprechende „Gut" benötigt. Dies trifft für die „spezifisch öffentlichen Güter" zu. „Spezifisch öffentliche Güter sind solche, die durch Leistungen befriedigt werden, die von allen in gleichem Ausmaß konsumiert werden müssen (z. B. Landesverteidigung, L. K.). Diejenigen, die nicht für die Leistung zahlen, können trotzdem nicht von deren Genuß ausgeschlossen werden. Aus diesem Grund werden sie nicht zu freiwilliger Zahlung bereit sein, und der Markt kann infolgedessen solche Bedürfnisse nicht befriedigen. Um sie überhaupt befriedigen zu können, muß der Staat für ihre Finanzierung im Budget Vorsorge treffen." (M 9) Da kein Mitglied der Gesellschaft von den öffentlichen Leistungen ausgeschlossen werden kann, wird nicht nur niemand freiwillig dafür bezahlen wollen, es wird auch niemand bereit sein, seine Präferenzen anzugeben, weil er dann befürchten muß, entsprechend hoch besteuert zu werden (M 11). Zwar kann man „altruistische oder soziale Motivationen" als Grundlage für das Handeln in Gesellschaft nicht ganz ausschließen, doch „werden sie kaum jemals von so großer und universeller Bedeutung sein, um die Annahme zu rechtfertigen, daß die Bevölkerung ihre wirklichen Präferenzen für spezifisch öffentliche Bedürfnisse freiwillig und unabhängig von der Zusicherung preisgibt, daß andere das gleiche tun werden. Bei aller gebührenden Berücksichtigung sozialer Interdependenzen und altruistischer Motivationen wäre eine solche Annahme doch unrealistisch und *mit den Prämissen aller anderen ökonomischen Analysen unvereinbar**." (M 13) Die anthropologische Prämisse stimmt mit Smiths Konstruktion vollkommen überein. Vorausgesetzt wird ein Mensch, der jederzeit bereit ist, sich auf Kosten der anderen zu bereichern, und der sich standhaft weigert, seine politischen Vorstellungen zu offenbaren, weil er in der Regierung nicht seinen Repräsentanten sieht, durch den er sich als politisches Wesen artikuliert, sondern nur den Fiskus, der die „öffentliche Hand" auf seinen Geldbeutel zu legen droht.

Wie erfährt aber nun die Regierung in einem demokratischen Gemeinwesen, von dem Musgrave ja ausgeht (M 92), welcher Art die öffentlichen Ausgaben und die dazu erforderlichen Steuerquellen sein müssen (M 11), um das Wohl der Gesellschaft zu fördern? „Es muß eine Technik gefunden werden, durch welche die Individuen veranlaßt werden, ihre Präferenzen hinsichtlich öffentlicher Bedürfnisse zu enthüllen ... und mit deren Hilfe eine Auswahl aus all den Lösungen getroffen werden kann, die Pareto-optimal sind." (M 90) Da hier der Marktmechanismus versagt, „muß der politische Mechanismus *und mit ihm Zwang** angewendet werden, um die Individuen zu veranlassen, ihre wahren Wünsche bekanntzugeben, wenn eine optimale Lösung annähernd erreicht werden soll" (M 70). Es ist bezeichnend, daß Politik mit Zwang identifiziert wird. Damit ist impliziert, daß wie bei Adam

Smith Freiheit nur innerhalb der durch Marktbeziehungen geregelten Gesellschaft möglich ist, in der der um seine politische Dimension beraubte Mensch in der „Maximierung seiner individuellen Wohlfahrt" seine Wahrheit verwirklicht. Politik bleibt das Geschäft des von der Gesellschaft abgetrennten „Staates", dessen „Hineinwirken" in die Gesellschaft deren Eigenbewegungen stört und somit von den Mitgliedern der Gesellschaft als Zwang empfunden werden muß. Nur ein solches Verständnis des politischen Prozesses macht die Fragestellung überhaupt sinnvoll, wie eine Regierung erfahren kann, was die Bürger eigentlich wollen. Für die Theorie der Demokratie ist diese Frage allerdings eine Scheinfrage, denn die Regierung repräsentiert in der Demokratie die Bürger, und insofern echte Repräsentation immer nur auf der Grundlage eines „Wertkonsensus" der Repräsentierten möglich ist[55], erscheint die Vorstellung absurd, die Repräsentanten wären ahnungslos in Hinsicht auf die politischen Ziele der von ihnen Repräsentierten. Da Musgrave jedoch die politische Theorie nicht zur Kenntnis nimmt, gerät er bei der Interpretation des politischen Prozesses in ein Dilemma, das er mit seinen Mitteln nicht auflösen kann: Auf der einen Seite hat er eine Ansammlung von Individuen, die sich weigern, ihre Präferenzen bekanntzugeben; auf der anderen Seite steht die demokratische Regierung, die ja von diesen Individuen gewählt wird und die, um ihre Aufgabe, nämlich zu regieren, erfüllen zu können, die Wähler dazu bringen soll, gegen deren Interesse zu handeln. Angesichts der anthropologischen Prämissen und der weiteren Voraussetzung, daß in einer demokratischen Gemeinschaft die Regierung die Bürger nicht auf die Folterbank spannen kann, um ihnen ihre Zielvorstellungen zu entlocken, ist dieser Konflikt nicht lösbar. Musgraves Lösungsvorschlag ist denn auch eine jener in der Nationalökonomie so beliebten Scheinlösungen, in der die Voraussetzungen, die erst zu dem zu lösenden Problem geführt haben, explizit aufgehoben werden[56]. Im Anschluß an die Kritik der Äquivalenz- und der Leistungsfähigkeitstheorie, an denen er bemängelt, daß sie nicht zeigten, „wie die sozialen Präferenzen zu bestimmen sind" (M 111), fährt er fort: „Wir müssen daher die Prozesse prüfen, durch die die Individuen veranlaßt werden können, ihre Präferenzen preiszugeben. Das erfordert einen Wahlmechanismus, kombiniert mit einer

[55] Vgl. dazu allg. G. *Leibholz,* Das Wesen der Repräsentation und der Gestaltwandel der Demokratie im 20. Jahrhundert. Berlin ³1966.

[56] Das klassische Beispiel dafür ist die „Lösung" des Preisbestimmungsproblems im Oligopol durch Cournot. Wie erinnerlich war das Oligopol definiert als diejenige Marktform, in der das Verhalten eines Anbieters einen *merkbaren* Einfluß auf seine Konkurrenten ausübt. Cournot bestimmt nun die Gleichgewichtslösung unter der expliziten Verhaltensannahme, daß jeder Anbieter so handelt, als beeinflußte seine eigene Entscheidung diejenigen seiner Konkurrenten *nicht,* d. h. er hebt das Problem auf, um es anschließend zu lösen. Diese sinnlose Behandlung des Oligopolproblems wird jedoch nach wie vor jedem Studenten als Lösung vorgeführt.

zwangsweisen Anwendung des auf diese Weise festgestellten Haushaltsplanes. Diese Notwendigkeit zur zwangsweisen Anwendung einer allgemeinen Steuerausgestaltung bedeutet aber, daß die sich ergebende Lösung nicht optimal sein kann[57]." (M 111 f.) Da die demokratische Regierung nicht ohne Wählerauftrag handeln kann, die Wähler aber keine Aufträge erteilen wollen, ist Musgraves Sorge um die Optimalität seiner Lösung überflüssig, denn bei den gemachten Annahmen wird, ganz unabhängig von den vorgeschlagenen Wahlverfahren, ohnehin niemand zur Wahl gehen[58]. Entweder läßt man die Annahmen fallen, was für andere Bereiche der Theorie erhebliche Konsequenzen hätte, oder man verzichtet auf die Scheinlösung der Budgetfestlegung durch Wahl. Die Unfähigkeit der Finanztheorie, das für sie zentrale Problem der Allokation der Ressourcen so zu behandeln, daß nicht entweder wesentliche Voraussetzungen aufgehoben werden müssen oder aber Aporien entstehen, macht deutlich, daß eine erfolgreiche „Suche nach der guten Gesellschaft" (M VI) mehr erfordert als die Kenntnis des Instrumentariums der ökonomischen Theorie und daß dieses Instrumentarium nicht ohne erhebliche Verluste an theoretischer Relevanz auf Fragen der Politik angewendet werden kann.

Aber noch aus einem anderen Grund ist das Allokationsproblem im Rahmen der traditionellen ökonomischen Theorie nicht lösbar. Eine effiziente Lösung würde eine gerechte Einkommensverteilung voraussetzen. „Das ist aus zwei Gründen notwendig. Ist der Stand der Distribution nicht gegeben, so können die Individuen ihre Präferenzen nicht in ein Nachfrageschema übertragen, gleichviel ob es sich dabei um private oder um öffentliche Bedürfnisse handelt. Und ohne daß der gegebene Stand der Verteilung als der ‚richtige' unterstellt wird, kann das sich ergebende Nachfrageschema nicht als Maßstab für die wirksame Verwendung der Produktivkräfte angesehen werden." (M 20) Der Maßstab für ökonomische Effizienz ist das sozialökonomische Optimum, dessen hypothetische Realisierung nur auf der Grundlage einer gerechten Einkommensverteilung möglich ist. Da sich auch die Finanztheorie an der ökonomischen Effizienz orientiert, setzt eine optimale Allokation der Ressourcen die Lösung des Verteilungsproblems voraus. Das be-

---

[57] Musgraves Optimum, bei dem „die Präferenzen *aller** Beteiltigten () auf eine *vollkommene** Weise reflektiert" werden (M 103), und das damit die einzige „uneingeschränkt effiziente Lösung" darstellt (ebd.), leugnet die Pluralität der Menschen und ist daher, allen demokratischen Beteuerungen zum Trotz, im Ansatz totalitär.

[58] Aufgrund der Prämissen wäre auch die Annahme einer Wahlpflicht wenig sinnvoll, da die Wähler sofort eine neue Regierung wählen würden, die diese Pflicht wieder abschafft. Aber selbst wenn man die Wahlpflicht gelten läßt, muß die Regierung die politischen Zielvorstellungen ihrer Bürger, wenigstens in groben Zügen, schon kennen, wenn sie sinnvolle Wahlvorschläge machen soll.

deutet aber, daß die Finanztheorie einerseits wissen muß, welche Verteilung als gerecht betrachtet wird, und andererseits die Instrumente kennt, mit denen dieser Stand der Verteilung herbeigeführt werden kann, ohne daß andere Ziele ungebührlich vernachlässigt werden. „Mithin muß ein Mechanismus geschaffen werden, mit dessen Hilfe Korrekturen im Stand der Verteilung in einer Art vorgenommen werden können, die das rationelle Funktionieren der Wirtschaft am wenigsten beeinträchtigt." (M 21) Nun gibt es eine ganze Reihe von Maßnahmen mit erheblichen Verteilungswirkungen. Die Nationalökonomen ziehen Maßnahmen im Bereich der Steuergestaltung und der Transferzahlungen anderen „Eingriffen" vor, d. h. der öffentliche Haushalt erscheint ihnen als das geeignetste verteilungspolitische Instrument. „Denn diese Maßnahmen der Einkommensübertragung bedeuten — richtig gehandhabt — ein Minimum an Einmischung in die Allokation der Produktivkräfte, wie sie durch das Preissystem bestimmt wird. Sofern die Einmischung nicht als ein Ziel in sich angesehen wird, macht der Vorzug der Neutralität die budgetären Maßnahmen der öffentlichen Hand zu einer überlegenen Technik." (ebd.) Abgesehen davon, daß das Auswahlkriterium auf falschen Voraussetzungen beruht[59], bedeutet die Entscheidung für ein bestimmtes Instrumentarium noch nicht, daß damit auch entschieden ist, was „gerechte Verteilung" bedeutet. Hier allerdings gibt es in der Finanztheorie nicht einmal eine Scheinlösung. Da das Verteilungsproblem politischer Natur ist (M 22), beläßt es Musgrave bei der lapidaren Feststellung, „daß das Konzept einer ‚richtigen' Verteilung, so notwendig es zur Formulierung einer vollständigen Budgettheorie sein *mag**, zu einem äußerst komplizierten Zusammenhang ethischer, sozialer und ökonomischer Probleme führt. Darüber hinaus entstehen bei der Befolgung der verteilungspolitischen Zielsetzungen technische Schwierigkeiten." (M 23) Auch wenn sich Musgrave wie Giersch mit Smiths Überzeugung tröstet, daß Effizienz und Gerechtigkeit in weiten Bereichen zusammenstimmen (M 141), so kann dies nicht darüber hinwegtäuschen, daß die Finanztheorie vor ihren beiden wesentlichen Problemen, der Allokation der Ressourcen und der richtigen Regulierung der Einkommens- und Vermögensverteilung, kapitulieren muß, weil sie mit Prämissen arbeitet, die aus einem verzerrten Bild der Struktur ihres Untersuchungsgegenstandes gewonnen worden sind.

---

[59] Erstens sind budgetäre Maßnahmen nie „neutral", d. h. sie werden immer zu Anpassungsreaktionen im Marktbereich führen. Zweitens wäre Neutralität nur dann ein Vorzug, wenn das Preissystem zu einer optimalen Allokation der Produktivkräfte führen würde. Weil dies aber nicht der Fall ist, müssen ja gerade „Eingriffe" vorgenommen werden. Man kann also nicht das Ergebnis des Preissystems ändern wollen und dann Instrumente nur deshalb bevorzugen, weil sie sich angeblich durch ein Minimum an Einwirkung auf das Preissystem auszeichnen. Angesichts des utopischen Charakters des sozialökonomischen Optimums ist das Argument ohnehin sinnlos.

6. Naturzustand und Gesellschaft

Man kann die theoretische Nationalökonomie als den Versuch bezeichnen, eine systematische Explikation der „Maxime vernünftigen Wirtschaftens“ zu liefern. Sie kommt daher aus zwei Gründen ohne die Kenntnis der Bedingungen vernünftigen Handelns insgesamt nicht aus: Erstens bildet menschliches Handeln immer eine Einheit, d. h. Entscheidungen, die verschiedene Bereiche menschlicher Aktivität betreffen, sind nicht voneinander unabhängig und können nicht isoliert auf ihre Rationalität hin befragt werden. Zweitens genügt die formale Bestimmung für rationales Handeln, wie sie das Rationalprinzip vornimmt, nicht, weil die Theorie mit präzisen Verhaltensannahmen arbeiten muß, wenn sie zu brauchbaren, der Explikation dienlichen Ergebnissen kommen will. Nun ist die Rationalität kein Ding, das nach Belieben zum Gebrauch zur Verfügung steht, sondern sie ergibt sich für den Menschen aus seiner Natur. Das Dilemma besteht darin, daß der Mensch, als einziges Lebewesen, seine Wahrheit verfehlen kann, d. h. er kann irrational handeln. Insofern muß immer, wenn Handeln fragwürdig wird und sich damit das Problem der Rationalität stellt, zuvor die Frage beantwortet werden, worin denn die Wahrheit der menschlichen Existenz besteht. Jede Wissenschaft, in deren Bereich menschliches Handeln eine Rolle spielt, muß also, ob explizit oder implizit, über eine Anthropologie verfügen, die diese Frage zu lösen beansprucht. Die Nationalökonomie macht da keine Ausnahme. Mit der anthropologischen Konstruktion von Adam Smith besitzt sie eine Grundlage, die ihr theoretisches Gebäude bis heute stützt und die es ihr erlaubt, eine Theorie von Mensch und Gesellschaft vorzutragen, deren Anspruch auf Rationalität formal der Forderung genügt, menschliches Handeln insgesamt zu umfassen. Wir haben im 1. Kapitel gesehen, daß dieser Anspruch von Nationalökonomen nicht nur einfach erhoben wird, sondern daß die Politiker auch vielfach bereit sind, ihn zu akzeptieren, woraus erhellt, daß die Wertordnung der Gesellschaft sich mit der der Nationalökonomie weitgehend deckt, diese also nicht ganz zu Unrecht beansprucht, die „wahre“ Politische Wissenschaft zu sein. Eine Analyse der Anthropologie und der politischen Theorie der Nationalökonomie ist heute daher zugleich immer auch eine Analyse der Strukturprinzipien der modernen Gesellschaft, und die Aporien innerhalb der Wissenschaft reflektieren die rational nicht lösbaren Konflikte innerhalb der Gesellschaft.

Unter diesem Gesichtspunkt können wir sagen, daß die moderne Wirtschaftsgesellschaft sowohl hinsichtlich ihrer Grundlagen als auch ihrer Zielsetzung irrational ist. Wir haben gezeigt, daß die Nationalökonomie mit einer reduzierten Anthropologie operiert, die im Menschen ein egozentrisches Individuum sieht, dessen Existenz nicht von der Vernunft geordnet wird, sondern seine Ausrichtung durch die Impulse der Triebnatur empfängt. Dementsprechend formulieren die Protagonisten des Kapitalismus die Substanz der neuen „Ethik“: der Tod ist als das größte Übel zu meiden und maximale Verfügungsgewalt über materielle Güter als das begehrenswerteste Gut anzustreben. Der Verzicht auf die Vernunft läßt die Menschen auf den Status „natürlicher“ Wesen zurücksinken, was freilich seit Bacon als Fortschritt gefeiert wird, weil damit die Hoffnung verbunden ist, die Natur durch Einfügen in ihre Bewegungsgesetze zu beherrschen und damit zur Autonomie zu gelangen. Folgerichtig beschränkt sich die Nationalökonomie, obwohl sie es auch mit Problemen des Handelns zu tun hat, auf eine erkenntnistheoretische Position, die sich an die Naturwissenschaften als Vorbild anlehnt. Abgesehen davon, daß diese Position auch inhärent zu nicht lösbaren Schwierigkeiten führt, auf die wir leider nur sehr knapp und punktuell hinweisen konnten, hat das zur Konsequenz, daß das theoretische Rüstzeug der Nationalökonomie zu einer Kritik ihrer eigenen Grundlagen nicht ausreicht, wenn man sich nicht vordergründig mit einer Überprüfung der logischen Konsistenz begnügen will; denn die Probleme, die sich aus der Partizipation an transzendenter Realität ergeben, verschwinden nicht dadurch, daß man diese Realität leugnet. Im Gegenteil führt die Leugnung zu einem fatalen Resultat: Indem sie die Quelle der Ordnung der Existenz verschüttet, geht erstens die Kenntnis der Bedingungen für rationales Handeln verloren; zweitens sind damit die sich daraus ergebenden individuellen und gesellschaftlichen Störungen weder ursächlich erkennbar noch können sie rational beseitigt werden. Die Gesellschaft als eine „Verbandseinheit natürlicher Wesen“ ist die oberste Wirklichkeit, es gibt keine sie transzendierenden Werte, von denen aus die jeweilige gesellschaftliche Realität beurteilt werden könnte. Das bedeutet, daß die notwendig alle anderen Streitpunkte in den Schatten stellende Auseinandersetzung um die Verteilung des gesellschaftlich erstellten Sozialprodukts *prinzipiell* nur auf der Machtebene, d. h. irrational zu entscheiden ist. Zwar soll hier nicht behauptet werden, daß die Chance jemals sehr gut gewesen ist oder in Zukunft sein wird, daß solche Auseinandersetzungen immer überwiegend rational entschieden werden. Aber eine Theorie von Mensch und Gesellschaft muß zumindest die Bedingungen der Möglichkeit aufzeigen, wie eine rationale Entscheidung erfolgen *kann*. Tut sie das nicht, muß sie selbst als irrational bezeichnet werden. Genau diesem Vorwurf setzt sich die Nationalökonomie aus. Aufgrund ihrer anthropologischen Prämissen ist sie *grundsätzlich* nicht in der Lage, rationale Entscheidungskriterien zu formulieren. Ihre politische Theorie, soweit man von einer solchen sprechen darf, beschränkt sich zwangsläufig auf die Erörterung des Machtproblems, und zwar unter dem Gesichtspunkt, bis zu welchem Punkt die eigene Macht ausgedehnt werden kann, ohne sich in einen Nachteil zu verkehren.

Die Unfähigkeit der Nationalökonomie zu einer rationalen Diskussion gesellschaftlicher Probleme und, damit verbunden, ihre Unkenntnis der Bedingung gerechter Ordnung werden immer dann besonders augenfällig, wenn sich Nationalökonomen zu Fragen der praktischen Wirtschaftspolitik äußern. Eine diesbezüglich ergiebige Quelle sind die jährlichen Gutachten des „Sachverständigenrates zur Begutachtung der gesamtwirtschaftlichen Entwicklung", dem laut Gesetz fünf Mitglieder angehören, „die über besondere wirtschaftswissenschaftliche Kenntnisse und volkswirtschaftliche Erfahrungen verfügen müssen"[1]. Für uns ist vor allem das Jahresgutachten (JG) 1972/73 von Interesse, weil in ihm das Hauptproblem der modernen Wirtschaftsgesellschaft, die Einkommensverteilung, ausführlich behandelt wird[2]. Unter der anthropologischen Voraussetzung der Nationalökonomie ist die politische Stabilität einer Gesellschaft weitgehend eine Funktion ihrer wirtschaftlichen Stabilität[3] und die Gerechtigkeit im wesentlichen eine Frage der Einkommensverteilung. Weil es aber keinen inhärenten Maßstab für eine gerechte Einkommensverteilung gibt, führt der Versuch, Stabilität und Gerechtigkeit miteinander zu vereinbaren, zu einem Konflikt; denn es gibt zwar einen Konsensus darüber, daß die bestehende Einkommensverteilung ungerecht ist, nur meint jede Gruppe, sie sei es, die zu kurz komme. „Wäre ein gesamtgesellschaftlicher Konsensus über eine gerechte Verteilung zu erzielen, so ließe sich auch ein gemeinsames, aufeinander abgestimmtes Verhalten aller auf freiwilliger Basis erreichen. Denn derjenige, dem der Markt ein zusätzliches Einkommen zuspielt, wäre dann vermutlich bereit, darauf zu verzichten und es einem anderen zuzuführen, weil es seinen eigenen Gerechtigkeitsvorstellungen entspräche[4]." Da dies jedoch nicht der Fall ist, wird jede Gruppe versuchen, ihre Vorstellungen am Markt durchzusetzen, was konkret be-

[1] § 1, Abs. 2 des Gesetzes über die Bildung eines Sachverständigenrates zur Begutachtung der gesamtwirtschaftlichen Entwicklung vom 14. August 1963 (Bundesgesetzblatt I S. 685).

[2] Vgl. Bundesrats-Drucksache 612/72, Ziffern 437—516.

[3] Wirtschaftliche Stabilität heißt hier in erster Linie Preisniveaustabilität. Für unsere Zwecke ist eine jedesmalige Präzisierung jedoch nicht notwendig, da anhaltend hohe Inflationsraten in der Marktgesellschaft zumindest tendenziell auch die übrigen wirtschaftspolitischen Ziele bedrohen.

[4] *H. Adam,* Zur Problematik der Konzertierten Aktion. In: Aus Politik und Zeitgeschichte, B 39/73 vom 29. September 1973, S. 11.

deutet, daß sich jede auf Kosten der anderen bereichern will. Das Resultat ist ein Verteilungskampf, der außerdem die Stabilität gefährdet[5], weil er bei Vollbeschäftigung in der Regel zu einer Überbeanspruchung des Sozialprodukts führt.

Der Sachverständigenrat zieht als Referenzsystem das Modell der vollkommenen Konkurrenz heran, in dem die Einkommensverteilung deswegen kein stabilitätspolitisches Problem ist, weil sich niemand gegen das „Diktat des Marktes" auflehnen kann, denn er muß sich den, nach oben wie nach unten reagiblen, Preisen anpassen, die ihrerseits lediglich Knappheitsindices sind und deren relative Änderung zueinander mit der Stabilität des Preisniveaus vereinbar sind[6]. Nun ist aber die Realisierung dieses Modells nicht möglich. Man hat daher in der Wirklichkeit aufgrund der allgemeinen Oligopolsituation immer die Chance, die Marktdaten zu seinen Gunsten zumindest kurzfristig zu ändern, wenn man auch mit Gegenreaktionen rechnen muß. Die Chance ist um so günstiger, je größer die eigene „Marktmacht" ist. „Die Größe einzelner Anbieter und die Möglichkeit, durch Verabredung das Marktverhalten abzustimmen, schaffen Marktmacht. Marktmacht haben heißt, die Preisrelationen zu den eigenen Gunsten beeinflussen zu können; Marktmacht nutzen bedeutet, dem Preis- und Verteilungsautomatismus des Marktes durch organisierten Verteilungskampf entgegenwirken. Daß Marktmacht besteht und auch genutzt wird, beweist der Verteilungskampf zwischen den Beziehern von Arbeitseinkommen und den Beziehern von Besitzeinkommen[7]." Wirtschaftliche Macht bedroht die Preisstabilität, weil sie Preisanpassungen nach unten verhindern und nach oben durchsetzen kann[8]. Sollen die Preissteigerungen nicht hin-

---

[5] „Die Einkommensverteilung hat für die Erhaltung der Geldwertstabilität doppelte Bedeutung: Einerseits entscheidet die Einkommensverteilung über die Kaufkraft der Gruppen und damit über die Ansprüche, die sie bei der Einkommensverwendung zu gegebenen Preisen an das Sozialprodukt stellen können. Andererseits stellen die Einkommen im Produktionsprozeß Kosten dar, so daß mit den Einkommen gleichzeitig das gesamtwirtschaftliche Kostenniveau bestimmt wird. Bei hohem Beschäftigungsgrad wird die Stabilität des Preisniveaus vor allem dann gefährdet sein, wenn die Marktmacht der Anbieter auf den Faktor- und Gütermärkten gegenüber den Nachfragern groß ist. Stabilitätswidrige Lohn- und Preisforderungen lassen sich dann verhältnismäßig leicht und mit geringem Risiko durchsetzen." JG 72/73, Ziffer 438.

[6] Vgl. JG 72/73, Ziffer 467.

[7] Ebd., Ziffer 468.

[8] Voraussetzung ist allerdings, daß von Seiten der Geldpolitik keine Hindernisse in den Weg gelegt werden, d. h. daß die im inflationären Prozeß erforderliche Erhöhung der Geldmenge auch tatsächlich erfolgt. Diese Voraussetzung ist heute in der Regel gegeben, weil erstens die Regierungen eine stark deflationäre Politik wegen der drohenden Beschäftigungseinbußen scheuen und zweitens nationale Restriktionen bei weitgehend freiem internationalem Zahlungsverkehr angesichts der enormen internationalen Liquiditätsreserven wenig Aussicht auf Erfolg haben.

genommen werden, so bleibt der Regierung als Gegenmittel in der Regel nur das relativ grobe Instrument einer Dämpfung der Gesamtnachfrage, womit freilich für die übrigen wirtschaftspolitischen Ziele Gefahren entstehen. Aber auch eine Politik, die den permanenten Preisauftrieb toleriert, um diesen Gefahren zu entgehen und um kurzfristig den Verteilungskampf zu mildern, wird auf längere Sicht mit Stabilitätsproblemen konfrontiert werden, dann aber sehr wahrscheinlich in einem Ausmaß, das das Ordnungssystem insgesamt in Frage zu stellen droht. Überdies wird auch die Auseinandersetzung um die Einkommensverteilung durch den inflationären Prozeß nicht sehr lange gemäßigt werden können. „Der Verteilungskampf bei Inflation kann sogar schärfer werden, wenn Unsicherheit über die künftige Inflationsrate die Gruppen veranlaßt, vorsorglich noch agressiver zu handeln, um auch im ungünstigsten Fall der zukünftigen Preisentwicklung einen zufriedenstellenden Anteil am Volkseinkommen zu erringen[9].“ In dieser Lage haben viele Regierungen versucht, den Konflikt mit Hilfe direkter Preis- und Lohnkontrollen zu entschärfen. Abgesehen davon, daß in den meisten Ländern der zu einer effektiven Kontrolle erforderliche bürokratische Apparat nicht vorhanden ist und daß zumindest auf der Seite der Angebotspreise immer Umgehungsmöglichkeiten bestehen, etwa durch das Angebot „neuer Artikel“, ist der Versuch über kurz oder lang jeweils am hinhaltenden Widerstand aller beteiligten Gruppen gescheitert. „Die Bereitschaft der großen *autonomen** Gruppen, sich vorbehaltlos hinter das Experiment zu stellen, war in keinem Fall gegeben. Die Reaktion der Gruppen war durchweg von *Mißtrauen gegen die Regierungen und gegeneinander** geprägt. Es bestand überall der Verdacht, daß der eigene stabilitätspolitische Beitrag nicht honoriert werde, so daß grundsätzlich auf dem *Recht* beharrt wurde, *Einkommenschancen voll auszunutzen, wo immer sie sich boten**. Die Unvollkommenheiten der Maßnahmen und Störfaktoren verschiedener Art ... ließen überall unmittelbare Gewinner und Verlierer der Maßnahmen entstehen. Das Gefühl, betrogen zu werden, mußte sich in zahlreichen Gruppen festsetzen, die deshalb nicht bereit waren, das Experiment weiter zu unterstützen[10].“ Hier wird im Ansatz bereits deutlich, aufgrund welcher Strukturelemente ihres Verständnisses von Gesellschaft die Nationalökonomie gar nicht in der Lage sein kann, das Verteilungsproblem rational zu lösen. Als Grundannahme wird postuliert, daß jeder das Recht hat, jede sich bietende Möglichkeit zur Erhöhung des Einkommens wahrzunehmen[11]. Daraus folgt zwangsläufig, daß die je-

[9] JG 72/73, Ziffer 469.

[10] Ebd., Ziffer 484.

[11] Wir erinnern uns, daß die mikroökonomische Theorie auf der Annahme basiert, daß dieses Recht auch tatsächlich wahrgenommen wird.

weiligen Gruppen, durch die dieses Recht in der gesellschaftlichen Auseinandersetzung artikuliert wird, als „autonom“ gelten müssen, als „selbstgesetzlich“ und nur ihren eigenen Regeln unterworfen; denn es kann kein Gemeinwohl geben, das das Interesse an einer Erhöhung des Einkommens zu übersteigen vermag. Ein solches Gemeinwohl wäre aber die Voraussetzung dafür, daß überhaupt Gerechtigkeitserwägungen darüber angestellt werden können, wie das Sozialprodukt zu verteilen wäre. Das gemeinsame Interesse an einer Maximierung des Sozialprodukts kann das gesuchte Gemeinwohl nicht sein, weil es natürlich keinen sich selbst transzendierenden Maßstab kennt. Insofern die Nationalökonomie jedoch, wie wir gesehen haben, dieses Interesse als oberstes gesellschaftliches Ziel anerkennt, kann sie auch keine Verhaltensregeln entwickeln, die dem Autonomieanspruch der Gruppen entgegengestellt werden könnten. Die gesellschaftliche Auseinandersetzung bietet so das Bild sich im Kampf um einen jeweils höheren Anteil am Sozialprodukt mißtrauisch belauernder Gruppen, die ohne Rücksicht auf das Wohl der Gemeinschaft jede Chance ergreifen, sich auf Kosten der anderen zu bereichern.

Die Lektüre der zitierten Passagen des Gutachtens erinnert an Thomas Hobbes' Beschreibung des menschlichen Zustandes außerhalb der bürgerlichen Gesellschaft, an den „Naturzustand“. Das mag auf den ersten Blick überraschend erscheinen, handelt doch das Gutachten gerade von Auseinandersetzungen *innerhalb* der Gesellschaft. Aber nicht nur die bereits angeführte Bemerkung von Buchanan, daß sich die Nationalökonomie den Hobbes'schen Realismus zu eigen gemacht habe, weist darauf hin, daß hier mehr als eine lediglich oberflächliche Ähnlichkeit vorliegt. Wir hatten auch schon bei der Analyse von Adam Smith kurz darauf aufmerksam gemacht, daß er den „Naturzustand“ institutionalisiert, wenn er sich von dem Gegeneinander der Gruppen eine stabile Ordnung erwartet. Diese Überzeugung von Smith ist bis heute Bestandteil der politischen Theorie der Nationalökonomie geblieben. Es erscheint daher sinnvoll, die Hobbes'sche Formulierung des Problems etwas genauer zu betrachten, um verständlich zu machen, warum die Nationalökonomie politische Probleme prinzipiell nur auf der Machtebene behandeln kann. Es ist freilich keine umfassende Darstellung von Hobbes' politischer Philosophie intendiert[12]. Uns kommt es nur darauf an, seine Herleitung des „Naturzustandes“ nachzuzeichnen,

---

[12] Anstatt aus der Flut der Literatur über Hobbes mehr oder weniger willkürlich einige Arbeiten herauszugreifen, verweisen wir auf *R. Stumpf,* Hobbes im deutschen Sprachraum — Eine Bibliographie. In: R. Koselleck u. R. Schnur (Hrsg.), Hobbes-Forschungen. Berlin 1969. Als ausländische Arbeiten seien nur angegeben: *R. Polin,* Politique et philosophie chez Thomas Hobbes. Paris 1953; *H. Warrender,* The Political Philosophy of Hobbes. Oxford 1957; *J. W. N. Watkins,* Hobbes' System of Ideas. London 1965.

weil die anthropologischen Prämissen der Nationalökonomie mit seinen übereinstimmen, er aber die Konsequenzen, die sich daraus ergeben, weit besser gesehen hat.

Hobbes beachtet methodisch streng das anthropologische Prinzip, d. h. seine Ordnungsvorstellungen sind das Ergebnis einer Analyse der menschlichen Natur. „Was meine Methode anlangt, so habe ich ... geglaubt, mit der Materie des Staates beginnen, dann zu dessen Entstehung und Gestaltung und dem ersten Ursprung der Gerechtigkeit übergehen zu müssen. Denn aus den Elementen, aus denen eine Sache sich bildet, wird sie auch am besten erkannt[13].“ Die Elemente des Staates sind die Menschen; daher „muß richtig erkannt werden, wie die menschliche Natur geartet ist, wie weit sie zur Bildung des Staates geeignet ist oder nicht, und wie die Menschen sich zusammentun müssen, wenn sie eine Einheit werden wollen[14].“ Nun gilt für die Analyse des Menschen das gleiche methodische Prinzip wie für die Analyse des Staates. Es wird also alles davon abhängen, ob es gelingt, als Ausgangspunkt unbezweifelbare Grundtatsachen der menschlichen Natur zu finden, die so einfach und dabei zugleich so einleuchtend sind, daß jeder vernünftige Mensch, wenn er seinen Verstand nur recht gebraucht, zu dem gleichen Ergebnis kommen würde. Nur dann ist nämlich gesichert, daß auch die logischen Schlußfolgerungen, die daraus in Bezug auf die Ordnung des Gemeinwesens gezogen werden müssen, für alle nachvollziehbar sind und damit Zustimmung erlangen können. Hobbes' Ausgangspunkt ist der „allen durch Erfahrung bekannte(n) und von jedermann anerkannte(n) Grundsatz, daß der Sinn der Menschen von Natur so beschaffen ist, daß, wenn die Furcht vor einer über alle bestehenden Macht sie nicht zurückhielte, sie einander mißtrauen und einander fürchten würden und daß jeder durch seine Kräfte sich mit Recht schützen könne und notwendigerweise auch wolle[15].“ Dieser Grundsatz ergibt sich aus „den zwei sichersten Forderungen der menschlichen Natur“, die ebenfalls jeder an Hand seiner eigenen Erfahrungen leicht nachprüfen kann: „die eine ist die Forderung der natürlichen Begierde, vermöge deren jeder den Gebrauch der gemeinsamen Dinge für sich allein verlangt, die andere ist die Forderung der natürlichen Vernunft, vermöge deren jeder dem gewaltsamen Tode als dem höchsten Übel der Natur auszuweichen sucht[16].“ Damit sagt Hobbes nicht, daß die Menschen von Natur böse sind, auch wenn sie von ihren Leidenschaften gesteuert wer-

[13] De Cive, Vorwort. Zitiert wird nach der deutschen Ausgabe bei *Meiner* (G. Gawlick ed.), die auch die Übersetzung von De homine enthält: Vom Menschen. Vom Bürger. Hamburg ²1966, S 67.

[14] Ebd.

[15] Ebd., S. 68.

[16] Ebd., S. 62.

den; denn diese sind nicht in sich selbst schlecht[17]. „Es gibt nichts, was in sich und absolut gut, schlecht oder verachtenswert wäre, und es gibt auch keine Regel für Gut und Böse, die auf die Natur der Gegenstände selbst gegründet wäre. Maßgeblich ist allein (wo es keinen Staat gibt) der einzelne Mensch, wenn ein Staat besteht, derjenige, der ihn vertritt ...“[18] Gut ist, was der einzelne dafür hält bzw. was im Staat kraft Gesetz dafür erklärt wird. Es kann daher kein das gesellschaftliche Maß transzendierendes *summum bonum* geben, auf das hin menschliches Glücksstreben ausgerichtet ist. Glückseligkeit ist vielmehr „ein beständiges Fortschreiten von Wunsch zu Wunsch. Ist der eine erfüllt, so öffnet sich nur der Weg für den nächsten“[19]. Dabei soll aber der jeweils erreichte Besitzstand ungeschmälert erhalten bleiben. Der freilich ist gerade das Ziel der Begierden der Mitmenschen, vor denen man sich daher schützen muß. „Als Haupttriebfeder des Menschen sehe ich den unstillbaren und nagenden Hunger nach Macht und abermals Macht, der erst im Tode endet. Nicht etwa, daß der Mensch ausschließlich nach immer größerem Wohlbehagen strebte oder mit seiner geringen Macht nicht zufrieden sein könnte, er kann sich nur seine gegenwärtige Macht und die Mittel, die ihm jetzt Glück schenken, nicht sichern, ohne immer noch mehr zu erwerben ... Der Wettstreit um Reichtum, Ehre, Herrschaft oder sonst eine Art der Macht führt zu Streit, Feindschaft und Krieg. Um seine Begierden zu stillen, wird ein Rivale den anderen töten, knechten, übervorteilen und zurückdrängen[20].“

Es gibt also einen Zustand außerhalb der durch die Existenz von Recht und Gesetz gekennzeichneten bürgerlichen Gesellschaft, in dem sich jeder gegen die Übergriffe seiner Nachbarn selber zur Wehr setzen muß, daher praktisch gezwungen ist, nach Macht zu streben. Hobbes nennt diesen Zustand den „Naturzustand“[21]. Für ihn ist der Mensch keineswegs von Natur ein *zoon politikon;* denn die Menschen suchen die Gesellschaft ihrer Mitmenschen nicht um der Gesellschaft willen, sondern nur, wenn sie sich davon einen Vorteil versprechen. Das ergibt sich schon daraus, daß sich die Menschen auf alle Weise vor den anderen auszeichnen wollen, was ihnen aber nur deren Haß einbringt, so daß sie einander meiden würden, wäre der Zusammenschluß nicht mit irgendwelchen Vorteilen verbunden[22]. Hobbes will nun nachweisen, daß der „Naturzustand“ ein so großes Übel ist, daß die natürliche Vernunft nach

---

[17] Vgl. *Th. Hobbes,* Leviathan. Zitiert wird nach der deutschen Ausgabe bei Rowohlts Klassiker (P. C. Mayer-Tasch ed.) o. O. 1965, S. 100.

[18] Ebd., S. 40.

[19] Ebd., S. 76; De homine, S. 29.

[20] Leviathan, S. 77.

[21] Vgl. De Cive, S. 69.

[22] Vgl. ebd., S. 75 ff.

einer bürgerlichen Gesellschaft verlangt, die zwar auch ihre Nachteile hat, jedoch gemessen am Naturzustand geradezu als ein Segen angesehen werden muß.

Im Naturzustand sind alle Menschen gleich. Selbst die Stärksten können sich nicht überlegen fühlen, weil bei den Menschen die Gefahr eines gewaltsamen Todes sogar von den Schwächsten droht. „Die einander Gleiches tun können, sind gleich. Aber die, die das Größte vermögen, nämlich zu töten, können Gleiches tun. Deshalb sind alle Menschen von Natur einander gleich[23].“ Da sie überdies auch alle die gleichen geistigen Anlagen haben, können alle gleicherweise hoffen, ein bestimmtes Ziel zu erreichen. Richten sich die Bestrebungen, wie das zumeist der Fall ist, auf einen Gegenstand, den nicht alle zugleich haben können, wird Neid und Feindschaft die Folge sein. Jeder wird sich bemühen, die Konkurrenten aus dem Feld zu schlagen, deren natürliche Begierden wiederum ihn bedrohen. „Die Folge dieses wechselseitigen Argwohns ist, daß sich ein jeder um seiner Sicherheit willen bemüht, den anderen zuvorzukommen. So wird er sich solange gewaltsam oder hinterrücks des anderen zu bemächtigen suchen, bis ihn keine größere Macht mehr gefährden kann. Das verlangt nur seine Selbsterhaltung und wird deshalb allgemein gebilligt. Schon weil es einige geben mag, die bestrebt sind, aus Machtgier und Eitelkeit mehr an sich zu reißen, als zu ihrer Sicherheit notwendig wäre. Die aber, die glücklich wären, sich in schmalen Grenzen zu begnügen, würden schnell untergehen, wenn sie sich — ein jeder für sich — verteidigen würden und nicht danach trachteten, ihre Macht zu vergrößern. Folglich muß dem Menschen die Ausweitung seiner Macht über andere, zu der ihn sein Selbsterhaltungstrieb zwingt, erlaubt sein[24].“ Gegen den Machtanspruch der Mitmenschen hilft auch kein Appell an die Gerechtigkeit. Da Gerechtigkeit heißt, die Gesetze des Staates zu befolgen[25], gibt es im Naturzustand keine Gerechtigkeit, aber auch kein Unrecht. Jeder darf alles tun. „Die Natur hat jedem ein Recht auf alles gegeben; d. h. in dem reinen Naturzustande ... war es jedem erlaubt zu tun, was er wollte und gegen wen er es wollte, und alles in Besitz zu nehmen, zu gebrauchen und zu genießen, was er wollte und konnte ... Daraus ersieht man auch, daß im *Naturzustande der Nutzen der Maßstab des Rechts** ist[26].“ Nun gibt es im Naturzustand kein besseres Mittel, den eigenen Nutzen zu erhöhen, als den anderen Menschen zu schaden: sie zu berauben, zu unterdrücken oder gar zu töten. Es haben daher alle

---

[23] Ebd., S. 80.

[24] Leviathan, S. 98.

[25] Vgl. De homine, S. 41.

[26] De Cive, S. 82 f.; vgl. auch Leviathan, S. 101.

Menschen den Willen zu schaden[27]. Nimmt man dazu noch das „Recht aller auf alles hinzu, nach welchem der eine mit Recht angreift und der andere mit Recht Widerstand leistet, und aus welchem stets Mißtrauen und Verdacht nach allen Seiten hin hervorgeht, und erwägt man, wie schwer es ist, gegen Feinde, selbst von geringer Zahl und Macht, die mit der Absicht, uns zu unterdrücken und zu vernichten, uns angreifen, sich zu schützen: so kann man nicht leugnen, daß der natürliche Zustand der Menschen, bevor sie zur Gesellschaft zusammentraten, der *Krieg* gewesen ist, und zwar nicht der Krieg schlechthin, sondern der Krieg aller gegen alle[28]." Dieser Krieg ist die unweigerliche Konsequenz, wenn der Mensch allein seinen Trieben folgt.

Wie aber läßt sich der Kriegszustand beende? Hobbes' Antwort lautet: Es muß eine oberste Gewalt geben, die den Frieden herstellt und ihn auch sichern kann. Die Menschen aber werden um so eher bereit sein, eine solche Gewalt anzuerkennen, je heftiger der Krieg tobt; denn die Furcht vor dem Tode wird sie geneigt machen, ihrer natürlichen Vernunft zu gehorchen, die ihnen sagt, welche für den Frieden notwendigen Grundsätze aufgestellt werden müssen[29]. „Die einzige Möglichkeit, eine Gewalt zu schaffen, die in der Lage ist, die Menschen ohne Furcht vor feindlichen Einfällen oder den Übergriffen ihrer Mitmenschen ihres Fleißes oder des Bodens Früchte genießen und friedlich für ihren Unterhalt sorgen zu lassen, liegt darin, daß alle Macht einem Einzigen übertragen wird — oder aber einer Versammlung, in der durch Abstimmung der Wille aller zu einem gemeinsamen Willen vereinigt wird[30]." Die Lösung besteht also darin, daß alle freiwillig einen Vertrag schließen, ihre Rechte und ihre Entscheidungsfreiheit dem Leviathan zu übertragen, der dann in ihrem Namen handelt. Der Verlust der politischen Selbstbestimmung ist die notwendige Voraussetzung des Friedens.

Es erscheint merkwürdig, daß das Gesellschaftsmodell von Smith auf den ersten Blick so völlig anders aussieht, obwohl er in den anthropologischen Grundlagen mit Hobbes übereinstimmt. Und in der Tat vermeidet er ja die Konsequenz des Leviathan, der ihm als ein Schreckensbild erscheinen mußte, hegte er doch schon das größte Mißtrauen gegen die, verglichen mit dem Leviathan geradezu ohnmächtige, englische Krone. Der Bürgerkrieg lag immerhin schon etwa ein Jahrhundert zurück und seine Schrecken waren nicht mehr so präsent, als daß die Aufrechterhaltung des Friedens für Smith diesen Preis wert gewesen wäre. Er greift zur Lösung des in den anthropologischen Prä-

---

27 Vgl. De Cive, S. 79 f.

28 Ebd., S. 83.

29 Vgl. Leviathan, S. 101.

30 Ebd., S. 136.

missen angelegten Konflikts einen Hinweis von Hobbes auf, der den Konflikt schon im Ansatz zu bannen scheint: „Wenn die Macht nicht bedeutend ist, ist sie unnütz; denn wenn alle anderen gleiche Macht besitzen, so bedeutet sie nichts[31].“ Es kommt darauf an, daß niemandes Macht diejenige seiner Konkurrenten übersteigt bzw. daß sie so gering ist, daß von ihr keine ernsthafte Bedrohung ausgehen kann. Dieser Gedanke ist für Smiths Modell zentral, und zwar sowohl für seine Theorie der Konkurrenz als auch für die der Gesellschaft. Er hat überdies den Vorzug, sowohl auf die Vernunft völlig verzichten zu können, deren der Hobbes'sche Mensch immerhin bedarf, um die Notwendigkeit des Leviathan einzusehen, als auch die Lösung des Problems innerhalb des gesellschaftlichen Systems zu finden, so daß „Eingriffe“ in dessen Bewegungsablauf nicht nötig sind. Damit institutionalisiert Smith allerdings den „Naturzustand“, und ob der Bürgerkrieg die Gesellschaft nicht sprengt, hängt ganz allein davon ab, ob die Macht tatsächlich so gleichgewichtig verteilt ist, wie es erforderlich wäre. Da Smith nirgendwo angibt, wie dieses Gleichgewicht der Kräfte erreicht werden kann, muß er es wohl in der Gesellschaft seiner Zeit verwirklicht geglaubt und für stabil gehalten haben, — eine reichlich optimistische Annahme, wie sich gezeigt hat. Jedenfalls lassen die Erfahrungen der letzten 200 Jahre wohl den Schluß zu, daß Hobbes der realistischere Denker war.

Aber auch wenn Hobbes und Smith in Hinsicht auf die Schlußfolgerungen, die sie aus ihrer anthropologischen Basis ziehen, differieren, so ist ihnen doch die Intention gemeinsam: sie wollen das Handeln überflüssig machen. Manfred Riedel hat darauf hingewiesen[32], daß die von Hobbes nach dem Vorbild der Geometrie konstruierte politische Philosophie auf einer Umkehrung der ontologischen Struktur beruht: war in der klassischen Philosophie und in der Scholastik die Natur (jetzt nicht im naiven Sinn verstanden) das Maß, an dem sich die künstlich hergestellten Dinge zu orientieren hatten, so kehrt Hobbes das Verhältnis um — weil wir ein Wissen nur von den Dingen haben, die wir selber herstellen[33]. Er konnte nach eigener Ansicht die politische Philosophie als Wissenschaft begründen, weil ihr Gegenstand, der Leviathan, künstlich hergestellt worden ist: „Denn durch Kunst wird jener große Leviathan, genannt Commonwealth oder Staat, geschaffen, der nichts anderes ist als ein künstlicher Mensch[34].“ Hier wird deutlich, warum Hobbes die

---

[31] De homine, S. 24.

[32] Vgl. Zum Verhältnis von Ontolgie und politischer Theorie bei Hobbes. In: R. Koselleck u. R. Schnur (Hrsg.).

[33] Vgl. De homine, S. 19; vgl. auch *M. Riedel,* S. 106.

[34] Leviathan, Introduction; hier zitiert in eigener Übersetzung nach der von C. B. Macpherson herausgegebenen Ausgabe bei Penguin Books, 1970, S. 81.

Ansicht ablehnt, der Mensch sei von Natur ein politisches Wesen; denn nur wenn sich der Mensch als Bürger quasi selber herstellt, ist eine Politische Wissenschaft möglich und können zwingende Schlußfolgerungen für jedermann einsichtig darlegen, von welcher Lösung allein ein Ende des Aufruhrs und des Bürgerkriegs erwartet werden kann. Dieser Ansatz revolutioniert das klassische Verständnis von Politik, für das das Gemeinwesen immer schon existiert und sich das politische Problem erst aus der Frage nach den Bedingungen des guten Handelns ergibt. Die Revolution gebiert ein Kind, das Politik überflüssig macht — den Leviathan. „Der ontologische Vorrang des Herstellens führt zur Depotenzierung des Handelns ... Denn das Herstellen der Einzelnen zielt bei Hobbes nicht mehr darauf, mit der Herstellung des Werkes zugleich die Bedingungen seines „Gebrauchs", und das heißt für die klassisch-politische Philosophie: des Handelns als Gut-Handeln zu schaffen, sondern *das Werk im vorhinein auf der Basis einer Technik zu errichten, die das Tugendhandeln der Bürger entbehrlich macht**. Hier ist der Punkt, an dem sich die philosophia civilis von Hobbes grundsätzlich von der Tradition unterscheidet, und von ihm aus kann man die veränderte Struktur der politischen und rechtlichen Kategorien begreifen, die an ihrem „Anfang" hervortreten. Der einzige politische Akt, den diese „neue Wissenschaft" kennt, — der Akt der Konstituierung der ursprünglichen Vereinigung der Bürger (unio civilis) — ist zugleich derjenige Akt, in dem die Selbsttätigkeit des politischen Handelns erlischt[35]." Während bei Hobbes die Menschen wenigstens einmal tugendhaft handeln müssen, auch wenn ihnen die Richtung ihres Handelns von der Leidenschaft gewiesen wird, ist das Handeln in Smiths Modell überhaupt nicht vorgesehen. Bei ihm übernimmt der Markt die Rolle des Leviathan, der aber immer schon vorhanden ist, da der Mensch für Smith ein von Natur soziales Wesen ist, mithin der gesellschaftliche Raum nicht erst hergestellt werden muß. Eigene Entscheidungen sind bei Smith nicht notwendig. Angetrieben von seinen Leidenschaften kann sich der Mensch nur der jeweiligen durch anonyme Marktbewegungen gegebenen Situation anpassen — tugendhaftes Handeln ist überflüssig.

Das Bild der Gesellschaft ist in der Nationalökonomie seit Smith in seiner Struktur unverändert geblieben; das Sachverständigen-Gutachten zeigt das. Die Auseinandersetzung um die Verteilung des Sozialprodukts vollzieht sich in einem Rahmen, der alle Merkmale des „Naturzustands" aufweist: In einer von Neid und Mißtrauen geprägten Athmosphäre kämpfen autonome, nur ihren eigenen Interessen verpflichtete aggressive Gruppen durch Einsatz von Macht um einen höheren Anteil am Sozialprodukt, den sie immer nur auf Kosten des Anteils der anderen

---

[35] *M. Riedel,* S. 107.

Gruppen erreichen können. Genau wie Hobbes das Recht aller auf alles im Naturzustand bestätigt, weil keine oberste Gewalt existiert, die die Auseinandersetzung gesetzlich regeln kann, so legitimieren auch die Gutachter den aggressiven Verteilungskampf. „Solange Preisstabilität oder feste staatliche Zusagen für die Preisniveauentwicklung nicht erreichbar sind, sei es weil übergeordnete politische Gründe oder die Interessenabhängigkeit die staatliche Politik zwingen, sich bei der Bekämpfung der Inflation zurückzuhalten, solange kann den autonomen Gruppen kein Vorwurf gemacht werden, wenn sie die Möglichkeiten ihrer Marktmacht zur Beeinflussung der Einkommensverteilung bis zu dem Punkt ausnutzen, von dem ab ihre Marktchancen beeinträchtigt werden[36].“ Nachdem die Gutachter aber bereits vorher geklärt haben, daß der „Staat“ keineswegs nach Gutdünken Stabilitätspolitik betreiben kann ,weil er von den Gruppen abhängig ist[37], entfällt jede Grundlage, deren Verhalten als ungerecht bezeichnen zu können. Im übrigen streben die Gutachter gar keine politische Lösung an. Da sie gegen die hemmungslose Vertretung der Sonderinteressen der Gruppen kein Argument haben, können sie auch nicht die Gruppen für das Scheitern politischer Lösungsversuche verantwortlich machen, sondern müssen die Mißerfolge der prinzipiellen Untauglichkeit politischen Handelns überhaupt anlasten. „Der Unfähigkeit der Regierungen, sich für ihre dirigistischen Experimente die dauerhafte Unterstützung der autonomen Gruppen zu sichern, entspricht das Problem, daß der Verteilungskampf während der Preis- und Lohnkontrollen nicht aufhört. Er verlagert sich vom Markt in die politische Arena. Dort aber wird er nur noch heftiger, einmal weil er sich mit dem politischen Konkurrenzkampf der Parteien verquickt, dann aber auch, weil es nun darauf ankommt, die Waffen des Marktes, die erfolgreich nur mit Nüchternheit geführt werden können, durch Worte und Agitation zu ersetzen[38].“ Für den Nationalökonomen gilt es, dem politischen „Gezänk“ die „Nüchternheit“ des Marktes entgegenzuhalten, der angeblich zu sachlichen Lösungen führt. Die Orientierung an der Sozialtechnik des Marktes ist der Versuch, dem politischen Handeln und dem Zwang, Entscheidungen fällen zu müssen, durch den Einbau eines „Automatismus“ auszuweichen. Das hat freilich für die Einkommensverteilung zur Folge, daß ihr Stand nicht etwa das Ergebnis rationaler Entscheidung ist und es auch gar nicht sein kann, sondern immer nur die jeweiligen gesellschaftlichen Machtverhältnisse widerspiegelt.

Die anthropologische Basis führt die Nationalökonomie zu einer „politischen Theorie“, die in einem Begriff von Gesellschaft kulminiert, der

---

[36] JG 72/73, Ziffer 474.

[37] Vgl. ebd., Ziffer 470.

[38] Ebd., Ziffer 487.

den Hobbes'schen Naturzustand institutionalisiert und politisches Handeln durch Sozialtechnik überflüssig zu machen sucht. Die Gesellschaft ist die oberste Wirklichkeit; es kann nichts geben, das sie übersteigt. Die gesellschaftlichen Auseinandersetzungen reduzieren sich daher auf die Machtfrage, rationale Entscheidungskriterien fehlen. Solange die Nationalökonomie diese Grundlagen nicht revidiert, wird sie prinzipiell nicht in der Lage sein, die Diskussion um eine Neuorientierung, die angesichts der Krise der westlichen Zivilisation unausweichlich ist, auf einer Ebene zu führen, die rationalen Ansprüchen genügt.

Anhang: Zum „Orientierungsrahmen '85"[1]

Verglichen mit dem naiven Ökonomismus des „Langzeitprogramms" stellt der Orientierungsrahmen zweifellos einen Fortschritt dar. Offenbar hat die massive Kritik vor allem am Fehlen einer über das Wirtschaftswachstum als Ziel hinausreichenden Perspektive dazu geführt, daß die Grundwerte des demokratischen Sozialismus wieder sehr deutlich den obersten Bezugspunkt bilden, auf den hin die konkreten Inhalte der Politik ausgerichtet sein sollen (OR 13)[2]. Daher wird auch ausdrücklich betont, daß das materielle Wohlergehen „weder das einzige noch das höchste Ziel menschlicher Existenz" (OR 15) ist. Ziel ist vielmehr die Selbstbestimmung auf der Basis von Freiheit, Gerechtigkeit und Solidarität. Dabei wird nicht verkannt, daß der Selbstbestimmung Grenzen gesetzt sind, die nicht nur auf veränderbaren gesellschaftlichen Bedingungen beruhen, sondern die, wie z. B. Irrtum, Schuld oder Krankheit, grundsätzlich nicht überwunden werden können (OR 16). Hier sind in dem Orientierungsrahmen Einsichten ausgedrückt, die im „Langzeitprogramm" noch völlig fehlten.

Trotzdem bringt der Orientierungsrahmen keinen grundsätzlichen Wandel. Am Primat der Ökonomie im politischen Bereich wird nicht gerüttelt. Allerdings hat sich die Begründung dafür etwas verschoben. Wo noch im „Langzeitprogramm" sehr direkt maximale wirtschaftliche Wohlfahrt als das „politische" Ziel des zum Wohlstandsbürger degenerierten *homo politicus* erklärt wird, wird im Orientierungsrahmen zwar deutlich auf die die wirtschaftliche Wohlfahrt transzendierenden Ziele hingewiesen, gleichzeitig aber postuliert, daß diese Ziele nur über Produktivitätssteigerung und Wirtschaftswachstum erreicht werden können. Der Vorsitzende der für den Orientierungsrahmen verantwortlich zeichnenden Kommission, Peter v. Oertzen, hat den Zusammenhang erläutert: „Wenn die Idee der fortschreitenden Selbstbestimmung und damit die Verwirklichung von Freiheit, Gerechtigkeit und Solidarität keine bloße Utopie bleiben soll, müssen die realen Bedingungen hierfür untersucht werden. In allen vergangenen Gesellschaftsordnungen vor der Entstehung der industriellen Produktionsweise waren Unfreiheit und Ungleichheit *unvermeidlich**. Auf der beschränkten wirtschaftlichen

---

[1] Es wird nur der Allgemeine Teil, in dem die grundsätzlichen Aussagen gemacht werden, behandelt.

[2] Die Fundstellen zum Orientierungsrahmen '85 werden mit OR und Seitenzahl im Text angegeben.

Grundlage dieser Gesellschaften mußten die Errungenschaften der menschlichen Zivilisation das Privileg kleiner Minderheiten bleiben. Erst die industrielle Revolution hat die Produktivität der menschlichen Arbeit derart erhöht, daß im Prinzip Wohlstand, Freiheit und Bildung für alle Menschen erreichbar geworden sind[3].“ Im Orientierungsrahmen wird dieser Gedanke, etwas umformuliert, wiederholt (OR 15 f.). Es wird gar nicht bestritten, daß sich unterschiedliche Formen menschlicher Gemeinschaften auf eine je unterschiedliche „reale Basis“ stützen und daß zwischen der Struktur einer Gesellschaft und ihrer materiellen Grundlage wechselseitige Abhängigkeiten bestehen. Doch der hier behauptete einseitige Zusammenhang ist nicht nur eine grobe Übertreibung; v. Oertzen ignoriert vielmehr auch alle Ergebnisse neuerer kulturanthropologischer Forschungen, die sehr deutlich machen, daß die von ihm angestrebten Grundwerte in Gesellschaften verwirklicht waren und teilweise noch sind, wo das aufgrund der „primitiven realen Basis“ eigentlich gar nicht der Fall sein dürfte. Er offenbart eine naive Begriffsgläubigkeit und einen Kulturchauvinismus, der die Form der modernen westlichen Zivilisation mit *der* Zivilisation schlechthin verwechselt und die aus dieser Art von Zivilisation abgeleiteten Begriffsinhalte für die allein gültigen Inhalte ausgibt. Im Ergebnis treffen sich der platt ökonomistische Ansatz des „Langzeitprogramms“ und der materialistisch-marxistische Ansatz des Orientierungsrahmens: Produktivitätssteigerung und Wirtschaftswachstum sind notwendige Bedingungen, um die politischen Ziele zu erreichen.

So heißt es im Orientierungsrahmen: „Erfolgreiche Reformpolitik und qualifiziertes Wirtschaftswachstum bedingen einander.“ (OR 22)[4] Nun kann Reformpolitik nach dem Orientierungsrahmen für Sozialdemokraten nur bedeuten, daß die Gesellschaft verändert wird in Richtung auf mehr Freiheit, mehr Gerechtigkeit, mehr Solidarität. Voraussetzung dafür soll also ein Mehr des realen Geldwertes der erstellten Güter und Dienstleistungen sein. Damit ist zwar noch nicht gesagt, daß die so begriffene Reform der Gesellschaft durch das Wirtschaftswachstum automatisch erreicht wird, aber es stellt sich die Frage, ob nicht der

[3] Die Grundwerte im Orientierungsrahmen 1985. In: Die Neue Gesellschaft 22 (1975) 4, S. 266.

[4] Das Adjektiv „qualifiziert“ ändert am gängigen Konzept des Wirtschaftswachstums nichts. Wachstum ist bezogen auf das in Geld bewertete Volumen an produzierten Gütern und Dienstleistungen, das Sozialprodukt. Die Betonung des „qualifizierten“ Wachstums heißt in diesem Zusammenhang ganz unabhängig davon nur, daß die Zusammensetzung des Sozialprodukts bestimmten Kriterien entsprechen soll. Diese Kriterien schlagen sich wiederum in den relativen Preisen der Güter zueinander nieder, sie liefern den Bewertungsmaßstab. Wachstum hingegen bedeutet, daß bei *gegebenem Bewertungsmaßstab* pro Periode *mehr* an Gütern und Dienstleistungen erstellt werden.

politische Handlungsspielraum auf die Förderung des Wachstums beschränkt bleibt und Politik daher auch im Orientierungsrahmen im wesentlichen Wirtschaftspolitik ist.

Eine bejahende Antwort ergibt sich implizit bereits daraus, daß der gesamte Abschnitt 2, der sich mit der Situation und den inneren Problemen der Bundesrepublik beschäftigt (OR 42), ausschließlich Wirtschaftsfragen behandelt. Das verwundert nicht, denn auch der Orientierungsrahmen behält die aus der klassischen politischen Ökonomie herrührende Trennung von Staat und Gesellschaft bei, wobei Gesellschaft nahezu identisch mit dem ökonomischen Sektor ist. „Der Staat hat seit dem vergangenen Jahrhundert auch in kapitalistisch organisierten Ordnungen in immer weiteren, zuvor privaten Bereichen Verantwortung übernehmen müssen. Gleichzeitig ist die Bedeutung gesellschaftlicher Gruppen sowohl gegenüber dem einzelnen wie gegenüber dem Staat gewachsen. Es gibt heute keine wichtigen gesellschaftlichen Problemfelder mehr, einschließlich der Verteilungsprobleme, für die der Staat nicht verantwortlich gemacht worden wäre und für die er nicht verantlich gemacht würde. Mit dieser Verantwortlichkeit für gesellschaftliche Probleme haben die Möglichkeiten der Politik zur Steuerung nicht Schritt gehalten. Inflation und Rezession, Arbeitslosigkeit und Strukturkrisen müssen heute politisch verarbeitet und gelöst werden, ohne daß der Politik entsprechende Einwirkungsmöglichkeiten auf Unternehmensstrategien und Investitionsentscheidungen,auf Preise und Löhne zugestanden würden." (OR 24) Wo die gesellschaftlichen Probleme als im Grunde wirtschaftlicher Natur begriffen werden, kann es nicht überraschen, daß gesellschaftspolitische Zielvorstellungen als quantifizierbar betrachtet werden (OR 6). Oder wie sollte Gerechtigkeit quantifiziert werden wenn nicht durch eine bestimmte Verteilungsquote. Dem korrespondiert ein Politikverständnis, das sich im „Machbaren", in der Sozialtechnik erschöpft (OR 29). Politik wird zur Wirtschaftspolitik, vor allem Wirtschaftsordnungspolitik, und die angestrebten Reformen der Gesellschaft geraten unter der Hand zum Vehikel der Wachstumspolitik. „Verringertes Wirtschaftswachstum erschwert Reformpolitik, macht sie aber nicht unmöglich. Andererseits *wachsen bei verringertem Wachstum* nicht nur die Schwierigkeiten, sondern auch *die Notwendigkeiten gezielter Reformpolitik,* weil die verfügbaren Mittel sparsamer und gezielter eingesetzt und u. U. einschneidende Prioritäten gesetzt werden müssen, *um wenigstens das verringerte Wachstum zu sichern bzw. erneut zu erhöhen**." (OR 28) Reformpolitik hat Mittelcharakter in Bezug auf das zur Priorität erhobene Wirtschaftswachstum.

Nun behandelt der Orientierungsrahmen nicht ausschließlich Wirtschaftsprobleme. Es ist auch ein wenig von Berufsbildung, von Gesundheitspolitik, Humanisierung der Arbeitswelt und Städteplanung die

Rede. Aber es gibt keinen Zweifel, daß gemessen an dem Gewicht, das der Wirtschaftspolitik beigemessen wird, alle anderen Problemfelder der Politik zur fast völligen Bedeutungslosigkeit absinken. Politik ist wesentlich Wirtschaftspolitik, das Wirtschaftswachstum ist nicht nur notwendige Voraussetzung einer auf die Grundwerte des demokratischen Sozialismus bezogenen Reformpolitik, sondern es schlüpft unversehens in die Rolle des Ziels der Reformpolitik.

Literaturverzeichnis

(Angesichts der Breite des Themas müßte jeder Versuch einer Bibliographie eine peinliche Unzulänglichkeit bleiben. Es werden daher nur die im Text angegebenen Arbeiten verzeichnet.)

Adam, H.: Zur Problematik der Konzertierten Aktion. In: Aus Politik und Zeitgeschehen, B 39/73 vom 29. September 1973.

Albert, H.: Ökonomische Ideologie und politische Theorie. Göttingen ²1972.

— Rationalität und Existenz. Politische Arithmetik und politische Anthropologie. Diss. Köln 1952.

Arendt, H.: Vita activa. Stuttgart 1960.

Aristoteles: Metaphysik. Übersetzung von H. Bonitz (ed. Wellmann), o. O. 1966 (Rowohlts Klassiker).

— Nikomachische Ethik. Übersetzung v. F. Dirlmeier, Stuttgart 1969.

— Über die Seele (De Anima). Übersetzt u. hrsg. v. W. Theiler, o. O. 1968 (Rowohlts Klassiker).

Bacon, F.: Neues Organ der Wissenschaft (Novum Organon). (A. T. Brück ed.), Leipzig 1830, Nachdruck Darmstadt 1971.

Bärsch, C.-E.: Der Staatsbegriff in der neueren deutschen Staatslehre und seine theoretischen Implikationen. Berlin 1974.

Becker, C.: The Heavenly City of the Eighteenth Century Philosophers. New Haven ¹²1959.

Berger, P. L.: A Rumor of Angels. Garden City, N. Y., 1970.

Bergson, H.: Die beiden Quellen der Moral und der Religion. In: ders.: Materie und Gedächtnis und andere Schriften. Frankfurt 1964.

Brandt, W.: Rede auf dem Außerordentlichen Parteitag der Sozialdemokratischen Partei Deutschlands am 12. Oktober 1972 in Dortmund.

Brentano, L.: Die Anfänge des modernen Kapitalismus. München 1916.

Buchanan, J. M.: Economics and its Scientific Neighbours. In: S. R. Krupp (ed.:) The Structure of Economic Science. Essays on Methodology. Englewood Cliffs, N. Y. 1966. (Gekürzter) Wiederabdruck in: R. Jochimsen u. H. Knobel (Hrsg.): Gegenstand und Methoden der Nationalökonomie. NWB Bd. 45, Köln 1971.

Campbell, T. D.: Adam Smith's Science of Morals. London 1971.

Cassirer, E.: Vom Wesen und Werden des Naturrechts. In: Zeitschrift für Rechtsphilosophie in Lehre und Praxis 6 (1932/34).

Cochrane, C. N.: Christianity and Classical Culture. Oxford University Press, London, Oxford, New York ²1968.

Crick, B.: In Defence of Politics. Pelican Books ²1964.

Croce, B.: Philosophie der Praxis, Oekonomik und Ethik. Tübingen [3]1929.

Cropsey, J.: Adam Smith. In: Strauß, L. / Cropsey, J. (ed.): History of Political Philosophy. Chicago 1963.

— Polity and Economy: an Interpretation of the Principles of Adam Smith. London 1957.

Daniélou, J.: Das Ärgernis der Wahrheit. Aschaffenburg 1965.

Dempf, A.: Theoretische Anthropologie. München 1950.

Denker, R.: Individualismus und mündige Gesellschaft. Stuttgart 1967.

Diels, H.: Die Fragmente der Vorsokratiker. 2 Bde., hrsg. v. W. Kranz, Zürich/Berlin [11]1964.

Downs, A.: An Economic Theory of Democracy. New York 1957.

Eckstein, W.: Einleitung zu seiner Übersetzung der Theory of Moral Sentiments: Theorie der ethischen Gefühle. 2 Bde., Leipzig 1926.

Entwurf eines ökonomisch-politischen Orientierungsrahmens für die Jahre 1973—1985. Hrsg. v. Parteivorstand der SPD, Bonn im Juni 1972.

Eranos-Jahrbücher 1947—1962. Zürich.

Euchner, W.: Naturrecht und Politik bei John Locke. Frankfurt am Main 1969.

Eucken, W.: Grundsätze der Wirtschaftspolitik. Hrsg. v. E. Eucken u. K. P. Hensel, Tübingen, Zürich [2]1955.

Franklin, B.: The Works (J. Bigelow ed.). New York 1887.

Friedell, E.: Kulturgeschichte der Neuzeit. 3 Bde., München 1947.

Flückinger, F.: Geschichte des Naturrechts. Bd. I, Zürich 1954.

Gadamer, H.-G.: Wahrheit und Methode. Tübingen [2]1965.

Galbraith, J. K.: Die moderne Industriegesellschaft. München/Zürich 1968.

Gebhardt, J.: Vernunft zwischen Common Sense und Theorie. Anmerkungen zum Problem von Rationalität und Gesellschaft. Unveröffentlichter Vortrag an der Evangelischen Akademie in Tutzing, 1972.

— Zwischen kritischem Rationalismus und kritischer Theorie: Von der Möglichkeit des vernünftigen Menschen in der Welt. Unveröffentlichter Vortrag an der Evangelischen Akademie in Tutzing, 1971.

Giersch, H.: Allgemeine Wirtschaftspolitik. Erster Band: Grundlagen. Wiesbaden 1961.

— Kontroverse Fragen der Wirtschaftspolitik. München 1971.

Groves, H. M.: Towards a Social Theory of Progressive Taxation. In: National Tax Journal, Bd. IX (1956). Wiederabdruck in: H. C. Recktenwald (Hrsg.): Finanztheorie. NWB Bd. 33, Köln, Berlin 1969.

Habermas, J.: Theorie und Praxis. Neuwied/Berlin [3]1969.

Hart, Ph.: Introduction zu B. Mandeville: The Fable of the Bees. Pelican Books 1970.

Hasbach, W.: Die allgemeinen philosophischen Grundlagen der von François Quesnay und Adam Smith begründeten politischen Ökonomie. Leipzig 1890.

Hasbach, W.: Untersuchungen über Adam Smith und die Entwicklung der politischen Ökonomie. Leipzig 1891.

Heimann, E.: Soziale Theorie der Wirtschaftssysteme. Tübingen 1963.

Henderson, J. M. und R. E. *Quandt*: Mikroökonomische Theorie. Eine mathematische Darstellung. Berlin und Frankfurt a. M. 1967.

Hentschel, H.: Zur ökonomischen Theorie der Politik. Diplomarbeit Bochum 1972.

Herder-Dorneich, Ph.: Politisches Modell zur Wirtschaftstheorie. Freiburg 1959.

Hereth, M.: Jenseits der politischen Ökonomie. In: Politische Vierteljahresschrift 13 (1972) 4.

Herwig, D.: Der Mensch in der Entfremdung. München 1972.

Herwig, H.: Wahrheit und Gewissen. Zur Problematik des Gewissens in der Psychoanalyse. In: Politische Studien 24 (1973) 210.

Hobbes, Th.: Leviathan (C. B. Macpherson ed.). Penguin Books 1970.

— Leviathan (C. P. Mayer-Tasch ed.), o. O. 1965 (Rowohlts Klassiker).

— Vom Menschen. Vom Bürger. (G. Gawlick ed.), Hamburg [2]1966 (Meiner).

Husserl, E.: Cartesianische Meditationen. Husserliana Bd. I, Haag [2]1963.

— Philosophie als strenge Wissenschaft. Frankfurt 1965.

Huth, H.: Soziale und Individualistische Auffassungen im Achtzehnten Jahrhundert, vornehmlich bei Adam Smith und Adam Ferguson. Leipzig 1907.

Jaeger, W.: Paideia. Die Formung des griechischen Menschen. 3 Bde.; Bd. I: Berlin [4]1959, Bd. II u. III: Berlin [3]1959.

Jodl, F.: Geschichte der Ethik als philosophischer Wissenschaft. 2 Bde., Darmstadt [4]1965.

Jonas, H.: Gnosis und spätantiker Geist. Erster Teil. Göttingen [3]1964.

Jonassen, Ch. T.: The Protestant Ethic and the Spirit of Capitalism in Norway. In: American Sociological Review 12 (1947).

Jouvenel, B. de: Reine Theorie der Politik. Neuwied und Berlin 1967.

Kaufmann, A.: Die ontologische Begründung des Rechts. Darmstadt 1965.

Kelsen, H.: Die Grundlage der Naturrechtslehre. In: F. M. Schmölz (Hrsg.): Das Naturrecht in der politischen Theorie. Sonderausgabe der Österreichischen Zeitschrift für öffentliches Recht, Bd. XIII, Heft 1—2, Wien 1963.

Koch, F. W.: Über den Zusammenhang von Philosophie und Theorie der Wirtschaft bei Adam Smith. Leipzig 1927.

Kolakowski, L.: Die Philosophie des Positivismus. München 1971.

Laing, R. D.: Phänomenologie der Erfahrung. Frankfurt [3]1970.

Landmann, M.: Philosophische Anthropologie. Berlin [3]1969.

Leibholz, G.: Das Wesen der Repräsentation und der Gestaltwandel der Demokratie im 20. Jahrhundert. Berlin [3]1966.

Lepenies, W.: Soziologische Anthropologie. München 1971.

Lévi-Strauß, C.: Strukturale Anthropologie. Frankfurt 1967.

Levy, H.: Die Grundlagen des ökonomischen Liberalismus in der Geschichte der englischen Volkswirtschaft. Jena 1912.

Locke, J.: Über die Regierung (The Second Treatise of Government). O. O. 1966 (Rowohlts Klassiker).

Macdonald, W. (ed.): Benjamin Franklin's Autobiography. London 1968.

Macfie, A. L.: The Individual in Society. Papers on Adam Smith. London 1967.

Maihofer, W. (Hrsg.): Naturrecht oder Rechtspositivismus? Darmstadt 1962.

Marcuse, H.: Der eindimensionale Mensch. Neuwied und Berlin 1967.

Marx, K.: Die Frühschriften. Hrsg. v. S. Landshut, Stuttgart 1964.

Maslow, A. H.: Psychologie des Seins. München 1973.

Maurer, R.: Platons „Staat" und die Demokratie. Berlin 1970.

Meadows, D. et al.: Die Grenzen des Wachstums. Bericht des „Club of Rome" zur Lage der Menschheit. Reinbek bei Hamburg 1973.

Morgenstern, O.: Spieltheorie: Ein neues Paradigma der Sozialwissenschaft. In: Zeitschrift für Nationalökonomie, Bd. 28 (1968). (Gekürzter) Wiederabdruck in: R. Jochimsen u. H. Knobel (Hrsg.): Gegenstand und Methoden der Nationalökonomie. NWB Bd. 45, Köln 1971.

— Vollkommene Voraussicht und wirtschaftliches Gleichgewicht. In: ders.: Spieltheorie und Wirtschaftswissenschaft. Wien, München 1963.

Mühlmann, W. E.: Geschichte der Anthropologie. Frankfurt ²1968.

Mühlmann, W. E. und E. W. *Müller* (Hrsg.): Kulturanthropologie. NWB Bd. 9, Köln, Berlin 1966.

Müller-Armack, A.: Genealogie der Wirtschaftsstile. In: ders.: Religion und Wirtschaft. Geistesgeschichtliche Hintergründe unserer europäischen Lebensform. Stuttgart 1959.

Musgrave, R. A.: Finanztheorie. Tübingen 1966.

Myrdal, G.: Das politische Element in der nationalökonomischen Doktrinenbildung. Mit einem Nachwort von P. Streeten. Neuauflage Hannover 1963.

— Das Zweck-Mittel-Denken in der Nationalökonomie. In: ders.: Das Wertproblem in der Sozialwissenschaft. Hannover 1958.

Oakeshott, M.: Nationalökonomie auf der Grundlage der Freiheit. In: ders.: Rationalismus in der Politik. Neuwied und Berlin 1966.

Oertzen, P. v.: Die Grundwerte im Orientierungsrahmen 1985. In: Die Neue Gesellschaft 22 (1975) 4.

Oncken, A.: Adam Smith in der Culturgeschichte. Wien 1874.

— Adam Smith und Immanuel Kant. Der Einklang und das Wechselverhältnis ihrer Lehren über Sitte, Staat und Wirthschaft dargelegt. Leipzig 1877.

Opitz, P. J.: Thomas Hobbes. In: E. Voegelin (Hrsg.): Zwischen Revolution und Restauration. München 1968.

Pascal, B.: Pensées. In der deutschen Übersetzung v. E. Wasmuth, Heidelberg ⁶1963.

Planck, M.: Sinn und Grenzen der exakten Wissenschaft. Mit einem Nachwort hrsg. v. F. Krafft, München 1971.

Platon: Sämtliche Werke. In der Übersetzung von F. Schleiermacher u. H. Müller mit der Stephanus-Numerierung hrsg. v. W. F. Otto, E. Grassi, G. Plamböck, Hamburg 1959: Bd. V: Politikos, Philebos, Timaios, Kritias; Bd. VI: Nomoi.

Polin, R.: Politique et philosophie chez Thomas Hobbes. Paris 1953.

Popper, K. R.: Das Elend des Historizismus. Tübingen ³1971.

— Die offene Gesellschaft und ihre Feinde. 2 Bde., Bern ²1970.

— Logik der Forschung. Tübingen ⁴1971.

— Selbstbefreiung durch das Wissen. In: Der Sinn der Geschichte. Hrsg. v. L. Reinisch, München ⁴1970.

Preiser, E.: Das Rationalprinzip in der Wirtschaft und in der Wirtschaftspolitik. In: ders.: Politische Ökonomie im 20. Jahrhundert. München 1970.

— Wesen und Probleme der nationalökonomischen Theorie. In: ders.: Politische Ökonomie im 20. Jahrhundert. München 1970.

— Wirtschaftliches Wachstum als Fetisch und Notwendigkeit. In: ders.: Wirtschaftspolitik heute. Grundprobleme der Marktwirtschaft. München ⁴1971.

Recktenwald, H. C.: Finanzwissenschaft in der Gegenwart. In: ders. (Hrsg.): Finanztheorie. NWB Bd. 33, Köln, Berlin 1969.

— Integrierte Wirtschafts- und Finanzpolitik. In: ders. (Hrsg.): Finanzpolitik. NWB Bd. 36, Köln, Berlin 1969.

Richter, R.: Methodologie aus der Sicht des Wirtschaftstheoretikers. In: Weltwirtschaftliches Archiv, Bd. 95 (1965). Wiederabdruck in: R. Jochimsen u. H. Knobel (Hrsg.): Gegenstand und Methoden der Nationalökonomie. NWB Bd. 45, Köln 1971.

Riedel, M.: Zum Verhältnis von Ontologie und politischer Theorie bei Hobbes. In: R. Koselleck u. R. Schnur (Hrsg.): Hobbes-Forschungen. Berlin 1969.

Ritter, J.: Metaphysik und Politik. Studien zu Aristoteles und Hegel. Frankfurt 1969.

Robinson, J.: Doktrinen der Wirtschaftswissenschaft. München ²1968.

Roček, R. und O. *Schatz* (Hrsg.): Philosophische Anthropologie heute. München 1972.

Sabine, G. H.: A History of Political Theory. London ³1961.

Sachverständigenrat zur Begutachtung der gesamtwirtschaftlichen Entwicklung: Jahresgutachten 1972/73. Bundesrats-Drucksache 612/72.

Samuelson, P. A.: Economic Theory and Mathematics: An Appraisal. In: The American Economic Review, Papers and Proceedings, Bd. 42 (1952). Wiederabdruck in: R. Jochimsen u. H. Knobel (Hrsg.): Gegenstand und Methoden der Nationalökonomie. NWB Bd. 45, Köln 1971.

Sandoz, E.: Philosophical Anthropology and Dostoevsky's „Legend of the Grand Inqusitor". In: The Review of Politics 26 (1964) 3.

Sauter, J.: Die philosophischen Grundlagen des Naturrechts. Wien 1932.

Schabert, T.: Natur und Revolution. München 1969.

Schack, H.: Das Menschenbild in der Geschichte der Volkswirtschaftslehre. In: Festgabe für Friedrich Bülow zum 70. Geburtstag. Berlin 1960. Wiederabdruck in: A. Montaner (Hrsg.): Geschichte der Volkswirtschaftslehre. NWB Bd. 19, Köln, Berlin 1967.

Scheler, M.: Die Stellung des Menschen im Kosmos. Bern [7]1966.

Schiller, K.: Wachstumsprobleme der Entwicklungsländer. In: Kieler Vorträge, Neue Folge 15 (1960).

Schmölz, F. M. (Hrsg.): Das Naturrecht in der politischen Theorie. Sonderausgabe der Österreichischen Zeitschrift für öffentliches Recht, Bd. XIII, Heft 1—2, Wien 1963.

Schneider, E.: Einführung in die Wirtschaftstheorie. Teil II. Tübingen [11]1967.

Schneider, L. (ed.): The Scottish Moralists on Human Nature and Society. Chicago and London 1967.

Schumpeter, J. A.: Kapitalismus, Sozialismus und Demokratie. Berlin [2]1950.

Servier, J.: Der Traum von der großen Harmonie. Eine Geschichte der Utopie. München 1971.

Skinner, A.: Introduction zu Adam Smith: The Wealth of Nations. Pelican Books 1970.

Smith, A.: The Works. In five volumes (D. Stewart ed.). London 1811—1812; Nachdruck Aalen 1963.

Snell, B.: Die Entdeckung des Geistes. Hamburg [3]1955.

Sombart, W.: Der moderne Kapitalismus. München und Leipzig 1916 ff.

— Der Bourgeois. Zur Geistesgeschichte des modernen Wirtschaftsmenschen. München und Leipzig 1920.

Stackelberg, H. v.: Marktform und Gleichgewicht. Wien 1934.

Strauß, L.: Naturrecht und Geschichte. Stuttgart 1956.

— What is Political Philosophy? And other Studies. New York 1955.

Strauß, L. und J. *Cropsey* (ed.): History of Political Philosophy. Chicago 1963.

Stumpf, R.: Hobbes im deutschen Sprachraum — Eine Bibliographie. In: R. Koselleck u. R. Schnur (Hrsg.): Hobbes-Forschungen. Berlin 1969.

Talmon, J. L.: Die Ursprünge der totalitären Demokratie. Köln und Opladen 1961.

— Politischer Messianismus. Köln und Opladen 1963.

Tawney, R. H.: Religion and the Rise of Capitalism. Pelican Books 1972 (erstmalig erschienen 1926).

Tucker, R.: Karl Marx. Die Entwicklung seines Denkens von der Philosophie zum Mythos. München 1963.

Verdross, A.: Statisches und dynamisches Naturrecht. Freiburg 1971.

Voegelin, E.: Anamnesis. Zur Theorie und Geschichte der Politik. München 1966.

— Die neue Wissenschaft der Politik. München 1959.

— Order and History. Vol. III: Plato and Aristotle. Baton Rouge 1957.

Wagner, F.: Weg und Abweg der Naturwissenschaft. München 1970.

Warrender, H.: The Political Philosophy of Hobbes. Oxford 1957.

Watkins, J. W. N.: Hobbes's System of Ideas. London 1965.

Weber, M.: Die Grenznutzenlehre und das „psychophysische Grundgesetz". In: ders.: Gesammelte Aufsätze zur Wissenschaftslehre (J. Winckelmann ed.). Tübingen ³1968.

— Die protestantische Ethik und der Geist des Kapitalismus. In: ders.: Gesammelte Aufsätze zur Religionssoziologie. Bd. I, Tübingen ⁶1972.

— Wirtschaft und Gesellschaft (J. Winckelmann ed.) Tübingen ⁵1972.

Weizsäcker, C.-F. v.: Die Aktualität der Tradition: Platons Logik. In: Philosophisches Jahrbuch 80 (1973) 2.

— Die Einheit der Natur. München ²1971.

Wellmer, A.: Methodologie als Erkenntnistheorie. Zur Wissenschaftslehre Karl R. Poppers. Frankfurt 1967.

Whitehead, A. N.: Process and Reality. New York 1960.

Wissenschaftlicher Beirat beim Bundeswirtschaftsministerium: Kriterien und und Konsequenzen der Staatsverschuldung. Bulletin der Bundesregierung, Nr. 100, 1968. (Gekürzter) Wiederabdruck in: H. C. Recktenwald (Hrsg.): Finanzpolitik. NWB Bd. 36, Köln, Berlin 1969.

Zeyss, R.: Adam Smith und der Eigennutz. Tübingen 1889.

Zweiter Entwurf eines ökonomisch-politischen Orientierungsrahmens für die Jahre 1975—1985. Hrsg. vom Vorstand der SPD, Bonn 1975.